自社流にカスタマイズする
部品VEとトヨタ生産方式

― 多品種少量生産のVEと工程・作業改善 ―

山本 秀幸【著】
Yamamoto Hideyuki

東京図書出版

序

はじめに

　わが国の企業は「人手不足」にどのように対応するのだろうか。2017年12月の有効求人倍率は1.59倍でバブル経済期の水準を超えている。また失業率は3％を割り込み「完全雇用」に近い状態である。今後も少子高齢化は年々深刻になり，中長期的には「労働人口の減少」は避けられない。そこで企業は人手不足を「長時間残業」でカバーしている。一方，日本政府の方針は「移民」を認めていないが，「外国人技能実習制度」の拡充や「女性と高齢者」の積極的な活用を勧めている。しかしこれらは暫定対策に過ぎない。恒久対策は「労働生産性の向上」（人の生産性の向上）以外には考えられない。換言すれば，政府が勧めている外国人・女性・高齢者などの潜在労働力の活用を企業への支援策と受け止め，企業は自助努力によって「労働生産性の向上」を行う必要がある。それが出来なければ，製造企業は海外で生産するしか選択肢はない。そうなれば日本の製造業は今以上に空洞化してしまうだろう。

　このような悪循環を打破するためには，「労働生産性の向上」以外にはないと述べた。しかし具体的にはどうすれば良いだろうか。そこで本書では製造業の現実的な解決策を提案する。本提案は，「AI（人工知能）ロボット」や「IT（情報技術）」の活用による効率化ではない。あらゆるモノがインターネットにつながる「IoT」による効率化でもない。企業がAIロボットやITおよびIoTを活用して徹底的に業務の効率化に取り組むのは必然の流れなので，「長期的には人手不足の解消」になるだろう。本提案はこれらの基礎となる「モノづくりの原点的改善」に関するものである。

　本書のタイトルの『自社流にカスタマイズする部品VEとトヨタ生産方式』とは，VEとトヨタ生産方式を自社流に工夫するものである。サブタイトルの「多品種少量生産のVEと工程・作業改善」とは，多品種少量生産における設計改善と製造改善の道筋を示すものである。

　「トヨタ生産方式」は卓越した生産方式であり生産管理方式である。すなわちトヨタ生産方式は，Q（最高品質）・C（最小コスト）・D（最短工期）・S（最も安

全）・M（最高のモチベーション）を通して企業に「競争力と利益」をもたらす。それは1970年代後半に日本中に紹介された。そして1990年代後半には世界にも紹介されて注目を集めた。しかしながら2017年の今日でも，わが国の部品メーカーの中でトヨタ生産方式を導入している企業は少ない。とりわけ「多品種少量生産」の部品メーカーで導入している企業は非常に少ない。

トヨタ生産方式に関する文献は巷にあふれている。指導するコンサルタントも大勢いる。それでも導入が難しいのは何故だろうか。その理由として次の4つが考えられる。

第1の理由は，多くの文献やコンサルタントが「少品種大量生産」を取り上げているためである。従って，トヨタ生産方式は「少品種大量品」のための生産方式だという先入観がある。

第2の理由は，多品種少量生産は「平準化」が難しいと考えて諦めているためである。そこで企業は，顧客の要求納期に間に合うように沢山の「在庫（ストック）」を持って対応している。

第3の理由は，各工程を必要量に等量化し同期化させる「全体最適」よりも，各工程が自工程の生産能力を必要量以上に増やす「部分最適」を優先しているためである。

第4の理由は，日本では人件費が高いにも関わらず，「人の稼働率」よりも「機械の稼働率」を優先しているためである。

「多品種少量生産」の部品メーカーがトヨタ生産方式を導入するためには，どうすれば良いだろうか。結論を先に言えば，自社の製品・部品に合うように「自社流のトヨタ生産方式」を工夫することである。多品種少量生産であっても類似製品・部品を生産していれば，類似品をグループ化することにより「共通ライン化」が可能になる。そのためには生産計画の「平準化」が大前提になるが，これは組立部品メーカーが責任を持って行わなければならない。その結果，上流の単一部品メーカーの生産も「平準化」され「在庫」を最小にできる。

前著『勝ち組部品メーカーのコストダウン』（2014）では，「原価企画」について述べた。すなわち製品仕様を決定する開発設計段階での原価低減について詳述した。

そこで本書では，製品仕様が確定された後の製造段階でのQ（品質）・C（コスト）・D（納期）の改善について述べることにする。その中で，「製品のVEと部

品のVE」の違いと，多品種少量生産の「原価低減」および「リードタイムの短縮」について詳述する。更に，重回帰式を活用した部品の「原価低減」と「見積基準」および「標準工数」について触れる。

　筆者は今，多品種少量生産の協力部品メーカーと一緒に「原価低減」と「リードタイムの短縮」に取り組んでいる。具体的には，次の 5 つである。①部品のVE，②工程の改善，③作業の改善，④見積基準の作成，⑤標準時間（工数）の作成である。「部品のVE」については，先進企業を除けば大企業・中小企業ともに十分に実践しているとは言えない。これは部品のVEに関する文献が公刊されていないためであろう。「工程の改善」については，大企業・中小企業ともに全体最適よりも部分最適を優先している。「作業の改善」については，多工程持ちよりも多台持ちを採用している企業が多い。これでは「リードタイムの短縮」が難しい。「見積基準」については，大企業は整備しているが中小企業は整えていない。どのように見積をしているかと言えば，作業日報などの実際作業時間を基にして次の式で「加工費」を計算している。
　　　　加工費＝実際作業時間×加工費率（マン・マシンチャージ）
　従って，作業者によって実際作業時間がバラツクと加工費が異なってしまう。つまり「標準作業時間（工数）」がないのが実態である。そこで筆者は，実際作業時間の生データを基にして重回帰分析によって「標準作業時間」を求めて加工費を計算している。また購入価格についても重回帰分析を行い「見積基準」に採用している。

　更に，組立工程や切削工程でも同様に重回帰分析により「標準時間（工数）」を求めて「平準化生産計画」の負荷積み・負荷調整を行っている。なぜならば，多品種少量生産では「量と種類」に加えて「工数」の平均化が平準化計画のために不可欠だからである。

　これらの活動を通して，協力部品メーカーの「モノづくり体質改善」が進んでいる。これは大変嬉しいことである。

　本書は筆者が籍を置く自動車部品および一般産業機械用部品企業の改善活動から誕生した。
第1章，第2章，第3章，第4章は巻末の文献，新郷重夫（1980）等を参考かつ引用して要点を記述した。この中には他の文献で説明されている部分があるので，

ご存じの読者も多いと考えるがご容赦をお願いしたい。また章末に「小括」を入れたので，そこを読めば全体の内容を理解していただけると思う。更に必要に応じて「補足」を加えた。第5章，第6章は，筆者の実務経験から要点をまとめたものである。この中の重回帰式による実証的・実践的な分析結果は，統計学の手法に慣れていない読者には読みにくいと思う。そこで分かりやすくするために「数式の意味」を説明した。また数式が苦手な人のために「図やグラフ」を多用した。専門用語には「注釈」を加えた。

筆者が本書を執筆した目的は，深刻な人手不足に苦しんでいる多くの部品メーカーにとって改善のガイドブックになればと考えてのことである。本書が弊社の協力部品企業に限らず，「多品種少量生産」に苦労しながら取り組んでいる部品メーカーの一助になることを，また1社でも多くの部品メーカーが「トヨタ生産方式」を正しく理解して導入できることを願っている。更に「部品のVE」と「見積基準の作成」および「標準時間の作成」の道しるべになることを心より願っている。

謝辞

末筆ながら，本書の公刊に賛同しご快諾いただいたイーグル工業株式会社代表取締役社長・鶴鉄二氏には，そのお心の広さに深く感謝を申し上げる。さらに，イーグル工業株式会社より出版補助を受けたことに重ねてお礼を申し上げる。

本書の上梓にあたり，慶應義塾大学の吉田栄介教授にご指導ご鞭撻を賜った。あらためて感謝を申し上げる。本書のタイトルも先生のご助言により決めたものである。もちろん本書に誤謬があるとすれば全て筆者に帰するものである。

出版に際しては，東京図書出版編集室の本田利香氏ならびに多くのスタッフの皆様にご尽力を賜った。深く感謝を申し上げたい。

2018年1月

山 本 秀 幸

目　次

序章 ─────────────────────────── *1*

  1　はじめに　*1*
  2　本書の構成　*2*

第1章　製品のVEと部品のVE ───────────── *5*

  第1節　企業が利益を増やす方法 ------------------------------ *5*
    1　売り量を増やす　*5*
    2　売価を上げる　*6*
    3　原価を下げる　*6*
  第2節　目標原価の設定と細分化 ------------------------------ *6*
    1　目標製造原価の設定　*7*
      (1)　控除法による目標製造原価の設定法　*7*
      (2)　加算法による目標製造原価の設定法　*8*
      (3)　統合法による目標製造原価の設定法　*9*
    2　目標製造原価の細分化　*9*
      (1)　機能別細分割付法　*10*
      (2)　構造別細分割付法　*11*
      (3)　機能別・構造別細分割付法　*12*
      (4)　原価要素別細分割付法　*14*
      (5)　開発設計者別細分割付法　*14*
  第3節　原価企画と原価低減のツール --------------------------- *15*
    1　VE（Value Engineering）　*15*
    2　VRP（Variety Reduction Program）　*15*
    3　QFD（Quality Function Development）　*15*
    4　テア・ダウン（Tear Down）　*15*
    5　コストテーブル（Cost Table）　*16*
    6　ベンチマーキング（Bench Marking）　*16*
    7　デザイン・レビュー（Design Review）　*16*

第4節　VE（Value Engineering）の進め方 ---------------------- *17*
　1　VE（Value Engineering）　*17*
　2　原価企画と原価低減におけるVEの役割　*17*
　3　VEの概要　*18*
　4　VEの進め方　*19*
　　ステップ1：対象の選定　*19*
　　ステップ2：機能の定義と整理　*19*
　　ステップ3：機能の評価　*20*
　　ステップ4：代替案の作成　*21*
　　ステップ5：提案とフォローアップ　*22*
　5　VEの特徴　*22*
　　(1)　機能を研究すること　*22*
　　(2)　人間の考え方を変更すること　*23*
　　(3)　組織的・体系的活動であること　*23*
　　(4)　購入先・外製先をいじめないこと　*23*

第5節　VEアプローチによる開発設計 ------------------------ *23*
　1　VEアプローチによる開発設計の進め方　*23*
　2　VEアプローチによる開発設計の特徴　*23*
　3　採用されるVEのタイプ　*24*
　4　製造段階におけるVEの進め方と問題点　*25*

第6節　製品のVEと部品のVEの考え方 ---------------------- *26*
　1　VEの目的　*26*
　2　VEの考え方　*26*
　3　VAとVEの違い　*26*
　　(1)　VA（Value Analysis）：価値分析…事後分析　*26*
　　(2)　VE（Value Engineering）：価値工学…事前分析　*26*
　4　VEの概念　*27*
　5　機能の分類　*27*
　　(1)　各機能の定義　*28*
　　(2)　機能系統図での機能とは　*29*
　6　「目的研究」と「働き研究」　*31*
　7　VEの改善活動に必要なステップ化　*31*

(1)　改善が生まれる過程　*31*
　(2)　ステップを設ける必要性　*32*
第7節　製品のＶＥと部品のＶＥの進め方 ------------------------ *33*
　ステップ1：対象の選定　*33*
　ステップ2：機能の定義と整理　*34*
　(1)　機能系統図とは　*34*
　(2)　機能系統図の作成　*34*
　ステップ3：機能の評価　*36*
　(1)　機能構造図（または機能工程図）とは　*36*
　(2)　機能構造図（または機能工程図）の作り方　*37*
　ステップ4：代替案の作成　*40*
　(1)　アイディアの発想過程　*40*
　(2)　アイディアの発想　*41*
　(3)　デザイン・インデックスの抽象化とアイディアの連想発展　*42*
　(4)　アイディアの体系化　*43*
　(5)　アイディア評価　*45*
　(6)　部分構想案の作成　*45*
　(7)　全体構想案の作成　*46*
　ステップ5：提案とフォローアップ　*47*
　(1)　提案　*47*
　(2)　フォローアップ　*47*
第8節　製品のＶＥと部品のＶＥの具体例 ------------------------ *51*
　1　他社品研究：テア・ダウン（Tear Down）と
　　　　　　　　　ベンチマーキング（Bench Marking）　*56*
　2　自動車部品：CBS（センター・ベアリング・サポート）の他社品研究　*57*
　3　産業機械部品：攪拌機用メカニカルシールの他社品研究　*58*
第9節　部品ＶＥの進め方 ------------------------------------ *59*
第10節　ＶＥ案のチェック方法 -------------------------------- *63*
第11節　ＶＥの弱点（デメリット） ----------------------------- *63*
● 小括　製品ＶＥと部品ＶＥのまとめ ------------------------ *64*
■ 補足1：アイディア発想法　*66*
　1　OBS法　*66*

  2 TT－STORM法　*66*
  3 機能置換法　*67*
  4 RS法（Ryo Sato または Reverse Standpoint 法）　*68*
■ 補足2：アイディア発想のための「独創力手法」　*70*
  1 ブレーンストーミング法（Brain Storming）　*70*
  2 ゴードン法（Attribute Listing）　*71*
  3 KJ法　*73*
  4 NM法　*75*
  5 シネクティクス法（Synectics）　*76*
  6 水平思考法　*78*
  7 特性列挙法（Attribute Listing）　*79*
  8 欠点列挙法　*80*
  9 希望点列挙法　*81*
  10 形態分析法（Morphological Analysis）　*82*
  11 分析法　*83*
  12 チェックリスト法（Checklist method）　*84*
  13 催眠技法　*85*
  14 入出法（Input Output System）　*86*
  15 焦点法　*88*
■ 補足3：VEに必要なコスト評価（コスト理論）　*90*
  1 切削加工費の計算式　*90*
  2 正味切削時間の計算式　*90*
  3 材料費の決まるプロセス　*92*
  4 加工費の決まるプロセス　*101*
  5 コスト理論のまとめ（理解度テスト）　*104*

第2章　平準化生産　　*106*

第1節　トヨタ生産方式の家　*106*
第2節　余力管理と平準化　*107*
  1 平準化とは？　*108*
  2 余力の平均化　*108*

3　分割生産とミックス生産　*116*
　　　(1)　余力計画の性格　*116*
　　　(2)　製品在庫の削減　*117*
　　　(3)　分割生産方式と計画単位　*117*
　　　(4)　分割生産方式と小ロット生産方式　*119*
　　　(5)　完成品メーカーの生産計画の平準化　*120*
　　　(6)　平準化生産計画の利点　*123*
　　　(7)　部品メーカーの生産計画の平準化
　　　　　：部品メーカーが持つ在庫の役割　*124*
　　　(8)　製品ミックス生産の利点と欠点　*124*
　　　(9)　「分割生産方式」と「製品ミックス生産方式」の比較　*125*
　　　(10)　多品種少量生産の平準化生産計画　*126*
　　　(11)　上流の前工程や部品メーカーの平準化生産計画　*128*
　第3節　能力の弾力性の向上 ―――――――――――――― *128*
　● 小括　平準化生産のまとめ ―――――――――――― *129*
　　■ 補足4：混流生産方式（製品ミックス生産方式）　*130*
　　■ 補足5：トヨタ生産方式とMRP－Ⅱシステム　*132*

第3章　工程の改善 ―――――――――――――― *135*

　第1節　製造改善の切り口：「ムダ取り」 ――――――――― *135*
　　1　付加価値を生む仕事（工程・作業）と付加価値を生まない
　　　　仕事の見分け方　*135*
　　2　工程改善の切り口：付加価値を生まないムダを時系列で把握する　*135*
　　3　作業改善の切り口：付加価値を生まないムダな作業を把握する　*136*
　第2節　工程の内容 ――――――――――――――――― *137*
　第3節　加工の改善 ――――――――――――――――― *141*
　第4節　運搬の改善 ――――――――――――――――― *142*
　第5節　つくり過ぎのムダの排除 ―――――――――――― *144*
　　1　つくり過ぎのムダとは　*144*
　　2　ムダの悪を問う　*145*
　第6節　生産管理とジャスト・イン・タイム ―――――――― *147*

1　生産計画の立て方　*147*
　　2　生産管理とノン・ストック　*148*
　　　（1）ノン・ストックとジャスト・イン・タイム　*148*
　　　（2）カンバン方式の採用　*148*
第7節　停滞の改善：圧倒的なリードタイムの短縮 ---------------- *149*
　　1　工程待ちとロット待ち　*149*
　　2　工程待ちの改善　*150*
　　3　ロット待ちの改善　*151*
　　4　リードタイムの更なる短縮　*152*
　　5　ライン化とフルワーク制御方式　*154*
　　　（1）ライン化　*154*
　　　（2）流れをつくるのがなぜ難しいか？　*156*
　　　（3）レイアウトは工程系列配置にする　*157*
　　　（4）フルワーク制御方式（電子カンバン）　*158*
　　6　同期化と"バラツキ"の吸収　*161*
　　7　タクトタイムの設定　*163*
　　8　工程間の物流　*164*
第8節　シングル段取りの採用 ------------------------------ *165*
　　1　シングル段取りは思想革命　*165*
　　2　シングル段取りの重点項目　*166*
　　　（1）段取り替えのステップ　*166*
　　　（2）シングル段取りの重要ステップ　*166*
　　3　ネジからの解放（機能的締め付け具の改善）　*167*
　　4　調整の排除　*168*
　　5　シングル段取りの波及効果　*170*
第9節　検査の改善（不良の排除） --------------------------- *171*
　　1　不良を作らない検査の採用
　　　…工程内検査で不良品を現行犯で逮捕する！　*171*
　　　（1）順次点検方式　*171*
　　　（2）自主検査方式　*173*
　　　（3）後工程はお客様　*173*
　　　（4）源流管理方式　*175*

2　全数検査の採用　*176*
　　3　ポカヨケは手段に過ぎない　*177*
　　　(1)　ポカヨケの目的を決める　*178*
　　　(2)　ポカヨケの規制機能　*178*
　　　(3)　ポカヨケの設定機能　*178*
　　4　品質管理と管理図　*179*
　　5　故障の排除　*180*
　　　(1)　目で見る管理（異常管理）　*180*
　　　(2)　カウボーイは異常管理　*181*
　　　(3)　再発防止こそが重要である…盲腸は切ってしまう！　*184*
　第１０節　能力の弾力性 ------------------------------------- *185*
　　1　需要が増加する場合　*185*
　　　(1)　長期的で，かつ見通しが可能な場合　*185*
　　　(2)　短期的な需要増加の場合　*186*
　　2　需要が減少する場合　*186*
　●　小括　工程改善のまとめ ------------------------------ *186*
　■　補足６：「流れ線図」と「工程経路図」　*189*
　■　補足７：非原価主義……原価管理における基本的な考え方　*190*
　■　補足８：つくり過ぎのムダとは？　*191*
　■　補足９：段取り替え時間の短縮（段短の９つの定石）　*192*
　　　1　段取り替え時間とは　*192*
　　　2　段取り替え時間の内訳　*192*
　　　3　段取り替え改善の手順　*193*

第４章　作業の改善 ――――――――――――――――― *199*

　第１節　作業の内容 --------------------------------------- *199*
　　1　準備・後始末作業……段取り替え作業　*199*
　　2　主作業　*200*
　　　(1)　主体作業　*200*
　　　(2)　付随作業　*200*
　　3　余裕　*200*

(1)　人的余裕　*200*
　　　(2)　非人的余裕　*200*
　第2節　標準作業とは？ ------------------------------------ *200*
　　1　トヨタ生産方式と標準作業　*200*
　　2　標準作業の作り方　*202*
　第3節　人と機械の仕事の分離（人より機械への転化） ------------ *203*
　第4節　工数の低減 --- *204*
　　1　作業方法の改善　*206*
　　　(1)　人の動作の改善　*206*
　　　(2)　機械の動きの改善（切削加工の場合）　*206*
　　　(3)　人の動作の機械化（手離れ化）　*207*
　　2　省力化と省人化と少人化　*207*
　　3　手待ちと余裕の統合　*209*
　　　(1)　人と機械を分離する　*209*
　　　(2)　「手作業時間と自動送り時間の比率」と「多数台持ちの原則」　*213*
　　　(3)　手作業の自動化には順序がある（切削加工の例）　*213*
　　　(4)　人・機械分析　*214*
　　　(5)　現状を否定せよ！　*218*
　　　(6)　離れ小島を作ってはならない！　*218*
　　　(7)　陸上式リレー　*219*
　　4　工数低減の進め方　*220*
　　　(1)　ムダを省く　*220*
　　　(2)　作業を再配分する　*221*
　　　(3)　人を減らす　*222*
　　5　7つのムダの排除　*222*
　　　(1)　工程で発生するムダ　*223*
　　　(2)　作業で発生するムダ　*224*
　　6　多数台持ち作業の採用…機械の稼働率は低くても良い！　*226*
　　　(1)　多工程持ちと多台持ち　*226*
　　　(2)　多台持ち作業と多工程持ち作業の比較　*230*
　　7　ニンベンのついた自働化　*231*
　　8　プレ・オートメーションへの展開　*232*

9　シングル段取りの採用　233
　10　カンバン導入の前提条件とカンバンのルール　234
　　（1）カンバン導入の前提条件　235
　　（2）カンバンのルール　235
第5節　自動化後の改善 ------------------------------------ 237
　1　ムダを省く　237
　2　工程設計を変更する　238
　3　加工条件を変更する　239
　4　改善のまとめ　240
第6節　ラインの出来高向上とＴＰＭ（設備のメンテナンス）------- 240
　1　ラインの出来高向上の優先順位　240
　2　ＴＰＭとは　241
　3　TPS（トヨタ生産方式）とTPMの関係　241
　4　TPMの定義とTPMの8本柱　242
　　（1）TPMの定義　242
　　（2）TPMの8本柱と活動内容　242
　5　TPSとTPMの共通理念　243
　6　自動化設備の稼働率と可動率　244
● 小括　作業改善のまとめ ------------------------------ 245
　■ 補足10：『標準作業の作成要領』（基本）　247
　【手順1】「加工工程の順序付け」を行う　247
　【手順2】「部品別能力表」を作成する　248
　【手順3】「標準作業組合せ票」を作成する　249
　【手順4】「標準作業票」を作成する　252
　■ 補足11：人の費用と機械の費用　254
　■ 補足12：「少人化」を実現するための諸要素　256
　■ 補足13：IE手法　256
　　1　作業分析　257
　　2　ラインバランス分析　260
　　3　時間研究　261
　　4　ワークサンプリング　262
　　5　標準時間　264

第5章 多品種少量生産における部品の原価低減と見積基準および標準工数 ── 268

第1節 原価低減の改善テーマの選び方 ---------------------- 268
  1 CVP図表 *268*
  2 固定費と変動費の分解 *269*
  3 ＴＣＤ活動と損益分岐点分析の関係 *269*
    (1) 改善対象と改善活動（技法）の関係 *270*
    (2) 改善の着手順位 *270*
    (3) 「少品種大量生産」の改善テーマの選び方 *271*
    (4) 「多品種少量生産」の改善テーマの選び方 *273*
    (5) 「コストダウン余地」の発見・発掘 *273*

第2節 コストモデル式の作成方法 ------------------------ *274*
  1 モデルの定式化 *274*
  2 コストモデル式の作成手順 *274*
  3 標本数（データ数） *275*
    (1) 標本数（データ数）が少ない場合 *275*
    (2) 標本数（データ数）が多すぎる場合 *275*
    (3) データの質を上げる工夫 *276*
    (4) ABC分析 *276*
  4 良いコストモデル式とは *278*
  5 変数選択 *281*
    (1) 変数選択の方法 *281*
    (2) 活用目的に合った変数選択 *282*
  6 ダミー変数（Dummy variable） *282*
    (1) 理論的または経験的に変わったことが分かっている場合 *282*
    (2) 基準がなくて統計的に判断する場合 *283*
  7 多重共線性（Multi-collinearity　マルチ・コ・リニアリティー） *283*

第3節 コストモデル式の活用方法 ------------------------ *283*
  1 内製化の目標コストを決めた事例（その1） *284*
    (1) プリンター芯金モデル（切削部品） *284*
  2 最適生産地を決めた事例 *285*

(1)　RODモデル（プレス＋切削部品）　*285*
　　(2)　FSモデル（鋳物部品）　*287*
　3　製法を決めた事例　*290*
　　(1)　CTRモデル（プレス部品）　*290*
　　(2)　CPモデル（切削部品）　*291*
　4　内製化の目標コストを決めた事例（その2）　*293*
　　(1)　SHAFTモデル（切削部品）　*293*
　　(2)　HOUSINGモデル（切削部品）　*295*
第4節　部品の見積基準 ──────────────── *298*
　1　売価設定の方法　*298*
　　(1)　小型乗用車の売価予測式　*300*
　　(2)　製品の売価予測式　*300*
　2　概算見積のコストモデル式　*301*
　3　準詳細見積のコストモデル式　*301*
　4　多品種少量生産の見積基準　*302*
　　(1)　荒切削の見積基準（重回帰式）：SBモデル　*302*
　　(2)　切削加工の見積基準（重回帰式）：FLモデル　*303*
第5節　部品の標準時間（標準工数）と平準化生産計画 ────── *304*
　1　多品種少量生産の標準時間（標準工数）の作成と活用　*305*
　　(1)　組立工程の標準時間（標準工数）の作成　*305*
　　(2)　組立工程の標準時間（標準工数）の活用　*307*
　　(3)　切削工程の標準時間（標準工数）の作成　*308*
● 小括　多品種少量生産での部品の原価低減と
　　　　見積基準及び標準工数のまとめ ─────────── *311*
■ 補足14：ABC分析　*313*

第6章　多品種少量生産の部品メーカーの「モノづくり体質改善」 ──────── *322*

第1節　多品種少量生産の部品メーカーの「モノづくり体質改善」──── *322*
　1-1　ステップ1：「ネック工程」（リードタイムと加工時間の
　　　　「ネック工程」）を見つける　*323*

(1)　『製品工程分析』と『流れ分析』を行う　323
　　　(2)　『段取り替え時間を短縮』する。
　　　　　　加工ロットが大きい場合には，段取り回数を増やす　323
　1-2　ステップ2：「ネック工程」（遅い加工時間の工程）の
　　　　　　能力をフル活用する　323
　1-3　ステップ3：「ネック工程」の生産数に合わせて
　　　　　　「非ネック工程」（速い加工時間の工程）は
　　　　　　生産する…ここで「モデルライン」をつくり，
　　　　　　各工程を同期化させる　324
　　　(1)　モデルラインづくり：「セル生産ライン」（縦流れ生産ライン）
　　　　　　を造る　324
　　　(2)　ライン化が難しくて「分断工程」でのバッチ（まとめ）生産
　　　　　　が残る場合　327
　1-4　ステップ4：「ネック工程」の生産能力を上げる　327
　　　(1)　「ネック工程」を無くす（例：製品VEや部品VEなどで）　327
　　　(2)　「タクトタイムTTに合わせて，サイクルタイムCTを短縮」する　327
　　　(3)　「ネック工程」の生産能力を上げる方法　327
　1-5　ステップ5：モデルラインの完成度を向上させる　327
　1-6　ステップ6：横展開する　327
　1-7　ステップ7：成果を埋没させない　328
第2節　「平準化計画と平準化生産」でモノを平均して造る --------　328
　1　生産計画の平準化：メイン・ライン（メイン工程）の計画に，
　　　各サブライン（各サブ工程）の計画を連結させ「同期化」する　328
　2　生産ライン（工程）の平準化　329
　3　段取り替え時間短縮の目的の明確化　330
　4　リードタイム短縮の効果　330
第3節　鋳物部品メーカーの「モノづくり体質改善」--------------　331
　1　平準化生産計画　331
　2　VE的な改善　331
　3-1　ステップ1：「ネック工程」（リードタイムと加工時間の
　　　　　　「ネック工程」）を見つける　332
　　　(1)　リードタイムのネック工程　332

(2) 切削加工時間のネック工程　*336*
　3-2　ステップ2：「ネック工程」(荒切削工程) の能力を
　　　　　　　　　フル活用する　*336*
　　　(1) 切削工程の標準時間 (標準工数) の作成　*336*
　　　(2) 計画工数と実績工数の「差異」　*339*
　　　(3) 次のネック工程　*341*
　　　(4) 段取り替え時間の短縮　*341*
　3-3　ステップ3：「ネック工程」の生産数に合わせて
　　　　　　　　　「非ネック工程」は生産する　*343*
　　　(1) モデルラインづくり　*343*
　　　(2) ネジ穴切削の標準時間 (標準工数) の作成　*343*
　3-4　ステップ4：「ネック工程」の生産能力を上げる　*346*
　　　(1) 「ネック工程」を無くす　*346*
　　　(2) 荒切削が (再び) ネック工程　*346*
　　　(3) 「タクトタイムTTに合わせて,
　　　　　サイクルタイムCTを短縮」する　*347*
　　　(4) 「ネック工程」の生産能力を上げる方法　*347*
　3-5　ステップ5：モデルラインの完成度を向上させる　*350*
　3-6　ステップ6：横展開する　*351*
　3-7　ステップ7：成果を埋没させない　*351*
第4節　協力企業を含めた総合的発展の重要性 --------------- *353*
　■　補足15：カンバンの回し方　*355*

終章 ——————————————————————— *357*

　1　要約と結論　*357*
　2　むすび　*359*
あとがき ——————————————————————— *363*

参考文献 ——————————————————————— *366*
索引 ————————————————————————— *368*

序章

1　はじめに

　本書は，2014年に公刊した『勝ち組部品メーカーのコストダウン』の続編ではない。前著では「原価企画」について述べた。すなわち製品仕様を決定する開発設計段階の原価低減について詳述した。具体的には，製品企画から構想設計・基本設計・詳細設計・製造準備段階までの原価低減である。

　企業が持続的に成長するためには「原価企画能力」を高めることで開発設計者を支援し，組織的・体系的な活動を通して目標原価を達成する必要がある。そこで原価企画を成功させるために「コストモデル式の作成と活用方法」を中心に理論的・実証的・実践的に解明したのが前書である。

　近年，完成品企業や組立部品企業では「原価企画」が製品開発コストマネジメントとして広く実践されるようになってきた。これは大変喜ばしいことである。

　そこで本書では，製品仕様が確定された後の製造段階におけるQ（品質）・C（コスト）・D（工期）に関する課題として，次の6つに焦点をあてた。

　第1の課題は「VE」である。製造改善の前に設計改善すなわちVEを行わなければならない。製品のVEについては良く知られているので，本書では「製品のVEと部品のVEの違い」を取り上げる。

　第2の課題は「平準化」である。平準化とは，物を平均して造ることである。そのためには「量と種類」の平均化が不可欠であり，その究極の姿が「製品ミックス生産方式」である。更に多品種少量生産では「量と種類」に加えて「工数」の平均化が必要である。

　第3の課題は「リードタイム（生産工期）の短縮」である。顧客の要求納期よりも生産工期が長ければ納期遅延になるので「在庫（ストック）」を持って対応せざるを得ない。在庫を持たずに納期に間に合わせるためには「リードタイムの短縮」が不可欠である。

　第4の課題は「原価低減」である。そのためには「工程の改善」と「作業の改善」が重要である。これらの解決策は，「トヨタ生産方式」を自社流に工夫して導入することである。また原価低減の他の解決策としては，重回帰式を活用した「コストモデル式」なども有効である。

　第5の課題は「多品種少量生産の見積基準作成」である。多品種少量生産では

見積件数が多い。更に短納期で生産する必要があるため見積る時間が限られる。そこで重回帰式を活用した「見積基準」を作成して見積工期を短縮することが望ましい。

第6の課題は「モノづくり体質改善」である。自動車工業や一般産業機械工業は「総合技術の結集」なので，組立企業の合理化だけでは限界がある。従って，協力部品企業を指導・援助して企業集団全体で「体質改善」をはかり，組立企業と協力部品企業の総合的発展に努力することが重要である。

2　本書の構成

トヨタ生産方式（TPS : Toyota Production System）は「生産活動とそれを管理する方式」である。従って，一般の「生産管理方式」と同様に「工程と作業」の両面からこれを考察する必要がある。第1章，第2章，第3章，第4章は巻末の文献，新郷重夫（1980）等を参考かつ引用して要点を記述した。

第1章の「製品のVEと部品のVE」は，原価企画研究の先駆者であり工学的アプローチの第一人者でもある東京理科大学名誉教授の田中雅康氏の著書『原価企画の理論と実践』(1995)，『利益戦略とVE』(2002)，ジェムコ日本経営の『製造改善とコストダウンのための Value Engineering』(1981)，『Value Engineering』(1982) 等を参考にして要点を記述した。これらの文献サーベイを通して，部品VEの要点は次の2項目であることを再確認した。
①部品のVEの進め方は，基本的には製品のVEと同じである。②相違点は「機能・構造図」だけである。そこで，「製品のVE」を「部品のVE」に応用するためにはどのようにすれば良いか，筆者の実務経験を基に事例を交えて述べる。

第2章の「平準化生産」は，経営コンサルタントの新郷重夫氏が長年にわたるトヨタでの工場改善の指導を通してトヨタ生産方式をIEの観点から考察した『トヨタ生産方式のIE的考察』(1980) と，米国ミシガン大学教授 Jeffrey. K. Liker 氏が，20年以上にわたるトヨタ生産システム（TPS）の研究成果を世界に紹介した『*The Toyota Way*』(2004) 等を参考にして要点を記述した。

これらの文献サーベイを通して，平準化の要点として次の3つが明らかになった。①平準化はトヨタ生産方式の基盤である。②平準化は「TPSの安定化」と「在庫の最少化」のために不可欠である。③平準化のためには「量の平均化」と「種類の平均化」が必要である。そこで，多品種少量生産ではどのようにすれば「平

準化」が実現できるか，筆者の実務経験を基に事例を交えて述べる。

第3章の「工程の改善」は，新郷重夫（1980）と Jeffrey. K. Liker（2004），トヨタ生産方式の生みの親である大野耐一氏が社外に初公開したトヨタ生産方式のバイブル的な著書『トヨタ生産方式：脱規模の経営をめざして』（1978）および，日本能率協会の IE の専門家集団が長年にわたるトヨタとの交流の成果をテキスト的にまとめた『トヨタの現場管理』（1978）等を参考にして要点を記述した。

これらの文献サーベイを通して，工程改善の要点は次の8項目であることを確認した。①工程の改善とは，加工・検査・運搬・停滞の4つを改善することである。②加工の改善の前に「VE」が必要である。③加工の改善には「固有技術的な改善」と「IE 的な改善」の2つを採用する。④検査の改善は「不良を作らない検査」（例：自工程完結）と「全数検査」（例：ポカヨケ）の2つを採用する。⑤運搬の改善は「運搬をなくす」ことである。⑥停滞の改善には「工程待ちの短縮」と「ロット待ちの短縮」および「小ロット化」の3つを行う。⑦「部分最適」よりも「全体最適」を優先する。⑧7つのムダの排除は，各工程を繋ぎ「ライン化」して「1個流し生産」を行う。そこで，これらの「工程の改善」を，どのようにすれば実現できるか事例を交えて詳述する。

第4章の「作業の改善」は，新郷重夫（1980）と日本能率協会（1978）および大野耐一（1978）等を参考にして要点を記述した。

これらの文献サーベイを通して，作業改善の要点は次の9項目であることを確認した。①作業の改善とは，準備後始末作業（段取り替え作業）・主作業・余裕の3つを改善することである。②準備後始末作業の改善には「段取り替え時間の短縮」が不可欠である。③主作業の改善は「標準作業の作成」が重要である。④余裕の改善には「手待ちと余裕の統合」が必要である。⑤ムダな作業を徹底して省く。⑥動作の改善を徹底して行ってから，人の動作を機械化する（手離れ化）。⑦「機械の稼働率」よりも「人の稼働率」を優先する。⑧「多台持ち」よりも「多工程持ち」を優先する。⑨異常（不良と設備故障）が発生したら設備を止めて「再発を防止」する。そこで，これらの「作業の改善」を，どのようにすれば実現できるか事例を交えて詳述する。

第5章の「多品種少量生産における部品の原価低減と見積基準および標準工数」は，重回帰式を活用した「部品の原価低減」と「部品の見積基準」および「部品の標準時間（工数）」について述べる。部品の原価低減ではコストモデル式の作成方法と活用方法を詳述する。これは"割高・割安品目"を発見し，最適生産地や製法などを決める方法である。部品の見積基準では，重回帰式を活用した簡便で迅速な見積方法を提案する。部品の標準時間では，平準化生産計画（負荷積み・負荷調整）に必要な部品の標準時間（工数）の求め方を紹介する。

第6章の「多品種少量生産の部品メーカーのモノづくり体質改善」は，第1章～第5章を受けて，筆者の実務経験を基に体質改善の進め方を次の「7ステップ」にまとめたので，これを紹介する。

ステップ1．「ネック工程」（リードタイムと加工時間の「ネック工程」）を見つける
ステップ2．「ネック工程」（遅い加工時間の工程）の能力をフル活用する
ステップ3．「ネック工程」の生産数に合わせて「非ネック工程」（速い加工時間の工程）は生産する…ここで「モデルライン」をつくり，各工程を同期化させる
ステップ4．「ネック工程」の生産能力を上げる
ステップ5．「モデルライン」の完成度を向上させる
ステップ6．横展開する
ステップ7．成果を埋没させない

＊これらの大前提が「平準化計画と平準化生産」で，モノを平均して造る

第1章　製品のVEと部品のVE

　本章では田中（1995，2002）とジェムコ日本経営（1981，1982）等の文献サーベイを通して「製品のVEと部品のVE」の要点と違いを記述する。「工程の改善」と「作業の改善」については第3章と第4章で後述するが，これらの前に「VE」を行わなければならない。なぜならば，製品の方式・構造・材料や部品の形状・材質が変わると「加工方法」が全く変わってしまうためである。

　部品のVEの進め方は，基本的には製品のVEと同じである。何が違うかといえば，「機能・構造マトリックス表」（VEでは「機能・構造図」と呼ぶ）である。製品のVEでは「機能・構造図」の縦軸に**製品の機能分野**を記入し，横軸に**部品別コスト**を記入する。一方，部品のVEでは「機能・工程図」の縦軸に**部品の機能分野**を記入し，横軸に**工程別コスト**を記入する。つまり「機能・構造図」を「機能・工程図」に変える。主な違いはそれだけである。

　第1節では「企業が利益を増やす方法」を簡潔に述べる。**第2節**では「目標原価の設定と細分化」，**第3節**では「原価企画と原価低減のツール」について述べる。**第4節**では「VE（Value Engineering）の進め方」について詳述する。その中で「製品のVEと部品のVE」の違いを述べる。**第5節**では「VEアプローチによる開発設計の進め方」について述べる。**第6節**と**第7節**では「製品のVEと部品のVE」の考え方と進め方を，**第8節**では「両方の具体例と他社品研究」を述べる。**第9節**では「部品VEの進め方」，**第10節**では「VE案のチェック方法」，**第11節**では「VEの弱点」に触れる。

第1節　企業が利益を増やす方法

　まず当たり前の話から始めたい。完成品メーカーであれ，部品メーカーであれ企業が利益を増やす方法は，次の3つしかない。第1は「売り量を増やす」こと。第2は「売価を上げる」こと。第3は「原価を下げる」こと，である。そこで，それぞれについて実現の可能性を考えてみよう。

1　売り量を増やす

　製品の競争力を高めることによって，「売り量の増大」は可能である。そのためのポイントは次の4点である。

　Q（品質）：不良低減により品質を向上させて市場クレームをなくす。
　C（コスト）：原価を低減する。

D（工期）：リードタイム（生産工期）を短縮して納期を守る。
S（サービス）：レスポンスを早くして顧客満足度を向上させる。

2　売価を上げる

これは相手があることなので，値上げを申請する時期（タイミング）が非常に難しい。

3　原価を下げる

こちらは他社・他人に関係なく，自分たちがその気になれば実現できる。

上の1と3をまとめると，次のような関係式が成立する。

$$
\begin{array}{rl}
競争力 &= 市場評価 － 売価 \\
利益 &= 売価 － 原価 （+ \\
\hline
競争力＋利益 &= 市場評価 － 原価 \\
& \text{MAX}（↑）\quad \text{MIN}（↓）
\end{array}
$$

従って，企業は自社製品の「競争力」を高めて，市場評価をMAX（↑）にすることと，製品の原価をMIN（↓）に下げることによって，「利益」を増やすことができる。

次に，「原価低減と売上の関係」について考えてみよう。今，ある企業の利益率が5％だとすれば，「10％の原価低減は，売上の約3倍に相当する」。従って，原価低減がいかに重要か分かる。この関係を図1-1に示す。

図1-1　原価低減と売上の関係

単位：億円

	売上	原　価	利　益
現　状	100	95	5
3倍の売上	300	285	15
10％の原価低減	100	(95×0.9)＝85.5	14.5

（注）ここでは，損益分岐点比率（％）＝損益分岐点売上高÷売上高×100，は変わらないと仮定している。

第2節　目標原価の設定と細分化 [1]

目標原価は，開発設計者や原価企画の推進スタッフ等が行う知的・創造的活動の指標であると同時に，経済性の成果を評価する基準となるものである。それは

開発設計の3大パラメータ（機能・品質，原価，開発日程）の一つとなっている。最近では原価が，このうちで最も重要なパラメータとなってきた。ここではまず「目標原価の設定」の仕方について述べ，次に目標原価の達成を容易にするための「細分化」（これを**細分割付**という）の方法について述べる。

1 目標製造原価の設定

目標製造原価の設定法の代表的なものとしては，次の3つがある。すなわち，①控除法，②加算法，③統合法である。その方法を体系的に示すと図1-2のようになる。

図1-2 目標製造原価の設定法

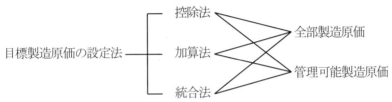

（出所）田中雅康（2002），54頁

（1）控除法による目標製造原価の設定法

この方法は，採算性に基づく目標製造原価の設定法であり，競合製品や類似製品の売価を参考にしてその新製品の実売価を予測し，そこから一定の必要利益等を控除して，目標製造原価を設定するものである。つまり，理論的な方法によって標準的売価を設定し，次式で目標製造原価を設定する方法である。

$$目標製造原価＝標準的売価－希望利益等$$

この式で「希望利益等」の内容をどう決めるかによって，得られる目標製造原価の内容が違ってくる。例えば，それが売上総利益であれば，得られる目標製造原価は全部製造原価である。この方法で代表的なものは，次の2つである。

a．目標全部製造原価の設定

$$目標全部製造原価＝標準的売価－（標準的売価×製品群別売上総利益率）$$

これはごく一般的な目標製造原価の設定方法であり，広く活用されているが開発設計者や原価企画推進スタッフ等では，管理できない費目が含まれてしまう欠点がある。

b．目標管理可能製造原価の設定

| 目標管理可能製造原価＝目標全部製造原価－管理不能な費目の費用 |

これは目標全部製造原価のうち，開発設計者や原価企画推進スタッフ等が管理不能な費目を控除して，目標管理可能製造原価を設定するものである。これは開発設計者等の努力で達成が期待できる長所がある。原価企画の先進企業では，これを目標製造原価として採用するのが一般的である。

（2）加算法による目標製造原価の設定法

目標製造原価は，採算性をベースにして設定されるものであるから「控除法」によるのがよい。しかし，これでは目標製造原価の達成が不可能かもしれない。そこで，現状の技術レベルに立って目標製造原価を設定することも必要となる。これが「加算法」による方法である。ここではその代表的な3つの方法について述べる。

a．類似品の原価実績による方法

この方法は，自社の類似品の正常な原価実績を参考にして，厳しい努力をすれば達成できるであろうと思われるものを，目標製造原価として設定する方法である。このときコストテーブル（Cost table）などを参考にして目標設定することが多いので，その達成の可能性は高い。しかし，逆にみれば目標値としての厳しさに欠ける。

b．ベンチマークコストによる方法

これは「類似品の原価実績による方法」を発展させたものであり，基本的な考え方は同様である。この方法の特徴は類似品などの主要な設計特性値等と，これらの製品に対するコスト・ベンチマーキングして得られた実現可能で最も安い製造原価（ベンチマークコスト）との関係式（これをコストモデル式と呼ぶ）をつくり，この式によって得られた見積値に基づいて，目標製造原価を設定する方法である。このコストモデル式[注]には，後述の予測売価の設定法と同様に，指数回帰式，単回帰式の結合，重回帰式，重みづけ分析（WADP：Weight Analysis by Design Parameters）などがある。注）コストモデル式の作成と活用については，拙著『勝ち組部品メーカーのコストダウン』（2014），123～251頁を参照して頂きたい。

なお，この算式は実用機能に対する目標製造原価の設定に適用するものである。

従って、魅力機能のウェイトが高いものについては、魅力機能比率（実用機能に対する割増率）を求めておき、次式によって魅力機能の目標製造原価を算出する。

> 魅力機能の目標製造原価＝実用機能に対するベンチマークコスト
> ×魅力機能比率

c．新発想の採用可能性による方法

　開発設計者は、構想設計の段階で基本機能の達成方法などを検討するが、このとき、従来とは違った発想の代替案が考えられ、かつ、その製造原価が大幅に低減されそうだと思われる場合は、経験則によってその製造原価を予想し、これを目標製造原価とする方法である。

　例えば、従来の設計着想と比べて異質の発想の代替案が考えられ、方式・構造・使用材料の大きな変更や、使用エネルギーの変更などがある代替案の場合には、現状の製造原価の約50％となることが多いと言われる。また、従来の設計着想と同質の発想の代替案であるが、形状・工法などが大きく変更になると思われる代替案の場合には、現状の製造原価の約70％となることが多いと言われる。更に、部分改善しか考えられない代替案の場合には、現状の製造原価の約90％となることが多いと言われる。このような経験則を応用して、その機能の目標製造原価を設定するのである。

（3）統合法による目標製造原価の設定法

　目標製造原価は、経済性に基づく控除法により設定するのが原則であるが、現状の技術レベルを無視した目標製造原価では達成が不可能かもしれない。他方、現状の技術ベースから発想する「加算法」では、目標値が低くなるかもしれない。そこでこれらを考慮して、経済性と技術性の要請を総合的に調整し、チームデザインのインセンティブ（誘因）となるようにしなければならない。このような形で設定するのが「統合法」である。

2　目標製造原価の細分化

　目標製造原価は必達目標であるから、達成しやすくする工夫が必要となる。その一つが目標製造原価の細分化（これを**細分割付**という）である。この細分化の方法はさまざまであるが、ここでは目標製造原価を細分化する代表的な方法を**図1-3**に示す。

図1-3 目標製造原価の細分化のしかた

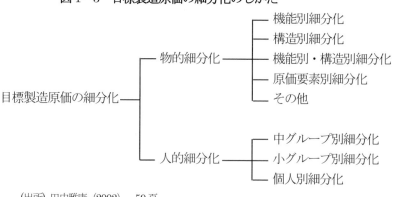

(出所)田中雅康(2002),59頁

次に,主要な5つの**細分割付法**について述べる。

(1) 機能別細分割付法

これは,開発設計段階で原点思考に立った機能分析が必要な製品等に対して採用される方法で,導入期や成長期の新製品等の細分化に効果的な方法である。この方法は目標製造原価をその新製品を構成する各機能に対して,機能重要度などの割合に基づいて細分割付するものである。すなわち目標製造原価を,まず,上位機能分野(大機能グループ)ごとに細分化し,次に,これを中位機能分野(中機能グループ)に,更に下位機能分野(小機能グループ)に細分割付するのである。

その具体的な手順は,第1に機能系統図を作成してその製品の果たすべき機能を体系化する。第2にその機能分野の評価を行う。この評価は常にユーザーサイドの観点で判断し,顧客指向の評価を行う。第3にこの評価値に戦略的・政策的修正等を加味して細分割付基準を作り,この基準を用いて目標製造原価を機能分野に細分割付するのである。

この方法を採用する場合,VEでいう機能定義と機能系統図を作成し,機能分野を明確にしておく必要がある。図1-4に機能系統図の機能分野の例を示す。

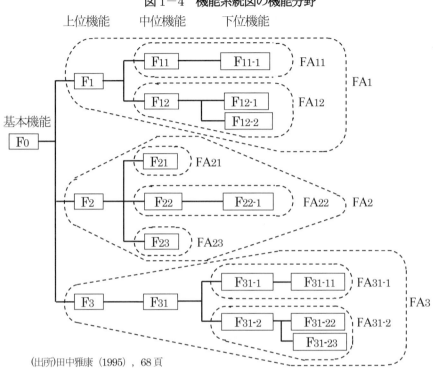

図1-4 機能系統図の機能分野

(出所)田中雅康(1995),68頁

　この製品の基本機能 F_0 は,上位機能分野が3つ(F_1,F_2,F_3)で構成され,それぞれは更に中位機能分野・下位機能分野から構成されている。例えば,上位機能 F_1 は F_{11} と F_{12} という2つの中位機能分野から構成され,更に,中位機能 F_{12} は $F_{12\text{-}1}$ と $F_{12\text{-}2}$ という2つの下位機能分野から構成されているのである。

　この機能別細分割付法は,原点思考に立った機能分析が必要な製品等に対する開発設計の初期・中期段階において有効なものである。

(2) 構造別細分割付法

　新製品が大規模で複雑になればなるほど,あるいは開発設計者にとってその新製品が新奇なものであればあるほど,構想の原点に立って設計代替案を考案する必要がある。このような理由から,一般に,前述のような「機能別細分割付法」

が採用されるのである。

このことを逆にいえば、上記の理由がさほど重要でない場合や時間的制約が強い場合などでは、目標製造原価を機能分野別に細分割付しないで、ただちに構造物に対して細分割付してもよいことになる。これが「構造別細分割付法」である。この方法は簡便法であるが、構造がほぼ決まっている製品の開発設計ではしばしば採用される便利な方法である。

構造別細分割付法にも何通りかのやり方があるが、わが国の主要企業で多用されているのは次のようなものである。それは、開発設計する新製品の構造物を大まかなブロックに区分して、それぞれの構造ブロックの重要度割合（％）原価見積値の割合（％）を求め、開発設計者や原価企画スタッフ等が納得できる細分化割付け基準を作成し、これによって目標製造原価を細分割付するものである。

この構造別細分割付法は、成熟製品等においては開発設計の初期・中期・後期のいずれの段階でも採用可能である。

（3）機能別・構造別細分割付法

目標製造原価を機能分野別に細分化していくことを繰り返していけば、いずれは構造物にまで細分化し割付けができるはずである。しかし、それを最末端機能にまで行うことは必ずしも効果的とはいえない。

機能別細分割付は、通常、あるレベルの機能分野までしか行わない。従って、機能別細分割付と構造別細分割付を併用するのがよいといえる。これが「機能別・構造別細分割付法」である。この方法によると、新奇性の強い新製品であれ、そうでない新製品であれ、機能分析を行った上でなされるので、目標製造原価の合理的な細分割付が行える。

そこで製品の場合の、この方法の概要について述べる。まず機能別細分割付法によって、上位機能分野から中位機能分野へと目標製造原価を細分割付し、その目標原価をガイドラインとして設計代替案を創造していく。次に、それぞれの機能分野あるいは複数の機能分野にまたがる代替案が考案されると、その中の最善のものを選択する。このような経過を経て機能分野と「構造物」との対応関係が明らかになる。これを**表1－1**の「機能・構造マトリックス表」にまとめることにより、「製品」の機能分野別の目標製造原価を「構造別」の目標製造原価に再編成して、細分割付することができる。

表1-1 製品の機能・構造マトリックス表

機能分野別原価目標 \ 構造物	構造物Ⅰ	構造物Ⅱ	構造物Ⅲ	計
機能分野1　5,000円	50% (円) 2,500	20% (円) 1,000	30% (円) 1,500	100% (円) 5,000
機能分野2　3,000円	30% (円) 900	40% (円) 1,200	30% (円) 900	100% (円) 3,000
機能分野3　2,000円	10% (円) 200	20% (円) 400	70% (円) 1,400	100% (円) 2,000
計　10,000円	3,600円	2,600円	3,800円	10,000円

(注) 表中の%は，**機能分野の機能発揮**(100%)に対して，それぞれの**構造物**がどの程度重要な役割を果たすかという割合を示している。この割合(%)によって，機能分野の原価目標を**各構造物**に再編成して割付する。(出所) 田中雅康（1995），71頁

　この方法は，開発設計の初期・中期段階では原点思考に基づく「機能別細分割付」を行い，基本的な方式や構造がほぼ決定した開発設計の後期では「構造別細分割付」を行うもので合理的な方法だといえる。

　部品の場合も同様に，機能別細分割付法によって，目標製造原価を細分割付し，その目標原価をガイドラインとして設計代替案を創造していく。次に，それぞれの機能分野あるいは複数の機能分野にまたがる代替案が考案されると，その中の最善のものを選択する。このような経過を経て機能分野と「工程」との対応関係が明らかになる。これを表1-2の機能・工程マトリックス表にまとめることにより，「部品」の機能分野別の目標製造原価を「工程別」の目標製造原価に再編成して，細分割付することができる。

表1-2 部品の機能・工程マトリックス表

機能別原価目標 \ 工程	工程Ⅰ	工程Ⅱ	工程Ⅲ	計
機能分野1　500円	50% (円) 250	20% (円) 100	30% (円) 150	100% (円) 500
機能分野2　300円	30% (円) 90	40% (円) 120	30% (円) 90	100% (円) 300
機能分野3　200円	10% (円) 20	20% (円) 40	70% (円) 140	100% (円) 200
計　1,000円	360円	260円	380円	1,000円

(注) 表中の%は，**機能分野の機能**(100%)に対して，それぞれの**工程**がどの程度重要な役割を果たすかという割合を示す。この割合(%)によって，機能分野の原価目標を**各工程**に再編成して割付する。筆者が工夫した。

（4）原価要素別細分割付法

目標製造原価の細分化をどこまで行うかは，開発設計する製品の規模・新規性・特性などによって異なる。原価要素別細分割付法は，目標製造原価を原価要素に分解して細分割付する方法である。なお，この原価要素は原価見積システムとの整合性が保てるように設定する必要がある。わが国の大多数の企業では，製造原価を構成する原価要素を直接材料費と加工費に分類している。従って，原価要素別細分割付は直接材料費と加工費に対して行うことが多い。例えば，自動車や家電製品などの成熟製品では，目標製造原価を主要部品ごとに，直接材料費と加工費に細分割付し，開発設計の中後期を通じて，その達成状況を管理している。この方法は，原価見積システムとの有機的関連の下に展開される点が特徴である。

（5）開発設計者別細分割付法

上記のように目標製造原価を，機能別，構造別，機能別・構造別，原価要素別に細分割付する（これらを**物的細分割付法**と呼ぶ）だけでは不十分なことが多い。そこで，物的細分化と並行して目標製造原価を，開発設計者別に細分割付する（これを**人的細分割付法**と呼ぶ）ことが行われる。

この方法には，中グループ別細分割付，小グループ別細分割付，個人別細分割付がある。その結果，グループ別または個人別に目標製造原価の達成度合いが測定できる。わが国ではこの方法を実施する企業が増加している。このように目標製造原価を，開発設計者別に細分割付するのは，彼らに原価意識を持たせ，製品仕様に対する原価保証をさせたいからである。これを長期に継続することによって，開発設計者の原価意識を向上させ，限界設計に挑戦する開発体制づくりに役立たせようとするのである。

しかしながら，「物的細分割付法」は効果が期待できるとしても，「人的細分割付法」は逆効果を考慮しなければならない。なぜならば，彼らは「物」ではなく「人間」だからである。彼らを重圧から解放するとともに，彼らのモチベーションを高める方法を工夫しなければ，彼らは疲弊してしまい長続きしないからである。これは原価企画の「逆機能」の一つであると言える。

第3節　原価企画と原価低減のツール [2]

　開発設計者や原価企画スタッフ等が，原価企画と原価低減を推進するためのツールには多くのものがあるが，代表的なツールは次のようなものである。すなわち，VE，VRP，QFD，テア・ダウン，コストテーブル，ベンチマーキング，デザイン・レビューなどである。これらを企業のノウハウとして蓄積し，活用できるようにしておく必要がある。次に，それぞれについて簡単に説明する。

1　VE（Value Engineering）

　VEは製品やサービス等の機能分析を徹底的に行うことによって，製品やサービス等の価値を向上させるための思想と技法である。

　VEの思想式(価値比率)は，$\boxed{価値(V)＝機能(F)／原価(C)}$として表すことができる。一般的に，これは価値(Value)を向上させるために，機能(Function)を満足させる手段の中から，最も原価(Cost)が安い手段を採用することを意味している。

　VEは，原価企画と原価低減を行う上での前提条件ともいえる重要な技法である。従って，その考え方と進め方・技法を開発設計に関係するスタッフには必須のものとして，体得させる必要がある。更に，その成果を高めるためには，自社内でVEを実施して得られた情報を蓄え整理しておく必要がある。その代表的なものが機能別アイデアリスト・成功事例や失敗事例等である。これは原価企画と原価低減にとって必要不可欠なものである。

2　VRP（Variety Reduction Program）

　VRPは，製品の種類や部品の種類等を削減する考え方とその技法である。すなわち，製品シリーズ間や関連する製品間において，この技法を適用すれば，モジュールや部品等の標準化や共用化が進められる。また，品質の安定と開発設計期間の短縮，管理費や間接費の削減が図られる。更に，この情報により推奨部品や推奨モジュールがわかるので，実用的な機能の設計には有益である。

3　QFD（Quality Function Development）

　QFD（品質機能展開）は，顧客満足がえられる設計品質を設定し，これを部品，工程，職能などに系統的に展開していくことによって，製品立ち上げ以前に品質を確保する手法である。

4　テア・ダウン（Tear Down）：他社品研究（その1）

　テア・ダウンは，競合関係にある他社製品を分解し，設計・工法・コスト等を自社製品と比較分析することによって，自社製品の装置，部品，工程，プロセス等を改善する技法である。この技法の活用によって得られた情報は開発設計者に

とっては，貴重な情報になる。しかし，この活動には多くの時間を要するので，成果はあるが時間的な制約から不十分な状態で活動停止になることも少なくない。従って，犠牲と効果を比較しながら，効果的に活動を進めなければならない。

5 コストテーブル（Cost Table）

コストテーブルは，開発設計者が自ら設計した部品等を，加工工程等の知識がなくても，自ら簡便・迅速に，しかも一定の正確さで原価が見積もれるようにしたツールである。その代表的なものは主要な設計特性値をパソコンやCADにインプットするだけで，部品等の加工時間や製造原価が見積もれるものである。開発設計者は自らの設計に対して，このコストテーブル[注]を活用してその金額評価を行わなければならない。開発設計者には，一般的な部品等については自ら原価見積することが要求されている。注）本書では「コストモデル式」と呼ぶ。

6 ベンチマーキング（Bench Marking）：他社品研究（その2）

ベンチマーキングは，競合他社であろうが異業種であろうが，類似業務を行っている最も優れたものを自社の達成目標として設定し，その実現を図るものである。これは開発設計でも製造でも，あるいは販売でも管理でも，分野を問わず実施される。

原価企画と原価低減で取り上げるベンチマーキングは，主としてコスト・ベンチマーキングである。この方法は，類似の機能または構成品の原価のうちで最も割安なものを探し出し，これを目標に設定して，計画的にこれに追いつき追い越すのである。

7 デザイン・レビュー（Design Review）

デザイン・レビュー（DR：設計審査）は，設計に関する不具合を未然に防止する一連の活動である。すなわち，製品の設計要求事項を具現化するために計画された製造，輸送，使用，保全などに関する情報（例えば図面，仕様値など）を対象にして，第三者が客観的・総合的な観点から評価し，必要ならば改善点を提案して改善させ，次の段階へ進ませる状態であることを確認する活動のことである。

このDRは，構想設計の段階から詳細設計が完了するまで，開発設計の主要な区切り（節目）ごとに何回も行われる。その内でも，重要なのが構想設計段階のDRである。構想設計段階のDRの内容を大別すると，技術性，デザイン，経済性に関するものになる。

この他にも原価企画と原価低減を推進するための情報はいくらでもある。例えば，新材料情報，新工法情報，固有技術情報，特許情報などである。ここでは特

第4節　VE（Value Engineering）の進め方 [3]
1　VE（Value Engineering）

　VEは製品やサービス等の機能分析を徹底的に行うことによって，製品やサービス等の価値を向上させるための思想と技法である。

　VEの思想式(価値比率)は，価値(V)＝機能(F)／原価(C)として表すことができる。一般的に，これは価値（Value）を向上させるために，機能(Function)を満足させる手段の中から，最も原価（Cost）が安い手段を採用することを意味している。

　VEは，原価低減を行う上での前提条件ともいえる重要な技法である。従って，その考え方と進め方・技法を開発設計に関係するスタッフには必須のものとして，体得させる必要がある。更に，その成果を高めるためには，自社内でVEを実施して得られた情報を蓄え整理しておく必要がある。その代表的なものが機能別アイデアリスト・成功事例や失敗事例等である。これは原価低減にとって必要不可欠なものである。

2　原価企画と原価低減におけるVEの役割

　開発設計は，顧客の要求している機能(必要機能)を，具体的な製品という有形物につくり込むことである。すなわち開発設計は，設計要求事項に基づいて，必要機能とその達成レベルを明確にし，制約条件の範囲内で，その機能が過不足なく発揮できるように具体的な製品につくり込むことである。それはVEの考え方と同じ発想のものである。つまり開発設計もVEも常に**機能分析**を行い，必要機能とその達成レベルを決め，最も経済的にこの機能のつくり込みを行う活動である。

　また，必要機能を製品という有形物につくり込むことは，その製品を構成する原価をつくり込むことでもある。従って開発設計は，必要機能と原価を同時につくり込む活動であるといえる。この活動を通して目標原価を達成しようとするのが**原価企画**であるから，**原価企画にとってVEは必要なツールであるばかりでなく，不可欠な思想と技法である** [4]。

　なお，製造段階における**原価低減**においても，VEの役割は原価企画と同じである。そこで以下では，VEの概要について述べることにする。

3 VEの概要

　上記のように，原価企画と原価低減の手法としては主に VE(Value Engineering)が用いられる。VEでいう価値は，「価値(Value)は機能(Function)に対する原価(Cost)の適合性」であるとしてとらえ，次のような比率で示す。

$$機能価値(V)＝機能(F)／原価(C)$$

　VEの価値概念は，経済上の「使用価値」に限定している。この使用価値は，「実用機能(Work Function)に対する価値」と「魅力機能(Sell Function)に対する価値」から構成される。そして実用機能に対する価値は，「機構・構造上の機能に対する価値」と「使用・便宜上の機能に対する価値」から構成されている。また魅力機能に対する価値は，「美的・貴重的な機能に対する価値」と「社会・文化的な機能に対する価値」から構成されている。

　更に，機構・構造上の機能に対する価値を「ハード機能に対する価値」と呼び，その他の機能に対する価値を「ソフト機能に対する価値」と呼ぶ。これを図1-5に示す。

図1-5　価値の分類

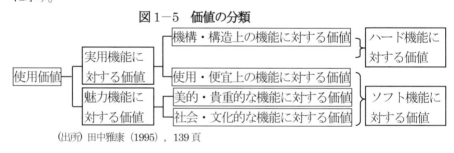

(出所) 田中雅康 (1995), 139頁

　このような価値を向上させるには，機能の向上と原価の低減の組合せによって，次の4つの方法が考えられる。
①　F(→)／C(↓)……原価低減による価値向上
②　F(↑)／C(→)……機能向上による価値向上
③　F(↑)／C(↗)……原価増以上の機能向上による価値向上
④　F(↑)／C(↓)……原価低減と機能向上の併用による価値向上

なお，F(↘)／C(↓)による価値向上は，機能を低下させるのでVEの対象ではない。従って**VEの特徴**は，顧客満足を指向した徹底的な機能分析によって，価値の高い製品やサービスやシステムをつくり出すものであり，「安かろう悪かろうではなく，良かろう安かろう」を指向することである。

次に，**VEの定義**は多くなされているが，ここでは次の2つの定義を紹介する。
「**VEとは最低の総コストで必要な機能を確実に達成するために製品またはサービスの機能分析に注ぐ，組織的な努力をいう**」（アメリカ国防省の定義）。
「**VEとは最小のライフサイクル・コストで必要な機能を確実に達成するために製品やサービスの機能的研究に注ぐ組織的努力である**」（日本VE協会の定義）。
両者の違いは，「総コスト」が「ライフサイクル・コスト」に，「製品またはサービスの機能分析」が「製品やサービスの機能的研究」に置き換えられていることである。従って，前者を狭義の定義，後者を広義の定義と考えることができる。

4　VEの進め方

VEを効果的に進めるには，まず標準的な実施手順（これをVEジョブ・プラン(Job Plan)という）に従って実施する必要がある。VEジョブ・プランは，わが国のVE実践の中から要約したVEの標準的な進め方であり，基本的な定石である。VEジョブ・プランは，通常5～7ステップより構成されている。ここでは最もシンプルな5ステップを紹介する。すなわち，①対象の選定，②機能の定義と整理，③機能の評価，④代替案の作成，⑤提案とフォローアップである。次に，それぞれのステップについて簡単に説明する。

ステップ1：対象の選定

まず，VEの対象を明確にすることによって，VE実施に効果的なチームメンバーの編成，VE成果の目標設定，VE活動のスケジュール等を決定する。VEの対象が決定すると，まず第1に情報収集が行われる。VEではどのステップでも情報収集は不可欠である。

ステップ2：機能の定義と整理

機能の定義は，VEの対象全体およびその構成要素（部品など）ごとに機能分析を行い，原則として「…を〜する」という表現で機能を定義する。「…」には名詞を「〜」には動詞を用いる。例えば，ドアを開閉する際に使われる**蝶番**の機能を定義すると次のようになる。①「ドアを回転させる」，②「ドアを支える」，③「ドアと柱を結合させる」。

機能を定義したら，**機能系統図**を作成して機能を整理する。これは定義した機能を一定のルールによって体系化し，対象全体についての必要機能を体系的に明

らかにすることである。機能整理の仕方は，「目的－働き(手段)」の関係により体系化するのが一般的である。**蝶番**の機能を「目的－働き(手段)」の関係で整理すると**図1-6**のようになる。すなわち，左側に目的機能を配置し，右側に手段機能を配置して実線で結ぶ。従って機能とは，製品や部品の「目的」と「働き(手段)」の双方を言う。なお「働き」とは，「手段」を抽象化した表現である。

VE対象全体の機能系統図は，前述の**図1-4 機能系統図の機能分野**のように作成する。

図1-6 目的－手段による機能整理

(出所) 田中雅康 (1995)，150頁

ステップ3：機能の評価

機能系統図ができると，機能分野が明確になるから，機能分野ごとに機能評価を行う。その結果，**低価値機能分野**がわかるから，この機能分野に焦点を当てて価値改善を図る。

機能評価は，各機能分野の価値比率V(＝各機能分野の評価値F／各機能分野の原価C)を求めるために行うものである。機能評価の第1手順は，各機能分野の原価Cの算出である。一般に機能分野は複数の機能で構成されているから，例えば，ある機能分野の原価C_1はその機能別原価$c_1+\ldots\ldots+c_n$を算出し，この合計額として求める。機能別原価の計算を簡単な例で示すと**図1-7**のようになる。

図1-7 部品Aの原価

部品Aは製造原価が100円であり，a，b，cの3つの機能を果たすとする。機能別原価というのは部品Aの製造原価を各機能a，b，cに対して，合理的な基準で配賦したものである。このようにしてすべての部品の機能別原価を計算して，これらを機能分野ごとに集計すると，各機能分野の原価$C_1\ldots C_n$が求まる。

機能評価の第2手順は，各機能分野の評価値Fの評価である。機能評価の方法

は金額法と比率法に大別される。金額法は，評価値を絶対金額で表す方法である。一方，比率法は，ある機能分野と別な機能分野を比較して，評価値を相対的重要度等で表す方法である。以上の手順で機能分野を評価した結果を，**表1-3**のようにまとめる。

V＝F／Cの分子のFは通常，あるべきコストとか原価目標とかあるいは，価値標準とかユーザーの評価値といわれるものである。他方，分母のCは現状の原価である。このようにして機能分野ごとの価値比率Vが求められる。その結果，どの機能分野が低価値であるかが明らかになる。

表1-3 機能評価結果の総括表

VE対象物						
No	機能分野	機能評価値 F	機能原価 C	改善可能性 C－F	価値比率 V＝F/C	改善着手順位

(出所) 田中雅康(1995)，153頁

この表から価値比率V(＝機能分野の評価値F／機能分野の原価C)が決まると，低価値機能分野が明らかになるから，この機能分野を価値改善し，価値比率を高めるのである。

ステップ4：代替案の作成

これは低価値機能分野に対して，よりよい代替案を創造することである。まず，アイディアを発想し，これらを組み合わせて複数の代替案を作成する。次に，この具体化を行い，これらが必要な機能を満たしているか，コストが安いかを評価して採用可能案を作成する。この段階で機能分野と構造物(つまりコスト発生要素)との対応関係が明らかになる。これを前述の**表1-1**の**機能・構造マトリックス表**（または**表1-2**の**機能・工程マトリックス表**）にまとめることにより，機能分野別の目標製造原価を構造別の目標製造原価に再編成することができる。

アイディアの発想法は非常に多いが[注]，代表的な方法としては，ブレーンスト

ーミング法, オブジェクティブ・ブレーン・ストーミング法, ＫＪ法（川喜田二郎氏が考案した方法）などがある。
 注）章末の補足1「アイディア発想法」，補足2「独創力手法」を参照。

ステップ5：提案とフォローアップ

このステップは，採用可能案ができあがれば，説明会を開いて納得してもらい，採用可能案を実施する。その途中で，実施状況のフォローアップを行い，障害があればそれを取り除くことが大切である。

以上の「ＶＥの進め方」の各ステップと，その**基本要素**を表1-4に示す。

表1-4　ＶＥ検討の進め方（基本要素）

	ジョブ・プラン	基本要素（留意点）
1	対象テーマの選定	果たすべき機能に比べて，総コストの高いテーマに集中する。 投入努力と得られる効果のバランスを考慮して選定する。
2	機能の定義と整理 （機能系統図の作成）	対象テーマとした製品・部品・製造システムに必要な機能を正確に把握して，機能を設計することが，ＶＥを成功させる条件である。
3	機能の評価 （機能構造図の作成）	各機能分野のコストを算出する。すなわち製品の構造物別コスト，部品の工程別コストを機能分野別コストに振り分ける。
4	代替案の作成	細分化された製品・部品・製造システムの機能についてアイディアを出し，技術的評価とコスト評価を行って優先順位をつける。これを「部分構想案」にまとめて，更に「全体構想案」にまとめる。
5	提案とフォローアップ	改善案が，技術的にも経済的にも実現可能性があることを確認した後，あらゆる障害を取り除いて実施する。体制づくりが大切である。

5　ＶＥの特徴

ＶＥと従来のコストダウンとの違いは，次の4点である。

（1）機能を研究すること

機能を研究し「設計仕様の最適化」をはかる。すなわち，その機能に見合っ

た方式・機構・構造・材質・形状・結合方法・取付け方法・組み込み方法などを検討する（設計VE）。更に，機能を研究し「造り方の最適化」をはかる。すなわち，その機能に見合った材料の形状・加工方法・工程の順序などを検討する（製造VE）。

（2）人間の考え方を変更すること
前例，習慣，伝統を見直して，事実だと思っていることを意識的に変える。

（3）組織的・体系的活動であること
社内の各部門の協力はもちろん，社外の購入先・外製先より専門知識や情報，アイディアを取り入れて，社内外一丸となって，組織的（総合的）・体系的（系統的・継続的）に行う活動である。

（4）購入先・外製先をいじめないこと
相手方の利益を削減（買いたたき）して安く買うことに重点をおかない。そこで，大企業に対しては相手の努力を引き出す。中小企業に対しては指導・援助により相手のレベルアップをはかる。

第5節　VEアプローチによる開発設計 [5]

1　VEアプローチによる開発設計の進め方

開発設計者は，果たすべき機能とその機能の達成レベルを正しく把握し，これを目標原価の範囲内で具体的な形につくり込まなければならない。これが開発設計者に課せられた使命である。

VEアプローチによる開発設計は，この使命を果たすための有効な方法である。この方法は開発設計する製品により，若干，異なることがあるが基本的な流れは変わらない。

開発設計活動は，設計要求事項（Design to requirements : DTR）をインプットとし，これに基づいて機能分析を行い，設計代替案を創り出し，その評価を経て，それが満足できるものであれば，これをアウトプットとして提案するのである。不満足であれば機能分析や設計代替案の創造のフェーズに戻って，満足が得られるまでやり直すのである。以降の段階も同様のことをやり，最終的には製造仕様書をアウトプットするのである。

2　VEアプローチによる開発設計の特徴

VEアプローチによる開発設計は，従来型の固有技術的アプローチによる開発

設計と比べて，その内容に明らかな違いがある。それは次の3点である。

第1は，**機能分析**を徹底的に実施することである。
このことは開発設計において原点指向を徹底することであり，ものごとの本質を追究することができる。また，機能分析により開発設計のチームメンバーが，必要な機能とその機能の達成レベルについて共通の理解を得ることになり，機能に基づく発想が身につくようになる。

第2は，**目標原価**をガイドラインとした開発設計をすることである。
これは開発設計活動を目標原価達成に向けた一貫した創造活動として，位置づけていることである。従って，開発設計活動は目標原価の範囲内で行えたときに終了となる。そうでなければ開発設計は未完成のまま終了しないのである。目標原価が達成できるならば目標利益が獲得できると考え，後工程に引き継ぐのである。

第3は，**チームデザイン**による開発設計を実施することである。
その狙いは異なる分野の専門家が1つの目標に向かって相互に助け合いながら，特定のテーマについて集中してアイディアを発想することにより，機能と原価の両面からみて，より価値の高い設計案を作ることである。

また，チームデザインをすることにより，それぞれが経験した過去の失敗を活かすこともできるし，新情報が活用されて開発設計期間の短縮にもなる。もちろん，細部にわたる詳細設計は個人が担当するが，それに至るまでの開発設計段階ではチームデザインが効果的である。

3　採用されるVEのタイプ

開発設計段階におけるVEは，企画・開発段階のVEを0 Look VE，設計段階のVEを1st Look VEという。これに対して，製造段階におけるVEを2nd Look VE^{注)}という。当初の開発設計段階のVEは，**問題解決型のVE**として採用されることが多い。とりわけ，目標製造原価を達成させるために実施されることが多い。**問題解決型のVE**のタイプの変形として，特定の日時に**定期的に行うVE**がある。注）製造段階におけるVEをVAと呼んで区別している企業もある。

開発段階のVEが定着してくると，開発設計活動の中にVEがとけ込んで，開発設計活動とVEが一体化して行われるようになる。これが**融合型VE**である。融合型VEが定着してくると，開発設計が短い期間でできるようになる。またコスト保証や機能保証がやり易くなる。更に次の段階まで進むとコンカレント・エ

ンジニアリング（Concurrent engineering：同時並行的業務遂行）の考え方を取り込んだ VE となり，①性能・品質の確保，②開発日程の短縮，③目標製造原価の達成の３つを，同時にかつ効果的に行うことができる。これが**コンカレント融合型の VE** である。開発設計段階で行われる VE は図 1-8 のように，２つのタイプに大別され，更に４つのパターンに分類される。

図 1-8　開発設計段階のＶＥのタイプ

```
                          ┌── 一般的問題解決型のＶＥ
          ┌── 問題解決型のＶＥ──┤
開発設計段階の─┤              └── 定期的に行うＶＥ
ＶＥのタイプ  │
          │              ┌── 一般的融合型のＶＥ
          └── 融合型のＶＥ──┤
                          └── コンカレント融合型のＶＥ
```

(出所) 田中雅康（2002），95 頁

4　製造段階におけるＶＥの進め方と問題点

　製造段階における VE の進め方は，基本的には開発設計段階の VE と同じである。何が違うかといえば，「**顧客の承認**」が得られにくいことである。つまり問題は，製造段階での「設計変更」や「工程変更」を顧客が嫌うからである。なぜならば，開発設計段階で評価した機能を再評価しなければならないためである。従って，部品企業が「製造段階の VE」を進めるときには，この点を十分考慮する必要がある。具体的には，自社で現行品と VE 品との機能評価・コスト評価を行い，これらを比較して大きなメリットがあることを証明してから，顧客に提案する必要がある。

　しかしながら，VE 部品の機能とコストが現行品よりも優れていたとしても，採用してくれない顧客もある。その理由として次の２点が考えられる。①設計変更の場合には，優れた VE 部品でも市場実績のある「現行製品」より優れているとは言えない事。②工程変更の場合には，「4M [注] の変化点管理」が十分に行われるかを再監査しなければならない事。従って，このような場合には「次期モデル」での採用を提案することが望ましい。

　注）Material（材料），Machine（機械），Method（方法），Man（人）を 4M と言う。

第6節　製品のVEと部品のVEの考え方[6]

　部品のVEの考え方は，基本的には製品のVEと同じである。何が違うかといえば，「機能・構造マトリックス表」（VEでは「機能・構造図」と呼ぶ）である。製品のVEでは「機能・構造図」の縦軸に**製品の機能分野**（または機能）を記入し，横軸に**部品別コスト**を記入する。これは前述の**表 1-1**「**製品の機能・構造マトリックス表**」を参照してほしい。一方，部品のVEでは「機能・工程図」の縦軸に**部品の機能分野**（または**機能**）を記入し，横軸に**工程別コスト**を記入する。これは前述の**表 1-2**「**部品の機能・工程マトリックス表**」を参照してほしい。つまり製品の「機能・構造図」を部品では「機能・工程図」に変える。主な違いはそれだけである。

　次に，現製品の「製品のVE」と「部品のVE」について，その考え方と事例を紹介する。どちらの場合も，現製品・部品の機能の分類を行う。

1　VEの目的

　「必要な機能」を「最小のコスト」で得ること，すなわち「価値の向上」である。そのために，市場（顧客）から要求される機能を隅々まで分析して，多くのアイディアを考え体系化し，その中から有効なアイディアを組み合わせていく。

2　VEの考え方

　従来の観点は「物を物として見る」。（このような物の見方を変えて）VE的な観点は「物は機能の1つの表現に過ぎない」と考える。すなわち『物のまえに機能がある！』と考えて，機能にさかのぼる（本質に戻る）。

3　VAとVEの違い

（1）VA（Value Analysis）：価値分析(注)・・・事後分析

　すでに出来上がった物の中から，ムダな機能（不必要機能）を検討・評価して，そのムダを省き，コストと対比させてコストを下げる手法である。

　　注）開発設計段階におけるVEは，企画・開発段階のVEを 0 Look VE，設計段階のVEを 1st Look VE という。これに対して，製造段階におけるVEを 2nd Look VE というが，製造段階におけるVEをVAと呼んで区別している企業もある。

（2）VE（Value Engineering）：価値工学・・・事前分析

開発設計段階において，必要な機能をコストと対比させて，最も安い機能を組み合わせていく手法である。

VA（事後分析）とVE（事前分析）の違いを，図1-9に示す。

図1-9 VA（事後分析）とVE（事前分析）の違い

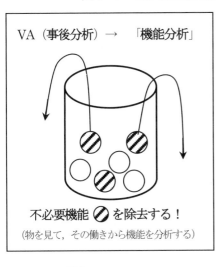
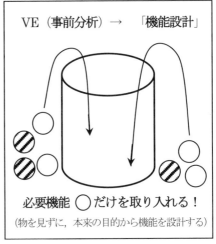

4 VEの概念

【VEの思想式】

$$V（価値）= \frac{F（機能）}{C（原価）}$$

V：価値（Value）
F：機能（Function）
C：コスト（Cost）

【VEの4つのコース】

コース		①	②	③	④	⑤
V(↗)	F	→	↗	↑	↗	↘
	C	↘	→	↗	↘	↓
コースの評価		◎	○	○	◎	×

機能を下げてはならない！！
◎か○のコースであること！
一般的に①と④が主なコースである。（⑤は機能を下げるので採用しない）

5 機能の分類

現製品・部品の機能は，市場要求機能に対して次の3つに分けられる。①不必

要機能，②必要機能，③不足機能，である。これを図1-10と図1-11に示す。

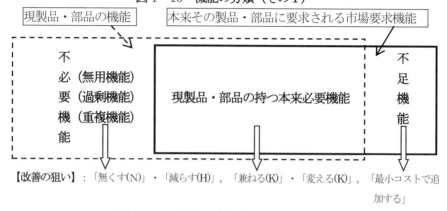

図1-10 機能の分類（その1）

図1-11 機能の分類（その2）

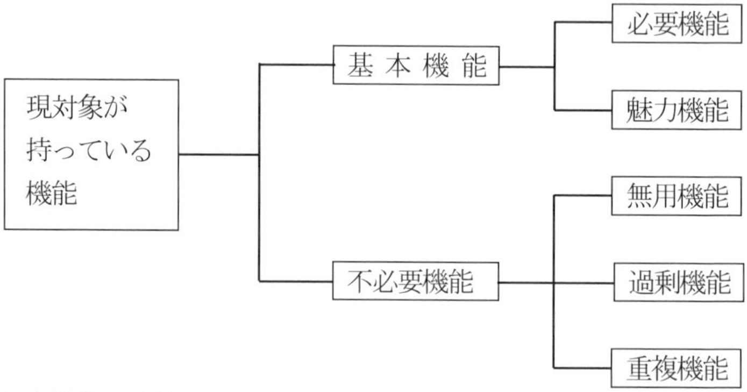

(1) 各機能の定義

基本機能：その対象（製品または製造システム）の目的を満たすために必要な第1の機能をいう。製造システムとは「加工方法」や「工程」をいう。

必要機能：基本機能を達成するために，不可欠な「働き」をいう。

魅力機能：その製品に魅力を感じさせたり，買いやすくするなどの「働き」をいう。基本機能の達成を補助する機能でもある。

不必要機能：その対象にとって必要としない機能をいう。

無用機能：本来，無用な機能（その全部が省けるもの）をいう。

過剰機能：多すぎる機能（その一部が省けるもの）をいう。

重複機能：二重以上に重なっている機能（その一方が省けるもの）をいう。

（2）機能系統図での機能とは

　機能系統図で表現する機能とは，その対象が持っている使命・役割・存在意義をいい，「**目的**」と「**働き**」の双方をいう。
　対象の機能（目的と働き）を定義するときの「留意点」は次の4点である。
　① **機能表現**：基本形……「（名詞〜）を（動詞〜）する」
　② **抽象的表現**：方法論的・具体論的な表現を使わず，思考の拡大が可能な「抽象的な表現」をする。これは，アイディアを出しやすくするためである。
　③ **考え方**：「目的」…その対象を人が使って何を期待するのか。
　　　　　　　　「働き」…その目的を果たすために対象は何をしているのか。
　④ 「**目的**」と「**働き**」の関係：「目的」⇄「働き」
　　　　　　　　（そのためには／その目的は）

【目的研究と働き研究の重要性】

　「目的」を明らかにして，その目的を果たす経済的な「働き（手段）」を研究するのが VE 活動であるが，我々は往々にしてこの目的を忘れたり，不明確にしたまま活動しがちである。そこで，次の「例話」を読んでもらいたい。

「例話」：ミノムシ退治

　ある雨上がりの午後，庭に出てみたら，庭木にミノムシが点々と付いていた。これは取らなくてはいけないと思って，手を伸ばしてミノムシを取っては踏み殺していった。ところが高い梢にも沢山のミノムシが付いている。棒で挟んで引っ張っても良し，脚立に乗っても良い。色々なやり方がある。
　まず，棒で挟んで取ろうとしたが，手の届きそうな所まで来ると，虫は跳ね上がってしまいなかなか取れない。これは困ったと思っている所に子供が来て，「ミノムシ退治なら，こうしてやるんだよ」と言って，ローソクを持って来た。それを棒の先に縛って火をつけ，木の下の方からミノムシを焼いていった。

(出所) ジェムコ日本経営（1981），14頁

それを見た時ふと気が付いた。自分は初め，ミノムシを殺さなくてはいけないと思って，取っては殺していた。そのうち，「どうやって取ろうか」になってしまった。すなわち"取る"という単なる「手段」を「目的」としてしまったので，焼き殺すという「手段」は思いも付かなかったのである。

このミノムシ退治の例話から，「目的と働き（手段）」の関係を正しく体系化すると，次のようになる。機能を体系化することの重要性が理解できると思う。

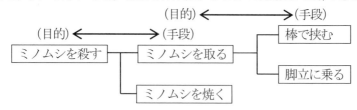

<タバコ用ライターの例>
例えば，タバコに火をつける**ライター**の機能を定義すると次のようになる。
①「タバコに火をつける」，②「炎を出す」，③「熱を出す」。

機能を定義したら，**機能系統図**を作成して機能を体系化する。一般的には定義した機能を「目的―働き（手段）」の関係により体系化する。ライターの機能を「目的―働き（手段）」の関係で体系化すると**図1-12**のようになる。すなわち，左側に「目的機能」を配置し，右側に「手段機能」を配置して実線で結ぶ（左右が逆にならないように注意が必要）。従って機能とは，その対象（製品や部品）が持つ「目的」と「働き（手段）」の双方を言う。なお「働き」とは，「手段」を抽象化した表現である。

図1-12　タバコ用ライターの「**目的と働き（手段）**」の関係

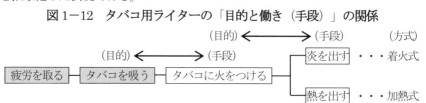

<例題>
身近な例として，次の10製品を取り上げて「機能を定義」（機能表現）してみよう。この結果を**表1-5**に示す。

表1-5 機能の定義（機能表現）

対　象	目　的	働き（手段）
1．鉛筆削り	文字を書けるようにする	芯をとがらす
2．カレンダー	月日・曜日を知る	月日・曜日を表示する
3．名札	相手に名前を知らせる	名前を表示する
4．事務用椅子	事務の疲れを少なくする	事務作業に適した座位を保つ
5．ネズミ捕り	ネズミを殺す	ネズミを捕らえる
6．電卓	計算値を知る	数字を計算し，結果を表示する
7．時計	時刻を知る	時刻を表示する
8．眼鏡	はっきり見えるようにする	焦点を合わせる
9．ボール盤	穴を作る（得る）	ドリルを回転させ，切削力を与える
10．ローラー・コンベア	運びやすくする	摩擦抵抗を少なくする

6　「目的研究」と「働き研究」

　VEを行う場合，「目的研究」と「働き研究」のどちらを先に行うかを決める必要がある。それによって，得られる改善案が異なるためである。一般的には「働き研究」を先に行ってから，「目的研究」に移行する方が良い。なぜならば，働き研究の方が「代替案を発見」しやすく実現の可能性が高いためである。一方，目的研究は「新製品を開発」しやすく期待効果が大きい。換言すれば，「下位機能」のＶＥを先に行ってから，「上位機能」のＶＥを行うことが望ましい。「タオルの例」を表1-6に示す。

表1-6　タオルの「目的研究」と「働き研究」

	目　的	働　き（手段）
タオル	「手を乾かす」	「手の水分を取る」
方　式	熱風／エアータオル／ドライヤー／赤外線　──範囲が広い	吸い取り紙／新聞紙／スポンジ／など．．．　──範囲が狭い
特　徴	目的研究では，「新製品を開発」しやすい。	働き研究では，「代替案を発見」しやすい。

7　ＶＥの改善活動に必要なステップ化
（1）改善が生まれる過程

企業の日常の活動においては，種々不都合を感じたり疑問に思ったり，「こうしたらよいのだが…。」というように，問題意識をもって思いを巡らしている。その結果，いくつもの改善が生まれている訳である。その「過程（プロセス）」を把握し，「改善のステップ」に沿って改善活動を進めることが重要である。これを図1-13に「**鉛筆削り**」で例示する。

図1-13　「改善が生まれる過程」（鉛筆削りの例）

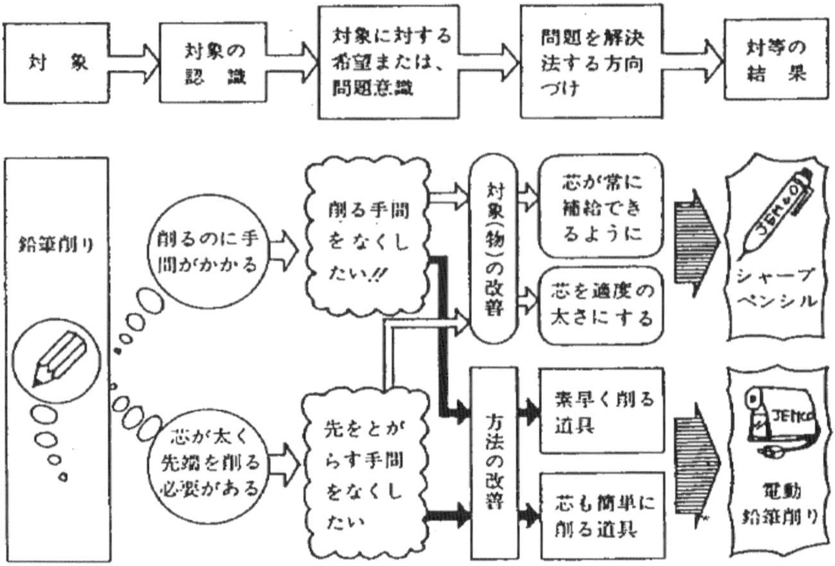

対象 → 対象の認識 → 対象に対する希望または，問題意識 → 問題を解決法する方向づけ → 対等の結果

鉛筆削り
- 削るのに手間がかかる → 削る手間をなくしたい!! → 対象（物）の改善 → 芯が常に補給できるように／芯を適度の太さにする → シャープペンシル
- 芯が太く先端を削る必要がある → 先をとがらす手間をなくしたい → 方法の改善 → 素早く削る道具／芯も簡単に削る道具 → 電動鉛筆削り

（出所）ジェムコ日本経営（1981），19頁

（2）ステップを設ける必要性

　通常の改善活動の進め方では，「とにかく早く現場に入って，どんどん改善しよう」という考え方が多い。その典型が，トヨタ生産方式の「現場・現物・現実」の3現主義である。この場合には，"異常"（不良や設備故障）が発生したら即対策が必要だから，すぐ「現場」に行って「現物」に直接触れて「現実」を捉え，早く問題解決をはかる必要がある。

　一方，VEの改善の進め方は，「改善のステップ」を設けて，そのステップに沿って進めることが重要である。その理由は，上の**図1-13**「鉛筆削りの例」で分かっていただけると思う。

第7節　製品のVEと部品のVEの進め方

　VEは前述の5つのステップで進めるが,「製品のVEと部品のVE」の進め方は基本的には同じである。ここでは身近な事例を交えながら詳述する。

ステップ1：対象の選定
① ABC分析により年間購入金額（または年間原価額）が高い品目群（A品目群）に絞り込む。「**ABC分析図表**」を図1-14に示す。
② A品目群の中から「対象製品（または部品）」^{注)}を選定する。この時, A品目群全体に横展開できる「代表的な製品（または部品）」を選ぶ。
　注) 多品種少量生産では「代表的な品目群」を選ぶ。詳細は第5章第1節3項を参照。
③ 対象製品は「部品別コスト」, 対象部品は「工程別コスト」を調査する。また購入数量（生産数量）を明らかにする。
④ 対象製品・部品の「現物」と「取付図」を準備し,用途・作用を明確にする。
⑤ 他社品・他社図面,特許情報などを入手する。

図1-14　ABC分析図表

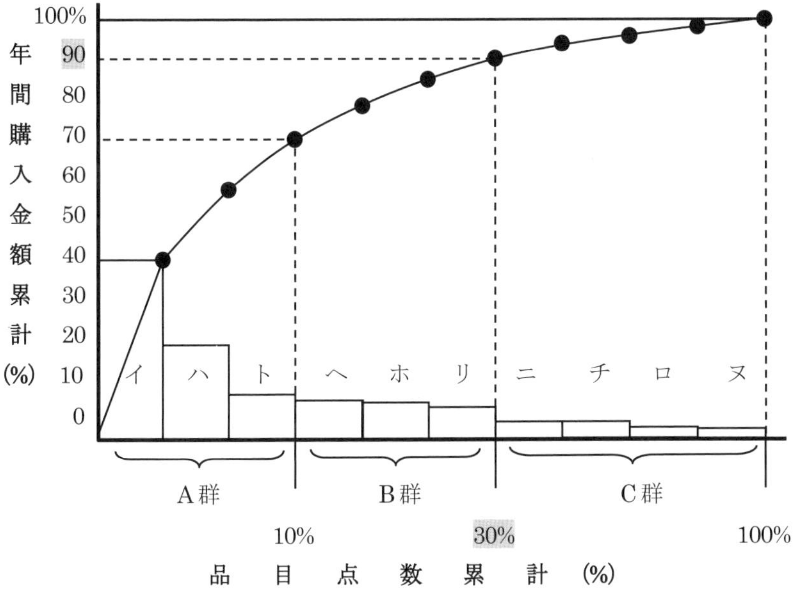

(出所) 山本秀幸 (2014), 133頁

ステップ2：機能の定義と整理
(1) 機能系統図とは

その対象（製品や部品）の活用目的を明確にして，その目的を果たすために必要な全ての「機能」を定義して，基本機能から機能分野ごとに上位機能・中間機能・末端機能に至るまでの機能間のつながりを展開した図をいう。更に，3条件（機能条件・使用条件・制約条件）を加える。その目的は，価値を上げるための「必要機能の体系化と不必要機能の排除」である。「**機能系統図**」のイメージを図1-15に示す。

図1-15　機能系統図

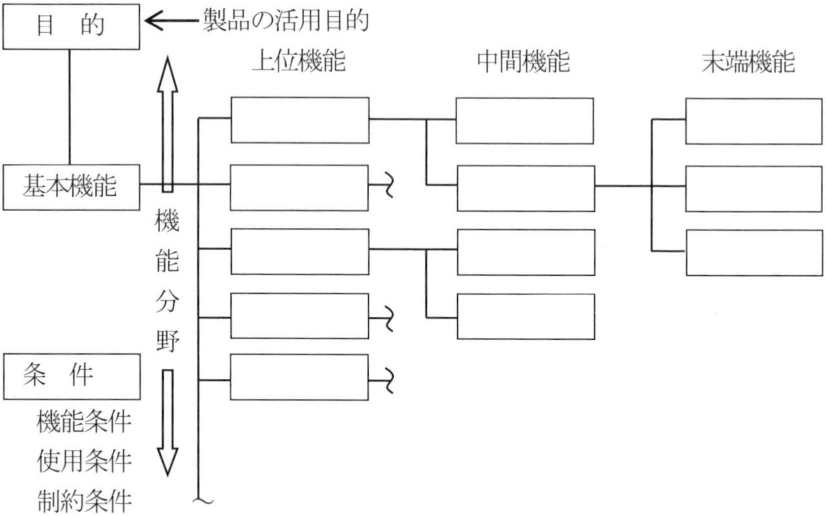

基本機能：その対象（製品または製造システム）の目的を満たすために必要な第1の機能をいう。製造システムとは「加工方法」や「工程」をいう。
上位機能：基本機能を満たすための細分化機能をいう。
中間機能：上位機能を満たすための細分化機能をいう。
末端機能：基本機能を満たすために必要な具体化の一歩手前の機能をいう。
　　　　　　（これ以上，機能を細分化すると方法論になる。つまり製品や製造システムになる）
条　件：機能条件・使用条件・制約条件の3つに分けて，「定量的」に機能を把握する。

(2) 機能系統図の作成

＜事例1＞　タバコ用ガスライターの機能系統図（100円ライター）

目　的：タバコに火をつける

（基本機能）
炎を出す

- 手力を受ける
- 手力を伝える
- ガスを放出する
  - 液化ガスを受け入れる
  - 液化ガスを貯える
    - 液化ガスを貯える（10cc, 6kg/cm^2）
    - 液化ガス量を明示する
  - 閉じを開放する（任意時間）
    - 閉じを開放する
    - 放出量を調整する（　）cc/sec～（　）cc/sec
- ガスに着火する
  - 発光石を受け入れる
  - 発光石を保持する
  - 発火作用を起こす
  - ガスに点火する
- 再点火を可能にする
- 機能を結合する
- 操作を容易にする
- 外観を美しくする

「機能条件」
1. 発火石を使用する
2. 炎の長さが調整できる　0～3cm
3. 点火率95％以上
4. 操作フィーリングを良くする
5. 液化ガスは補充しない
6. 寿命は1000回以上
7. 手で持てる大きさ　H80×W25×T10

「使用条件」
1. 大衆品
2. 持ち歩き用
3. 重量20g以下
4. 使用温度に耐える　−10℃～50℃
5. 風が強いところでは使用しない

「制約条件」
1. 売価100円
2. 原価40円以下
3. 他社の特許は使用しない

ワーク・ファンクション：基本機能を果たすために絶対に必要な機能

セル・ファンクション：商品企画の結果から得られるもので，基本機能の達成をより有利にしたり，魅力を持たせる機能

ステップ3：機能の評価
【機能構造図の作成】

$$V\text{（価値）} = \frac{F\text{（機能）}}{C\text{（原価）}}$$

F（機能）・・・機能系統図で明確化された必要機能

C（原価）・・・各機能の具体化に費やしているコストを把握し、「どの機能」に「コスト」がかかっているか（かけているか）を把握する。

（1）機能構造図（または機能工程図）とは

機能構造図（または機能工程図）とは、その対象（製品や部品）の必要とする「機能」が、現対象の「部品」（または「工程」）のどの部分と関係し、各機能がどのようなコスト配分になっているかを書き表した図をいう。その目的は、価値を上げるための「方向の見極め・重点化」である。

機能構造図は、「製品のVE」と「部品のVE」では少し異なるので注意が必要である。何が違うかといえば、製品のVEでは「機能・構造図」の縦軸に**製品の末端機能**を記入し、横軸に**部品別コスト**を記入する。一方、部品のVEでは「機能・工程図」の縦軸に**部品の末端機能**を記入し、横軸に**工程別コスト**を記入する。つまり「機能・構造図」を「機能・工程図」に変える。主な違いはそれだけである。このイメージを表1-7に示す。

表1-7　製品VEの機能・構造図と部品VEの機能・工程図

【製品VEの機能・構造図】

末端機能		「部品別コスト」
		部品1, 部品2, 部品3 ...
	機能1	◇――◇
	機能2	◇――◇
	機能3	◇――◇
	機能4	◇
	……	

【部品VEの機能・工程図】

末端機能		「工程別コスト」
		工程1, 工程2, 工程3 ...
	機能1	◇――◇
	機能2	◇――◇
	機能3	◇――◇
	機能4	◇
	……	

左側の「製品VE」では、機能1は部品2と部品3で満たしてコストが発生している。また、機能2は部品1と部品2で、機能3は（機能1と同様に）部品2と部品3で、機能4は部品1で、それぞれ機能を満たしてコストが発生している。

右側の「部品VE」では，機能1は工程2と工程3で満たしてコストが発生している。また，機能2は工程1と工程2で，機能3は（機能1と同様に）工程2と工程3で，機能4は工程1で，それぞれ機能を満たしてコストが発生している。

（2）機能構造図（または**機能工程図**）の作り方

機能構造図は，次の手順で作成する。
① 「不必要機能」（無用・過剰・重複機能）を明らかにする。
② 改善効果の大きい順に着手の「優先順位」を決める（不必要機能は常に最優先させる）。
③ 「投入努力」（少なくてよいもの）と「得られる効果」（大きいもの）の関係から，改善対象機能を決定する。

このイメージを図1-16に示す。

図1-16 機能構造図（または機能工程図）の作り方

【機能系統図】	【機能構造図】（または**機能工程図**）							
	末端機能	機能条件 必要条件 制約条件 （定量化）	部品別（または工程別）コスト					コスト	順位
			A	B	C	D	E		
イ ロ ハ ニ ホ	必要機能	不必要機能 （無用・過剰・ 重複）	×		△		×		1
	イ		○	○	○				
	ロ		●	◎		◎	●		2
	ハ				○	○			
	ニ		○						
	ホ				◎		◎		3

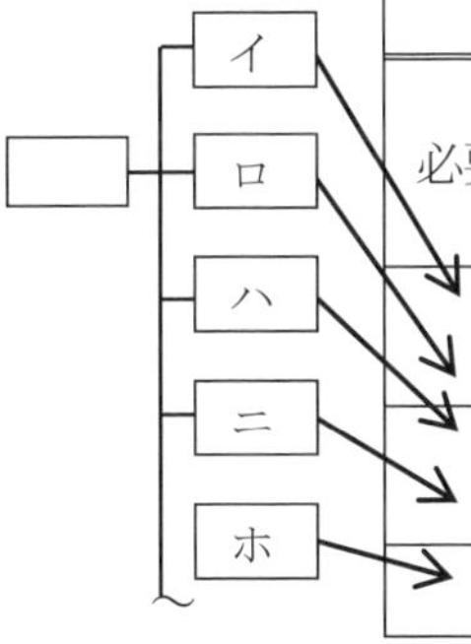

（注）表中の記号（●，◎，○，△，×）は，それぞれの**部品（または工程）**が**末端機能**に対して，どの程度重要な役割を果たすかという**重み**（ウェイト）を示している。次の段階では，この重みを割合(%)に変換する。

次に，表1-8に「**製品VEの機能・構造図**」を，表1-9に「**部品VEの機能・工程図**」を示す。

表1-8 製品VEの機能・構造図

末端機能 \ 部品		部品1 3,600円	部品2 2,600円	部品3 3,800円	コスト計 10,000円	優先順位
	不必要機能	30% (円) 1,080	30% (円) 780	30% (円) 1,140	30% (円) 3,000	1
必要機能	機能1	20% (円) 720	10% (円) 260	20% (円) 760	17.4% (円) 1,740	4
	機能2	30% (円) 1,080	40% (円) 1,040	30% (円) 1,140	32.6% (円) 3,260	2
	機能3	20% (円) 720	20% (円) 520	20% (円) 760	20% (円) 2,000	3

(注) 表中の%は、それぞれの**部品**が**末端機能**に対して、どの程度重要な役割を果たすかという**割合**を示している。この割合(%)によって、部品別コストを**機能別コスト**に再編成する。ここでは**不必要機能の抽出**がポイントになる。

表1-9 部品VEの機能・工程図

末端機能 \ 工程		工程1 360円	工程2 260円	工程3 380円	コスト計 1,000円	優先順位
	不必要機能	30% (円) 108	30% (円) 78	30% (円) 114	30% (円) 300	1
必要機能	機能1	20% (円) 72	10% (円) 26	20% (円) 76	17.4% (円) 174	4
	機能2	30% (円) 108	40% (円) 104	30% (円) 114	32.6% (円) 326	2
	機能3	20% (円) 72	20% (円) 52	20% (円) 76	20% (円) 200	3

(注) 表中の%は、それぞれの**工程**が**末端機能**に対して、どの程度重要な役割を果たすかという**割合**を示している。この割合(%)によって、工程別コストを**機能別コスト**に再編成する。ここでは**不必要機能の抽出**がポイントになる。

　表1-8の製品VEでは末端機能別の「部品コスト」になるのに対して、**表1-9の部品VE**(特に**単一部品**のVE)では末端機能別の「部位コスト」になる。

<事例2> タバコ用ガスライターの機能構造図（100円ライター）

資料 No.	
作成年月日	2004/4/26
作成担当者	

対象製品　１００円ライター
対象範囲　重要機能
対象コスト　44.00　△ 17.80
目標コスト　26.2　(40.5%)

機能構造図

No	要素名	カブセ	フタ	枠ガ゛ー	支柱	ボ゛ディ	ゴムリング	ジョイントビョウ	ビ゛ョウ	ハ゛ル	発火石押さえパネ	発火石	ヤスリ	ネジリング
No		1	2	3	4	5	6	7	8	9	16	17	18	19
現行コスト内訳	材料費	1.40	0.70	0.35	0.35	0.50	1.00	1.40	1.00	1.75		3.00		
	購入費	0.60	0.30	0.15	0.15			0.60			2.00		5.00	
	加工費									0.75				
	その他													
	合計	2.00	1.00	0.50	0.50	0.50	1.00	2.00	1.00	2.50	2.00	3.00	5.00	

No	末端機能	末端機能コスト	機能コスト[%]	目標コスト	着手順位
0	不必要機能	2.40	5.5%	1.20	6
1	注入口を設ける	0.10	0.2%	0.10	
2	注入を容易にする	0.40	0.9%	0.40	
3	液量を確保する	1.90	4.3%	1.90	3
4	液を保持する	4.90	11.1%	2.40	

No	末端機能														末端機能コスト	機能コスト[%]	目標コスト	着手順位
9	流路を絞る				90% 0.45										0.45	1.0%	0.45	
10	燃料を圧縮する						10% 0.20			90% 2.25					2.90	6.6%	1.40	5
11	燃料を調節する				10% 0.05	90% 0.45	10% 0.20		90% 2.25						2.35	5.3%	1.10	7
12	回転力を受ける										90% 1.80	20% 0.60	30% 1.50	80% 4.0	7.90	18.0%	3.90	2
13	摩擦力に変換する											20% 0.60	30% 1.50		2.10	4.8%	1.00	8
14	熱に変換する											50% 1.50			3.00	6.8%	1.50	4
15	混合ガスを作り続ける														0.90	2.0%	0.90	
16	混合ガスを断つ														1.50	3.4%	1.50	
17	機能を結合する	5% 0.10	50% 0.50		10% 0.05	10% 0.05	10% 0.10	10% 0.20	10% 0.10	10% 0.25	10% 0.20	10% 0.30	10% 0.50	10% 0.5	9.35	21.3%	4.60	1

ステップ4：代替案の作成

代替案を作成するためには，まずアイディアを発想し，次にアイディアを創造し，そしてアイディアを評価・選択する必要がある。改善案作成のステップを例示する。

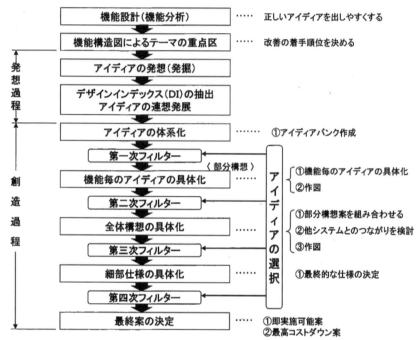

(出所) ジェムコ日本経営 (1982)，V-6頁

(1) アイディアの発想過程

重点区分された機能・部品・工程に関するアイディアを，出来るだけ多く集める段階である。ここでは見方，観点の異なるアイディアを集めることが大切である。すなわち対象テーマの機能が果たせるかどうかだけを判断基準にして，抽象的なアイディア・具体的なアイディアを批判せずに集める。チーム全体でアイディアを発想する場合には，一般的にOBS法（オブジェクティブ・ブレーン・ストーミング法）を用いる。

アイディアの発想法は非常に多いが[注]，ここでは有名なTT-STORM法（武知孝夫氏が考案した方法）を基にして，OBS法（Objective Brain Storming：オ

ブジェクティブ・ブレーン・ストーミング法）と TTI 法（Trans・Tieing・Index：デザイン・インデックスの抽出法）について詳述する。
　注）章末の補足1「アイディア発想法」，補足2「独創力手法」を参照。

（2）アイディアの発想
　VE はアイディア勝負である。つまりアイディア発想の成否が鍵を握っている。
【OBS法（Objective Brain Storming：オブジェクティブ・ブレーン・ストーミング法）】
　OBS法は具体的なテーマを抽象化し，機能を定義し発想する方法である。アイディアの思考範囲も広く，抽象的なものから具体的なものまで各種出される。発想者全員の連想を有効かつ効率的に働かすことで，短時間で多くのアイディアを出すことができる。

　a．5つのルール
　　① **批判厳禁**：出されたアイディアを批判しない。
　　② **自由奔放**：自由で楽しい雰囲気で行うと，多くのアイディアがで出る。
　　③ **多量のアイディア**：質より量を求める。
　　④ **改善結合**：他のアイディアを更に良くしたり，結びつけたりする。
　　⑤ **目的集中**：テーマを絞って，機能を抽象化して定義し発想する。

　b．進め方の3つのポイント
　　① アイディア・カード（ポストイット）を全員に配る。……批判を防止するため。
　　② アイディアの発想と評価を分ける。……自由奔放に発想するため。
　　③ 1グループ7名程度が効率的である。……遊び人を避けるため。

　c．**重点機能からの発想**（10～20分／1機能・1部品（または1工程）当たり）
　　① 機能構造図（機能工程図）で機能の優先順位を決めてあるので，これを目安にする。
　　② アイディアの目標数を決める。
　　③ アイディア・カード1枚にアイディア1件を記入する。
　　④ アイディアは図やポンチ絵で書く。
　　⑤ アイディアを模造紙に貼る。

d．ＶＥ発想の４原則
① 無くす（Ｎ）：無用機能は無くす。
② 減らす（Ｈ）：過剰機能と重複機能は減らす。
③ 兼ねる（Ｋ）：必要機能は兼ねる。
④ 変える（Ｋ）：必要機能は変える。

ＶＥ発想の４原則
Ｎ：無くす
Ｈ：減らす
Ｋ：兼ねる
Ｋ：変える

e．アイディア・カードの記入要領

（３）デザイン・インデックスの抽象化とアイディアの連想発展

　集められたアイディアを対象テーマに使えるようにする段階である。第２段階の自由発想で出されたアイディアは思いつきやヒントに過ぎないが、この「デザイン・インデックスの抽象化」は思いつきやヒントの狙い（構成要素：デザイン・インデックス（ＤＩ））を抽出し、その「ＤＩ毎にアイディアを連想（強制発想）」して発展させる過程である。ここで必要な力が「独創力」である。

　a．アイディア発想と連想のステップ

① **自由発想**：全員が自由奔放に発想する。
② **便乗発想**：他人のアイディア（またはアイディアの狙い）に便乗して発想する。
③ **強制発想**：アイディア・カードに書かれた「アイディアを抽象化」（抽出インデックス）し、これから新しいアイディア発想する。この手法をTTI法（Trans Tieing Index）という。

b．強制発想の例

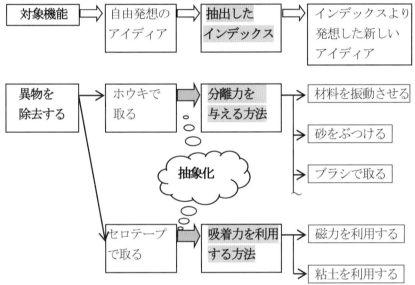

「部品VEの例」……これは「製品VE」でも同じイメージである。

（4）アイディアの体系化

対象テーマの機能を果たす「すべての構想・具体化的なアイディアを体系化」する。TT－STORM法の最も重要な過程である。すなわち製品の場合、どんな構想でも方式・機構があり、また各部品には材質・形・寸法・表面粗さ等がある。そこで、機能を果たす各種の方式・機構・構造・形状・部品の数（分割数）・位置・結合方法・部品の大きさ・形・形態・取付け方法・寸法、及びこれらのあらゆる組合せについて「アイディアを体系的に整頓」することによって、アイディアの洩れを防ぐ。更に追加を容易にすることによって、アイディアの発想を促す。

また現状製品や新製品の位置づけができると共に，最も機能が高いとか，最も経済的だという"最も"の保証ができる。

「アイディアを体系化」する方法は，QCサークルで使い慣れた「特性要因図」（魚の骨）のイメージで，ツリー状にまとめればよい。

このようにすると「無数のアイディア」がでる。従来のBS法（ブレーン・ストーミング法）ではアイディアは70〜100件が限度であるが，体系化してから再発想した場合は約700〜1,000件，これらを組み合わせると1万件以上になる。

体系化の例（フィルターのアイディアの体系化）

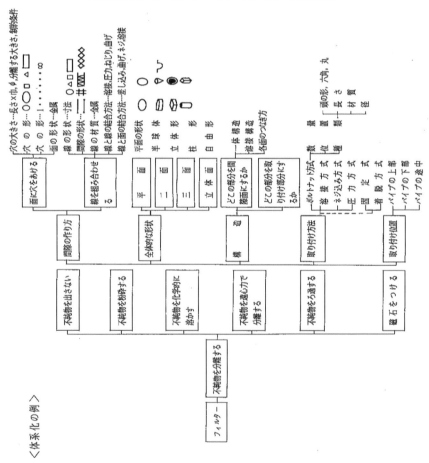

（出所）ジェムコ日本経営（1982），V−20頁

(5) アイディア評価

【製品のVE】・・・これは【部品のVE】も同じ。

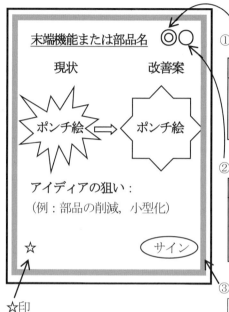

① **技術的評価**（実現の可能性）：**青色**で記入

表示	判断基準	目安
◎	即実施できそう	～3ヵ月以内
○	少し検討が必要	～6ヵ月以内
△	かなり検討が必要	～6ヵ月以上

② **経済性評価**（コスト・メリット）：**赤色**で記入

表示	判断基準
◎	安くできそう
○	まあまあ安くできそう
△, ×	△現状と同じ, ×高くなりそう

☆印
魅力的なアイディアには，☆印を**黒色**で記入する。
⇒「**特許**」に結び付けるため！

③ **枠付け**

技術的評価 （青色）	経済性評価 （赤色）	枠付け
◎	◎, ○	赤枠
○	◎, ○	青枠
△	◎, ○	緑枠
◎, ○, △	△, ×	枠なし

【アイディア件数のまとめ】

即効案（赤枠）	中期案（青枠）	長期案（緑枠）	参考案（枠なし）	アイディア総数
500件	1,000件	300件	200件	2,000件[注]

（注）強制発想をしない場合，アイディア総数は約1/10になる。

(6) 部分構想案の作成

① 機能や部品（または工程）ごとにアイディアを結合して，「部分構想案」を作成する。
② 実現の時期別にアイディアを結合して，「部分構想案」を作成する。
この具現結合のイメージを**図1-17**に示す。

図1-17 アイディアと部分構想案の作成

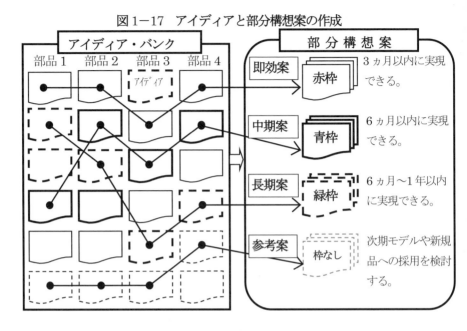

(7) 全体構想案の作成
① 機能・部品・工程ごとに部分構想案を結合して,「全体構想案」を作成する。
② 実現時期(枠の色)別に部分構想案を組合せて,「全体構想案」を作成する。

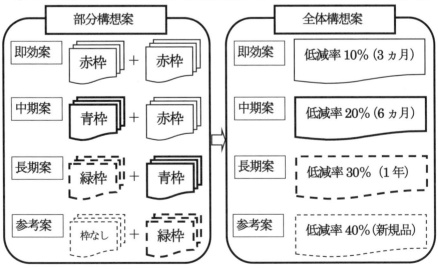

ステップ5:提案とフォローアップ

(1) 提案

① **実現の可能性**:改善案が,技術的に,状況的に確かに実現できることを証明する。
② **機能達成の可能性**:改善案が,必要機能を確実に達成できることを証明する。
③ **目標コスト達成の可能性**:改善案が,目標コストを確実に達成できることを証明する。
④ **説得の裏付け**:上記①〜③により改善案が実現できることを証明した後,関係者が改善案の実現に協力してもらえる体制を作り,あらゆる障害を取り除いて実現する。

(2) フォローアップ

① 「改善計画書」を作成して全員が共通認識すると共に,関係部門を巻き込んで活動する。
② 定期的に会合して進捗状況をチェックし,フォローする。
③ 目標が未達成のときには,「代替え案」を追加する。

＜名言・至言＞

ここで,独創力教育を初めて産業界に取り入れた,アーノルド教授の言葉を紹介する。

『アイディアを得て終わるのではなく,アイディアを得てからスタートするのである。アイディアが不首尾に終わるのは,アイディアが悪いのではなく,アイディアを活用する際の積極的な努力に欠けているところがあるからである』

<事例3> ホッチキスのVE
　ここで，身近な事例として「ホッチキスのVE」を取り上げてみよう。
　1-1 「ホッチキスの組立図」

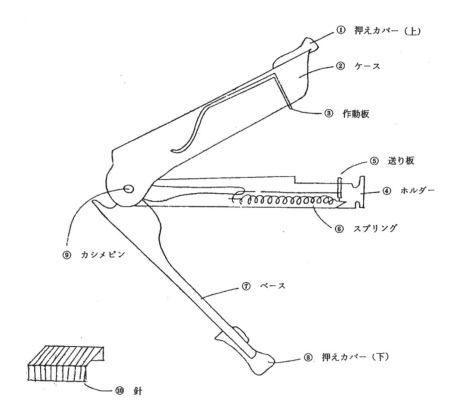

1-2 ホッチキスの「機能系統図」と「機能構造図」

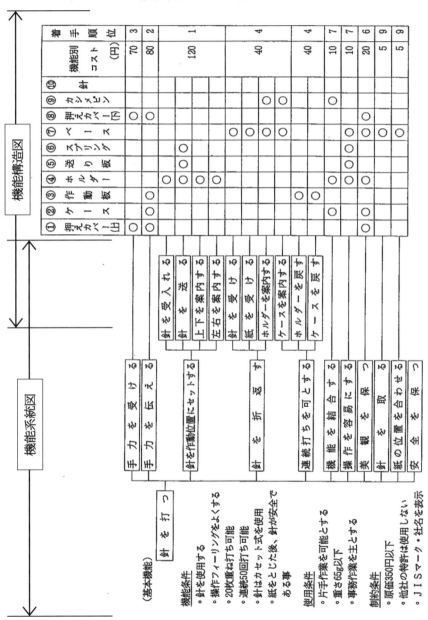

1-3 「アイディアの発想と評価」

機能	アイデア	経済的効果性	技術的可能性	投入費用	総合評価
手力を受ける 手力を伝える	ケースの板厚をうすくする。	○	○	○	◎
	押えカバー（下）を廃止する	○	○	○	◎
	ケースを樹脂にする	○	△	○	△
	押えカバー（上）とケースを一体化する	○	○	○	◎
	ケースの肉をぬすむ	○	○	△	△
針を作動位置 にセットする	針を前から入れる	○	△	×	×
	針を裏側から入れる	○	△	△	△
	ホルダーの側面に長孔を作る	○	○	△	○
	ホルダーをスペア式にする	○	○	×	×
	ホルダーの板厚をうすくする	○	○	○	◎
	送り板を短かくする	○	○	○	◎
	ホルダーを透明にし中が見えるようにする	○	×	△	△
	ホルダーの材質を樹脂にする	○	×	△	△
美観を保つ	メッキを塗装にする	△	○	○	△
	メッキを亜鉛メッキにする	○	○	○	◎
紙の位置を合わせる	メモリをホルダー側面にする	○	○	△	○
機能を結合する	カシメピンを変更する	○	○	○	◎

1-4 「改善案の作成」

<改善案>

改善項目	効果
◎押えカバー（上）とケースを一体化する	△ 15.-
◎ケースの板厚をうすくする	△ 5.-
◎押えカバー（下）を廃止する	△ 15.-
◎ホルダーに長孔をあける	＋ 2.-
◎ホルダーの板厚をうすくする	△ 5.-
◎送り板を短かくする	△ 5.-
◎カシメピンを変更する	△ 5.-
◎クロムメッキを亜鉛メッキする	△ 5.-
合計	△ 53.-

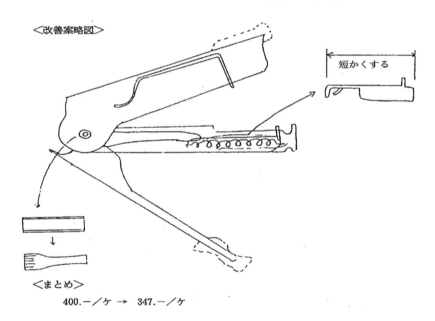

<改善案略図>

<まとめ>

400.-／ケ → 347.-／ケ

第8節 製品のVEと部品のVEの具体例

ここでは，一般産業機械製品とその部品および自動車部品の具体例を取り上げて，「製品のVEと部品のVE」の違いについて述べる。

<事例4> 製品の機能系統図：撹拌機の例

VA（事後分析）とVE（事前分析）の考え方の違いについては先に述べた。ここでは産業用の「撹拌機」を取り上げて「機能系統図の違い」について例示する。

1-1 機能分析法：VA（事後分析）の機能系統図

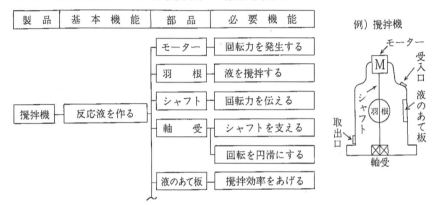

機能分析法では「製品や部品欄」を設けない場合でも，これらを意識しながら機能を展開する。この方法は初心者に適している。筆者は「スケッチ法」と呼ぶ。

1-2 機能設計法：VE（事前分析）の機能系統図

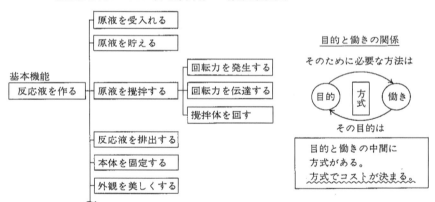

機能設計法では，製品や部品を全く見ないで，その「目的」から「働き」に機能を展開していく。最初は難しいが数をこなせば上達する。実際には上図の撹拌機のモーターの隣には「減速機」が必要である。更に減速機とシャフトの間には「メカニカルシール」が必要である。図の「軸受」やメニカルシールなどの部品

は「機能設計法の機能系統図」では表現されにくい。なぜならば，必要機能を「補助する機能」だからである。このような部品を一般に「隙間商品」と呼んでいる。ここでは攪拌機（本体）のアイディアの「結合方法」を例示する。**図1-18**を参照願いたい。

図1-18　攪拌機（本体）のアイディアの結合方法

機能分野	アイディア			
タンク	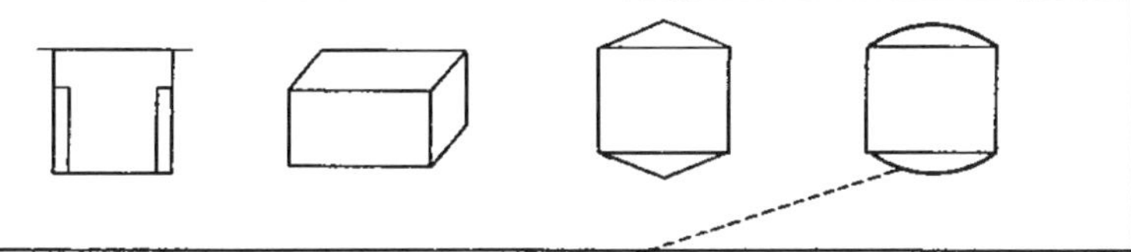			
コストレベル	( )円～( )円	( )円～( )円	( )円～( )円	( )円～( )円
羽根	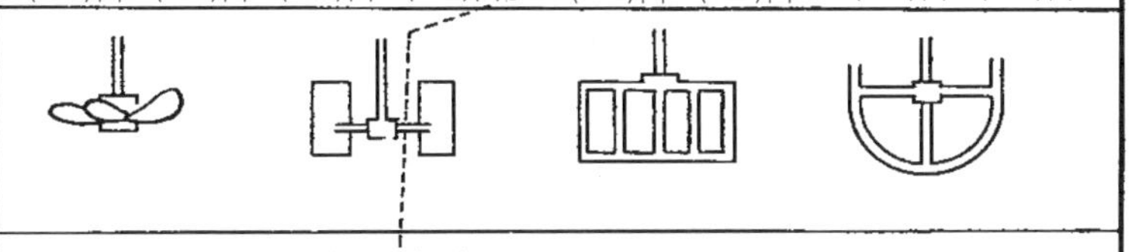			
コストレベル	( )円～( )円	( )円～( )円	( )円～( )円	( )円～( )円
位置	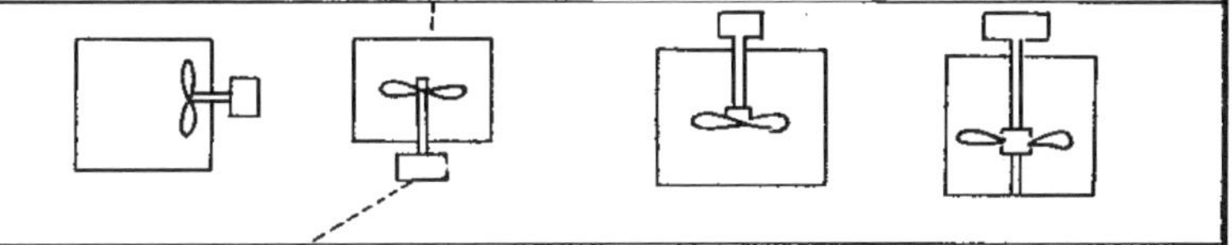			
コストレベル	( )円～( )円	( )円～( )円	( )円～( )円	( )円～( )円
材質	SS	SUS	アルミ	銅
コストレベル	( )円～( )円	( )円～( )円	( )円～( )円	( )円～( )円
伝動装置	ベルト	電動機（各種）	減速機（各種）	組合せ伝導
コストレベル	( )円～( )円	( )円～( )円	( )円～( )円	( )円～( )円
組立				
コストレベル	( )円～( )円	( )円～( )円	( )円～( )円	( )円～( )円

（出所）ジェムコ日本（1982），Ⅵ-11頁

1つの機能分野に対して、まず多くのアイディアを発想する。次にアイディア同士を「結合」するが、上の図のように整理・整頓すると煩雑さが省けるので便利である。

それでは、次にメカニカルシールの機能系統図と機能構造図を作成してみよう。

＜事例5＞　組立部品の機能系統図：攪拌機用メカニカルシール

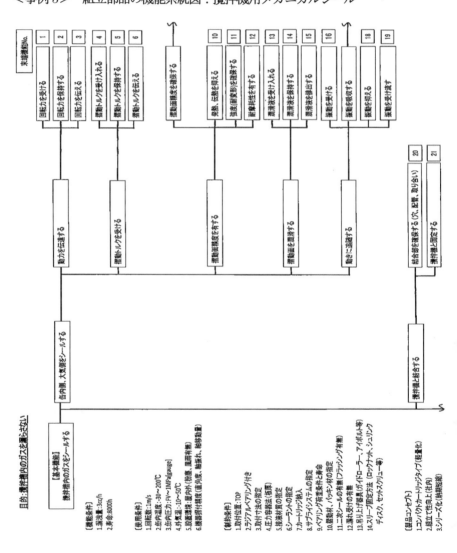

<事例6> 組立部品の機能・構造図：撹拌機用メカニカルシール

														対象製品	撹拌機用組立型メカニカルシールユニット						
														対象範囲	撹拌機用型メカニカルシールする						
														基本機能	缶内ガスをシールする		静止部				
機能構成要素	コスト構成要素		No.	1	2	3	4	5	6	7	8	9	10	11	12
			P/No	15	17	23	24	25	26	27	28	29	30	31	32
			要素名	OS	OS	OR	FLA	OR	SBOX	HSB	RTR	BBOX	HSB	SETP	HSB
			員数	1	1	1	1	1	1	4	1	1	8	2	4
			略図			○		○							
現行コスト	内訳	材料費		0	0	4041	29512	0	57174	0	0	7200	0	0	0
		購入費		507	608	0	0	332	16000	621	6400	0	434	460	42
		加工費		0	0	0	27332	0	101611	31	0	13339	0	0	0
		その他		25	30	202	1476	17	3659	31	320	360	22	23	2
		合計		532	638	4243	58320	349	178444	652	6720	20899	456	483	44
案件				5% 27	10% 64	20% 849	6% 3,499	35% 122	4% 7,138	40% 261	50% 3,360	14% 1,045	14% 64	17% 82	17% 7
No. 末端機能															
0 不必要機能															
1 回転力を受ける				5% 27	5% 32										
2 回転力を保持する															
3 回転力を伝える															
4 摺動トルクを受け入れる				5% 27	5% 32		5% 2,916		3% 5,353		5% 1,045		3% 14	3% 14	
5 摺動トルクを保持する							5% 2,916		3% 5,353		5% 1,045				
6 摺動トルクを伝える															
7 取り付け部の精度を確保する							8% 4,666		8% 14,276		10% 2,090				
8 摺動面組さを確保する															
9 平坦度を有する									15% 26,767						
10 発熱、伝熱を抑える							15% 8,748		10% 17,844	30% 196		10% 2,090	50% 228	30% 145	30% 13
11 強度（耐変形）を確保する				20% 106	20% 128							8% 1,672				
12 耐摩耗性を有する															

1 他社品研究：テア・ダウン（Tear Down）とベンチマーキング（Bench Marking）

他社品研究

1-1 目的
対象モデルと市場・競合他社に存在する製品・部品との比較研究を行い、その差異の背景・理由を把握するとともに、コスト低減テーマの抽出を行う。

1-2 対象範囲と視点範囲

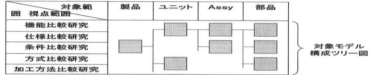

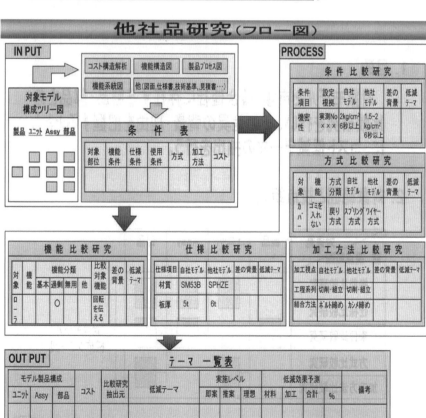

他社品研究（視点範囲について）

（1）機能比較研究
　　機能の比較研究を行い、基本、無用、過剰機能を把握し、不要な機能を把握し不要な機能を排除するとともに、顧客ニーズに合った最適ミニマムコストを保有した製品・ユニット・Assy・部品を具現化する。

（2）仕様比較研究
　　仕様について比較研究を行い、過剰仕様を排除し最適条件を選択する。

（3）条件比較研究
　　条件について比較研究を行い、許容限界を知り、過剰条件を排除し最適条件を選択する。

（4）方式比較研究
　　方式について比較研究を行い、機能をミニマムコストで具現化できる方式を選択する。

（5）加工方法比較研究
　　加工方法について比較研究を行い、加工方法の違いを把握し、ミニマムコストで対象を具現化できる最適加工方法を選択する。

2　自動車部品：CBS（センター・ベアリング・サポート）の他社品研究　＜事例7＞

他社品研究（CBS実施例）

条件項目	No.	出所(根拠)	車種(グレード)					備考 改善テーマ
				センティア(マツダ)	レクサス	インフィニティ	ディアマンテ	レガシー	
プロペラシャフトを支える。	1		1W荷重		←	←	←	←	
			62N(6.3kgf)	多少大	不明	不明	同レベル		
	2		静バネ定数		←	←	←	←	
			52N/mm	マツダより低め	不明	不明	マツダより低目		
	3		ストッパー特性		←	←	←	なし	
			タワミ線図	－	不明	不明	マツダより低目		
駆動系からの振動を吸収し、車体への振動・騒音の伝達を少なくする。	1		ゴム材料		←	←	←	←	
			EPDM/SBR	－	不明	不明	－		
	2		ゴム形状		←	←	←	←	
			シングルベロー	←	←	ダブルベロー	シングルベロー		
	3		嵌合強度(抜け力)		←	←	組付け強度	嵌合強度	
			200 kgf以上	←	←	不明	200 kgf以上		
プロペラシャフトの動力伝達機能を満足させる	1		Brgの嵌合強度		←	←	－	－	
			200 kgf以上						
	2		シール性の維持		－	－	－	－	
			グリース塗布						
	3		シール使用条件		←	←	不明	不明	
			120℃、8,000rpm	－	－	不明	不明		
			ブラケット強度		←	←	←	←	
			500kgf以上(溶接)	不明	不明	不明	マツダより厳しい		

他社品研究（CBS実施例）

コストインデックス 項目			車種（グレード）					備考 改善テーマ
			センティア(マツダ)	レクサス	インフィニティ	ディアマンテ	レガシー	
セ ン タ ー ベ ア リ ン グ サ ポ ー ト C B S	全体	形状						
		大きさ 全巾	60.0	51.2	(42.1)	50.0	(46.0)	
		全高	118.5	110.0	109.5	122.5	120.0	
		全長	236.2	189.0	179.0	210.0	203.0	
	ベロー形状		シングル	シングル	シングル	ダブル	シングル	
	ストッパの有無		有り	有り	有り	有り	無し	
	金具焼付けの有無		有り	有り	有り	無し	有り	
	内環(1)の固定方法		焼付け	焼付け	焼付け	圧入	焼付け	
	シール方式		オイルシール	ラビリンス	オイルシール	オイルシール(フロント) ラビリンス(リヤー)	オイルシール	
	スリックスリップ対策の有無		有り	無し	無し	無し	無し	
	部品点数	総数	9	6	6	7	8	
		金具数	6	5	5	5	5	
		ゴム部品数	3	1	1	2	3	
	ブラケットの表面処理		カチオン	カチオン	カチオン	カチオン	亜鉛クロメートメッキ	
	総重量		900 gr	1030 gr	700 gr	1,040 gr	740 gr	
	コスト（販売価格）							

3　産業機械部品：攪拌機用メカニカルシールの他社品研究　＜事例8＞

項目	T 社品	E 社品
全体 構造	ERB アンバランスメカで部品数が多く、複雑な構造	MU 型で攪拌機全体のコンパクト化が図れ、かつ部品数が少なく、シンプルな構造
仕様	圧力： 1.0MPa 温度： 180℃	圧力： 1.0MPa 温度： 200℃，周速： 1m/s
メカシール 構造	回転型 (回転環にコイルスプリング装着) 径方向に対しコンパクト化が可能。	静止型 (固定環にコイルスプリング装着) 高速性，軸振れ＆傾きに対する追随性に優れる。

	長手寸法が長い	長手寸法が短い
全体寸法	回転型採用で摺動材が缶内，大気側に分かれているため長手寸法が大きい。	静止型採用で回転環を両端面摺動面化することにより缶内，大気側共通部品とすることで長手方向を短くする。
	カーボン（C40）vs 超硬（耐酸超硬）	耐ブリスタカーボン vs SiC
摺動材	カーボンは樹脂含浸カーボン（耐熱250℃）。 超硬は強度的に優れており，高圧用途で多数実績あり。但し比重が高く，回転環重量が大きい。	SiC は超硬より耐摩耗性があり，微細ポーラスが存在していて液溜まりができやすく潤滑性が良好。 比重が超硬より小さいため，回転環重量が軽い。
	ベアリング-摺動面間距離が長いため，軸振れ量は大きくなる	ベアリング-摺動面間距離が短いため，軸振れ量を抑えやすい
軸振れ	・回転型の場合，ベアリングと摺動面間の距離はメカシール回転環全長に依存するため長くなり，メカシール部の軸振れがMD型と比べ大きくなる傾向がある。	・回転環のコンパクト化により，ベアリングと摺動面間の距離を短くでき，メカシール部の軸振れを抑えやすい。 ・ベアリングスパン（減速機側ベアリングとメカユニット内ベアリング間の距離）が長く取れるので，撹拌軸の保持能力を向上できる。
コスト比較	（　　　）円	（　　　）円

第9節　部品VEの進め方

　部品のVE の進め方は，基本的には製品のVE と同じである。何が違うかといえば，本章の冒頭で述べたように「機能構造・マトリックス表」（VE では「機能・構造図」と呼ぶ）である。製品のVE では「機能・構造図」の縦軸に**製品の機能分野**（または**末端機能**）を記入し，横軸に**部品別コスト**を記入する。一方，部品のVE では「機能・工程図」の縦軸に**部品の機能分野**（または**末端機能**）を記入し，横軸に**工程別コスト**を記入する。つまり「機能・構造図」を「機能・工程図」に変える。主な違いはそれだけである。

　ここでは，単一部品の「機能系統図」と「機能・工程図」を紹介する。

<事例9> 単一部品の機能系統図：攪拌機メカニカルシールの摺動材

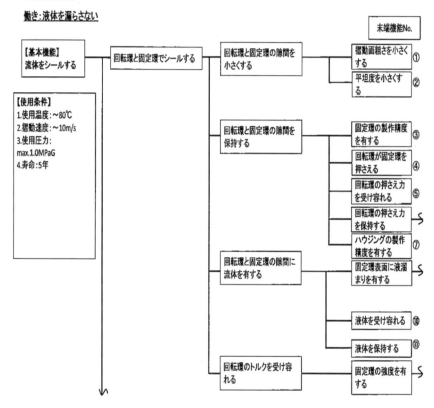

----- <補足説明> -----

　先の組立部品では機能系統図の末端機能が「部品別」になるのに対して，この単一部品では機能系統図の末端機能が「部位別」になる。

<事例10> 単一部品の機能・工程図:攪拌機メカニカルシールの摺動材

							対象製品		MATING RING(CIP品)			対象図番					
							対象範囲										
							基本機能										
	No.	1	2	3	4	5	6	7	8	9	10	11	12	13	14	15	16
	要素名	材料	成形	切削	焼成	カバーチェック	寸法検査	厚み研削	外径段差	内径	面取り	レバーチェック	外観	洗浄処理	寸法検査	外観検査	梱包・出荷
略 図																		
現行コスト 内訳	材料費	10.8%	6.4%	9.2%	7.9%	0.8%	0.6%	10.3%	13.3%	33.5%	1.5%	0.8%	1.0%	0.2%	2.3%	1.1%	0.2%
	購入費	2,200																
	加工費		1,300	1,870	1,610	160	120	2,100	2,700	6,800	300	160	200	38	475	225	50
	その他																	
条件	合計	2,200	1,300	1,870	1,610	160	120	2,100	2,700	6,800	300	160	200	38	475	225	50
No. 未達機能		10%	10%	20%	10%	40%	30%	20%	40%	40%	30%	40%	50%	50%	35%	30%	30%
0 不必要機能		220	130	374	161	64	36	210	540	2,720	90	64	100	19	166	68	15
		5%	5%		10%		10%	10%							5%	10%	10%
1 摺動面粗さを小さくする		110	65	0	161	0	12	210	0	0	0	0	0	0	24	0	5
		5%	5%		5%		10%	10%							5%		
2 平坦度を小さくする		110	65	0	81	0	12	210	0	0	0	0	0	0	24	0	0
		5%	10%	30%	10%	20%	20%	20%	20%	30%	30%	20%			20%	10%	10%
3 固定環の製作精度を有する		110	130	561	161	32	24	420	540	2,040	90	32	0	0	95	0	5
			10%	5%													
4 回転環が固定環を押さえる		0	130	0	0	0	0	0	0	0	0	0	0	0	0	0	0
		5%	10%	10%	10%												
5 回転環の滑さ力を受け入れる		110	130	0	161	0	0	0	0	0	0	0	0	0	0	0	0
			10%	40%	10%	20%	20%	20%	20%	30%	20%				10%		
6 固定環をハウジングに固定する		0	130	748	161	32	24	420	540	2,040	60	0	0	0	48	0	5
					10%												
7 ハウジングの製作精度を有する		0	0	0	161	0	0	0	0	0	0	0	0	0	0	0	0
		20%	5%		10%										5%	10%	10%
8 固定環面の組立を有する		440	65	0	161	0	0	0	0	0	0	0	0	0	24	0	5
		20%	5%		10%										5%		
9 固定環表面にうねりを有する		440	65	0	161	0	0	0	0	0	0	0	0	0	24	0	0

【要因別の方策系統図】：チェックリスト

図1-19の要因別の方策系統図（チェックリスト）は，①類似品や他の品目に「横展開」する時や，②新人がアイディア発想する時，③「コストダウン余地の棚卸し」などに役に立つ。

図1-19　要因別の方策系統図　＜事例11＞

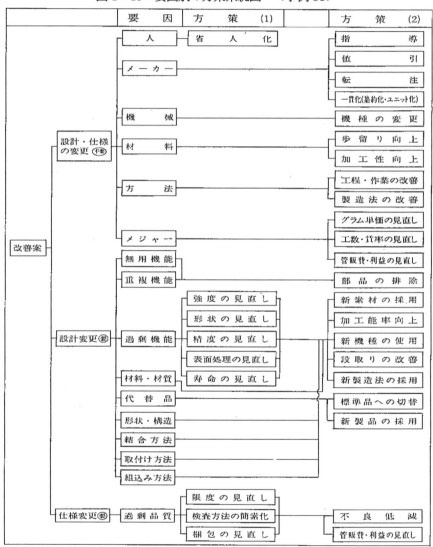

第10節　VE案のチェック方法

　VE案が，その対象（製品または製造システム）として問題ないかどうかを事前に確認する方法としては，次の2つの技法が有効である。

① **デザイン・レビュー**（Design Review：設計審査）

　デザイン・レビュー（DR）は，設計に関する不具合を未然に防止する一連の活動である。すなわち，製品の設計要求事項を具現化するために計画された製造，輸送，使用，保全などに関する情報（例えば図面，仕様など）を対象にして，第三者が客観的・総合的な観点から評価し，必要ならば改善点を提案して改善させ，次の段階へ進ませる。

② **FMEA**（Potential Failure Mode and Effects Analysis：故障モード影響解析）

　FMEAとは，製品およびプロセスの持っているリスクを，主に製品設計段階およびプロセス設計段階で評価し，そのリスクを排除または軽減するための技法である。

　FMEAには，DFMEA（Design FMEA：設計故障モード影響解析）とPFMEA（Process FMEA：プロセス故障モード影響解析）がある。DFMEAでは，故障の元になる製品設計の弱点を特定して，それを回避することにより失敗のリスクを軽減させる。PFMEAでは，故障の元になる製造工程や物流プロセス等の弱点を特定して，それを回避することにより失敗のリスクを軽減させる。

第11節　VEの弱点（デメリット）

　実は，VEにも弱点（デメリット）がある。それはVEをやりすぎると「管理費や間接費」が上昇してしまうことである。なぜならば，VEを進めるほど「製品や部品の種類・仕様」が多くなってしまうためである。どうして「製品や部品の種類・仕様」が多くなるかと言えば，VE品と従来品を同時に供給する期間が生ずるためである。例えば，なかなかVE品を採用してくれない顧客があれば，両方の設計・製造を続ける必要がある。また両方のアフターパーツ（補修部品）を長年にわたり供給しなければならない。

　具体的には，次のようなデメリットがある。

① **設計コストの上昇**：設計部では，部品ごとの設計図面が増えるので「設計コスト」が増える。
② **管理コストの上昇**：生産管理部や購買部では，部品ごとに欠品や過剰在庫が発生するため「管理コスト」が増える。

③ **業務コストの上昇**：購買部では，部品ごとに発注〜検収を行うため「業務コスト」が増える。また製造部では，間接担当者が部品の仕掛り在庫を毎月一回確認するための「棚卸コスト」が増える。

このように間接部門の仕事量は，「部品の種類・点数」に比例して増加してしまうのである。どうすれば良いだろうか。

この解決策としては，前述のVRP（Variety Reduction Program）を「**VEと併用**」することである。VRPは，製品の種類や部品の種類等を削減する技法である。すなわち，製品シリーズ間や関連する製品間において，この技法を適用すれば，モジュールや部品の標準化・共用化ができるので「管理費や間接費の削減」が図れる。

自動車業界ではVEよりもVRPを活用して「製品の多様化」に対応している。一方，一般産業機械業界ではVEを多用しているが「VRPを併用」したい。例えば次のように標準化・共用化する。

① **製品や部品の標準化**：製品や部品を標準化・共用化して，相手システムへの結合機能（ブラケットなど）は顧客の要求仕様に合わせる。
② **結合機能の標準化**：製品の結合機能（組立用ボルト，ナット類）を標準化・共用化する。

特に**多品種少量生産**では，「VEとVRPの併用」が必要不可欠である。

● <u>小括　製品VEと部品VEのまとめ</u>

部品のVEの進め方は，基本的には製品のVEと同じである。何が違うかといえば，「機能・構造マトリックス表」（VEでは「機能・構造図」と呼ぶ）である。**製品のVE**では「機能・構造図」の縦軸に**製品の機能分野**（または**末端機能**）を記入し，横軸に**部品別コスト**を記入する。一方，**部品のVE**では「機能・工程図」の縦軸に**部品の機能分野**（または**末端機能**）を記入し，横軸に**工程別コスト**を記入する。つまり「機能・構造図」を「機能・工程図」に変える。主な違いはそれだけである。

1　VEとは

VEは製品やサービス等の機能分析を徹底的に行うことによって，製品やサービス等の価値を向上させるための思想と技法である。

VEの思想式（価値比率）は，価値(V)＝機能(F)／原価(C)として表すことができる。一般的に，これは価値（Value）を向上させるために，機能（Function）を満足させる手段の中から，最も原価（Cost）が安い手段を採用することを意味している。

2　VEのコース

価値を向上させるには，機能の向上と原価の低減の組合せによって，次の4つのコースが考えられる。

① $F(\rightarrow)／C(\downarrow)$……原価低減による価値向上
② $F(\uparrow)／C(\rightarrow)$……機能向上による価値向上
③ $F(\uparrow)／C(\nearrow)$……原価増以上の機能向上による価値向上
④ $F(\uparrow)／C(\downarrow)$……原価低減と機能向上の併用による価値向上

なお，$F(\searrow)／C(\downarrow)$による価値向上は，機能を低下させるのでVEの対象ではない。従って**VEの特徴**は，顧客満足を指向した徹底的な機能分析によって，価値の高い製品やサービスやシステムをつくり出すものであり，「安かろう悪かろうではなく，良かろう安かろう」を指向することである。

3　VEの進め方

VE ジョブ・プランは，通常5〜7ステップより構成されているが，最もシンプルなものは次の5ステップである。①対象の選定，②機能の定義と整理，③機能の評価，④代替案の作成，⑤提案とフォローアップである。

以上，第1章では「設計改善」について，特にVEについて重点的に述べた。第2章から第4章では「製造改善」について述べることにする。

───── <名言・至言> ─────

VEで最も重要なことは，協力部品企業と一緒に"部品のVE"を行うことにより「多くの不必要機能」に気づいて改善することである。そこで我々は，次の言葉を肝に銘じて進める必要がある。

『この世で難しいのは，「新しい考え」を受け入れることではなく，精神の隅々にまで根を張った「古い考え」を忘れることだ』
（イギリスの経済学者，ケインズの言葉）

■ 補足1：アイディア発想法 [7]

製品の開発・改良段階における製品の設計が**製品の価値**（**機能**と**コスト**の両方）を決め，この価値を高めるのが**アイディア**である。このアイディアの優劣により製品の価値が決まるとすれば，「**アイディアの発想法**」を真剣に検討しなければならない。アイディアを多く出すためには「対象テーマの重要性」を考え，常に異なる見方をしてアイディアの「思考範囲を拡大」する。更にアイディアを多く出すためには，アイディアを「体系化」するとよい。

以下に，アイディアを数多く出すための有用な手法を4つ紹介する。

1　OBS 法（Objective Brain Storming）

OBS 法は，（前述のように）具体的なテーマを抽象化し，機能を定義し発想する方法である。アイディアの思考範囲も広く，抽象的なものから具体的なものまで各種出される。発想者全員の連想を有効かつ効率的に働かすことで，短時間で多くのアイディアを出すことができる。

OBS 法は，「BS 法：ブレーンストーミング法」や「ゴードン法」と類似しているが，主な違いは次の通りである。

① 「ブレーンストーミング法」で出される QC などの問題や要因は「**具体的**」なものであると指定されている。一方，「**OBS 法**」で出される VE での問題は機能（目的・働き）という形に「**抽象化**」されている。

② 「ブレーンストーミング法」ではアイディアを文章化し要約する。一方，OBS 法では文章は短文で良い。製品・部品・構造・形状・工程などのアイディアは図やポンチ絵で書く。

③ 「ゴードン法」は問題を抽象化した機能で提出することは OBS 法と同じである。しかし，最後まで問題を明らかにしないので長時間になる傾向が強く，使えるアイディアが少ない。従って，よほど訓練されたリーダーでないと良い成果が得られない。一方，OBS 法はメンバー全員が具体的なテーマを抽象化し機能を定義して発想するので，短時間に広い範囲で多くのアイディアが出る。

2　TT−STORM 法（Systematic Thinking of Object Realizing Method）

この発想法は考案者である武知孝夫氏の頭文字 TT をとり，TT−STORM 法と命名された。また，Systematic Thinking of Object Realizing Method の頭文字

をとったものでもある。これは次の7ステップで構成されているので，各ステップの頭文字でもある。

① 目的集中（Target Tightening）
今，対象テーマの真の目的を徹底的に追及して，方法論や具体的な製品を定義しないで，その対象テーマの果たす必要かつ十分な目的，すなわち価値でいう「機能を明確に定義するステップ」である。

② 思考拡大（Thunderstorm Thinking）
自由発想で出来るだけ「多くのアイディアを求めるステップ」である。特に大切なことは，突飛でユニークなアイディアを求めることである。

③ 共通抽出（Searching Similarity）
これは「強制発想のステップ」である。第2ステップの自由発想で出されたアイディアから多くの「共通部分」（DI：デザイン・インデックス）を抽出し，アイディア発想する。

④ 構想体系（Tree Thinking）
目的を果たす全てのアイディアを「分類整頓」し，実現の可能性があり価値の高いアイディアをすべて「体系化」して，洩れの無いようにする。

⑤ 選択検討（Obtaining Order）
集められた多くのアイディアを，効果が高く実現の可能性があるもの，価値のあるものにするために優先順位をつける。すなわち「アイディアを選択検討するステップ」である。

⑥ 具現結合（Realizing and Refining）
対象テーマ全体の「具現化」を行うステップである。出されたアイディアを具体的な形に表すと同時に，他の目的・テーマと関連づけてまとめ上げる。

⑦ 仕様決定（Making Model）
新しい案の「細部仕様を決定」して，目的を果たす最も価値の高い具体化案を決定する。

3　機能置換法

機能系統図を作成するときには，原則として「…を〜する」という表現で機能を定義する。「…」には名詞を「〜」には動詞を用いる。この動詞には一般的に「他動詞」を使う。一方，「自動詞」を使っても機能表現としては成り立つ。更に「他動詞と自動詞」の両方を使うと，アイディアを多く発想することができる。

これを「**機能置換法**」と言う。これを**表1-10**に例示する。

表1-10　機能置換法での機能の定義（機能表現）

	「**他動詞**」を使った表現	「**自動詞**」を使った表現
①	扉を開ける	扉が開く
②	水を流す	水が流れる
③	高温を出す	高温が出る
④	回転を変える	回転が変わる
⑤	物を届ける	物が届く
⑥	燃焼を続ける	燃焼が続く
⑦	情報を伝える	情報が伝わる
⑧	物を調達する	物が調達される
⑨	運転を止める	運転が止まる
⑩	不良を少なくする	不良が少なくなる

(出所) ジェムコ日本経営 (1982), V-9頁

①を"**扉を開ける**"と他動詞で表現すると，人や何かの力を使ってどのようにして扉を開けるか，というアイディアを考えやすい。一方，"**扉が開く**"と自動詞で表現すると，人の気配を感知して扉を自動的に開閉するためにはどうしたら良いか，というアイディアが出やすい。このように「他動詞と自動詞」の両方を使うことによりユニークな発想をすることができる。これが「機能置換法」である。なおVEで，この機能置換法を用いる場合には，重要な機能にのみ活用すればよい。

4　RS法（Ryo Sato または Reverse Standpoint 法）

これはジェムコ日本経営の社長・佐藤良氏が考案した方法である。この特徴は「**反対連想**」である。アイディア発想には「類似連想・近接連想・反対連想」の3種類がある。人間の発想法には惰性があって，通常は「類似連想・近接連想」が非常に多いが，「反対連想」は極めて少ない。

また反対連想には「直接的（対称的）」と「間接的（非対称的）」の2種類ある。直接的な反対連想のアイディアは多いが，間接的なものは少ない。直接的（対称的）な反対連想を**表1-11**に例示する。

表1-11　直接的（対称的）な反対連想

右 → 左	小 → 大	上 → 下	たて → よこ
整然 → 混乱	明るい → 暗い	朝 → 夜	競争 → 協調
戦争 → 平和	分割 → 統合	前 → 後	健康 → 病気

(出所) ジェムコ日本経営 (1982), V-11頁

一方，間接的（非対称的）なアイディアの反対連想の場合はどうだろうか。例えば"ズボンの反対は何か？"という質問に対して，RS法では次の**表1-12**のように説明する。

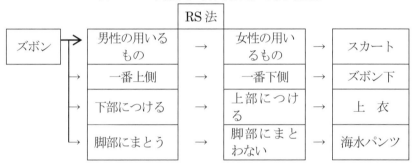

表1-12　間接的（非対称的）な反対連想

(出所) ジェムコ日本経営 (1982), V-11頁

またRS法には，次の**表1-13**のような反対連想の例もある。

表1-13　**RS法（反対連想）**

万年筆 → 鉄棒	靴下 → 素足	レコード → 生演奏
ドライブ → ハイキング		海底住宅 → 超高層住宅

(出所) ジェムコ日本経営 (1982), V-12頁

このように「RS法」には次の3つの効果がある。
① 意識的に反対の方向を見ることによって，「アイディアの片寄り」を防ぐ。
② 反対方向をどんな観点で見るかによって，「アイディアを多く」出す。
③ 「ユニークな面白いアイディア」を得る。

■ 補足２：アイディア発想のための「独創力手法」[8]

補足１では，製品の価値（機能／コスト）を高めるためには「アイディアの発想法」が重要であると述べた。ここでは「他のアイディア発想法」ついても紹介する。

まず独創力の定義を紹介する。「**アイディア発想すなわち独創力とは，いま問題にしている目的を果たすために今まで得た経験や知識を，部分的に解体して組み直すことにより，新しいアイディアを生み出す作用をいう**」。

最良の改善案を作るためには，沢山のアイディアが必要であるのに，人間には常識という「関所」があり一定の考え方をしてしまう。更にまだ訓練されていないために，そんな風には見たことも考えたこともないという「障害」がある。

アイディアを発想する独創力やその過程は，大脳生理学や創造工学で盛んに研究されているが，最終的な結論には至っていない。近い将来にも明確にされないだろう。その一方で，アメリカ心理学会元会長のＪ・Ｐ・ギルフォードは"**大部分の人間の行動のように，独創力はある程度まで習得できる。生まれつきによっておのずから限界はあると思うが，訓練すればその限界内で最大限に伸ばすことはできよう。少なくとも創造の道をふさいでいる関所を除くことはできる**"と言っている。独創力の草分けであるアレックス・Ｆ・オズボーンや，教育界に初めて独創力コースを開設したアーノルド教授も，同じことを言っている。

独創力開発の手法は数多く枚挙にいとまがないが，ここでは１５の手法を紹介する。

1　ブレーンストーミング法（Brain Storming ）

この手法は，日本ではQCサークル活動などで良く活用されているので，簡単に述べる。これは独創力開発の草分けであるアレックス・Ｆ・オズボーン氏が開発した方法である。

会議を行ってアイディアを出す場合，良い結果が出る時と思わしくない結果の時がある。これらを解析した結果，良い結果が出る時には，次のような傾向があることを発見した。

　① 批判しないとアイディアは余計に出る。
　② アイディアは多ければ多いほどよい。
　③ 集団で行う方が，１人で行うより非常に生産的である。

このようなことから，アイディアを出す会議を行う場合には，次の４つのルール

を守りながら進める会議方式を「ブレーンストーミング」と称するようになった。
- ① **判断禁止**：出されたアイディアに対して，良し悪しを言ってはならない。
- ② **自由奔放**：自由で愉快な雰囲気で行った方が，アイディアが出る。
- ③ **質より量**：アイディアの質を求めるのではなく，量を求める。
- ④ **結合の改善**：他のアイディアを更に良くしたり，結びつけたりする事を望む。

このように「ブレーンストーミング」は，アイディアを検討し判断するのではなく，発想を中心とした技法である，と言うことができる。

2　ゴードン法（Attribute Listing）

これはウイリアム・J・J・ゴードン氏によって開発された方法である。彼の名前をとってゴードン法と称されている。特徴は「**製品の抽象化**」である。

特に新しい角度から「新製品」を開発する場合に有効な集団技法である。従来の手法でアイディアを出す場合には，現実的・具体的な「製品」を基にして「新製品」のアイディアを出したのでは，どうしても「物」に捉われてしまう。

例えば，「鉛筆削り」の新製品を考える場合，「現物」を目の前に置くと確かにアイディアは出るが，ユニークなアイディアは出にくい。そこで，現物を抽象的な表現で「鉛筆を削る」とか「削る」というテーマの出し方をするのである。こういうテーマにすると，現状の仕様に捉われずに，全く角度の違ったアイディアが出る可能性がある。進め方はブレーンストーミングと似ているが，「製品の抽象化」が大きな特徴である。

（1）抽象化のハシゴ

今まで，子供がオレンジジュースばかり飲んでいて，「コーラ」が欲しいという場合，オレンジジュースではない他の味が欲しくて行ったのかも知れない。また，のどが渇いていて何か飲み物が欲しくて「コーラ」が欲しいという場合には，飲み物の代名詞としてコーラと言っているのかも知れない。あるいは口がさみしくて「コーラ」が欲しいと言った場合には，口に入る食べ物であれば何でも良いことになる。この簡単な例でもいろんな特性を持っている。類似している2つの物の間には共通点があり，この共通点を全て含有した表現を「抽象化」ということができる。

このように共通点を落としていくことを「抽象化」といい，この段階を「**抽象化のハシゴ**」と呼んでいる。抽象化のハシゴを上がれば上がる程，共通点が少な

くなる半面，思考範囲が広がり，アイディアも広い範囲から出せる。ここで留意すべきは，特性を深く見ていけば沢山あるので抽象化の仕方も無数にあることだ。

次のアイスクリームの例でも，取り上げたのは「冷たさ」なのか，「甘さ」なのか，「柔らかさ」なのか，「これらの組み合わせ」なのか，等により抽象化の仕方は異なってくる。図1-20に「アイスクリームの抽象化」の例を示す。

図1-20 アイスクリームの抽象化

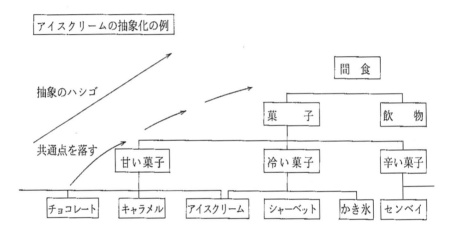

(2) ゴードン法の抽象化

物が買われているのは，その物の「機能」が買われているのである。従って，物の働きを中心に考えていけば，今までとは全く違った観点から「同じ機能」を果たす物が生まれやすい。そこで，後述の**特性列挙法**でいう「**動詞的特性**」を捉えて抽象化するのである。表1-14に「ゴードン法の抽象化」の例を示す。

表1-14 ゴードン法の抽象化

No	製品	抽象化（動詞的）
①	缶切り	開ける
②	ボールベアリング	回転しやすくする
③	トースター	焼く

この抽象化は「動詞の定義」の仕方によって異なる。例えば，②のボールベアリングの定義を「回転しやすくする」にするか，「摩耗を少なくする」にするか，

「シャフトを支える」にするかが問題である。従って，この動詞の定義の仕方は，VE でいう上位機能～下位機能と同じ関係にする必要がある。

（3）ゴードン法の進め方
① 基本的には，ブレーンストーミングと同じように「集団技法」である。
② ストーマー（発想者）の人選は，与えられた問題の特徴，問題解決に必要な知識・経験を持っている人々を集める。
③ リーダーは，まず問題を「抽象化」する。
④ 真の問題がメンバーには解らないので，時には見当はずれの発言が出るが，リーダーは我慢強く，これらの発言を聞きながらヒントをつかむ。
⑤ リーダーは，豊富な知識と豊かな独創力の持ち主が望まれる。
⑥ 具体的なテーマが知らされていないため，非常に時間がかかる。記憶のみから生ずるアイディアが出尽くしたところで，はじめて「創造的なアイディア」が出る。
⑦ メンバーも疲れやすい。時間が長く，かつ目的が分からないためである。
⑧ 大体アイディアが出尽くしたところで「テーマ」を知らせて，ブレーンストーミングを行う。また「ゴードン法」の過程を VTR に撮っておき，更に発展させる。

（4）ブレーンストーミングとの相違点
① テーマが抽象的である。
② 時間がかかる。
③ リーダーとストーマーの独創力が要求される。

3 KJ法 [9]

これは前東工大教授の川喜田二郎氏によって開発された技法である。教授の頭文字をとって KJ 法と名づけた。この方法は会議の発言や市場調査などを個々のカードに記入し，その組み合わせや配列などにより，まとめて発想を行っていく。

KJ 法でいう情報収集は「何でも見てやろう」という態度が原則になっている。すなわち，その問題に関係のある情報だけではなく，関係のありそうな情報まで徹底的に集め，バラバラにカード化し，その組み合わせと配列によりデータによって感じられたことに従って，新しいアイディアを発想させるのである。

【KJ法の進め方】
（1） 問題点をはっきりさせる。
（2） 問題解決するために必要と思われる事実報告・見解などを書き出す。
（3） カードをグループ別に集める（グループ編成）。
（4） 図解により空間配置を行う。
（5） 目的に応じて輪どりの順序づけをする。

カードをグループ編成する時の注意点を，図1－21にKJ法で説明する。

図1－21　KJ法の例（グループ化する時の注意点）

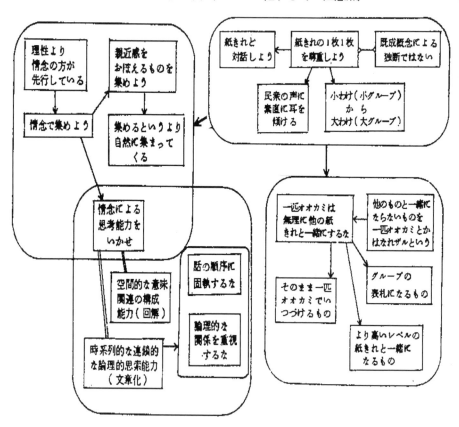

4　NM法[10]

　これは中山研究所所長の中山正和氏が開発された方法である。頭文字をとってNM法と名づけた。この方法はアイディアの発想過程を論理的な仮説を基に解析し，この仮説を説明することによりアイディアの発想を行いやすくし，すぐれた発見・発明を生み出しやすくする方法である。

　人間には意志が働くことによって発想が促される部分（これを「新しい皮質」という）と，無意識的に条件反射的に行動が起こされる部分（これを「古い皮質」という）があり，いずれの皮質にも情報が記憶されている。

　NM法は，頭の中の「第1信号系の線的記憶」と「第2信号系の線的記憶」注)を結びつけることによって，各情報をシステマティックにまとめあげ，実現可能なアイディアに構成していく。これは発明の論理的裏づけも体系的に行える。

　注）第1信号系の線的記憶とは，意志的に「あゝあの時にこんなことを…」というように，あとで何かキッカケをつかむと，それに従って思い出すことができる記憶をいう。これらの記憶は論理的な繋がりがないので点的な記憶として「古い皮質」の中に入っている。一方，第2信号系の線的記憶とは，意志的・論理的に「AならばB，従ってC…」というように繋がって思い出すことができる記憶をいう。この記憶は「新しい皮質」の中に蓄積されていく。

【NM法の進め方】

　NM法の進め方を図1－22の「NM法のカードの並べ方」に沿って説明する。

図1－22　NM法のカードの並べ方

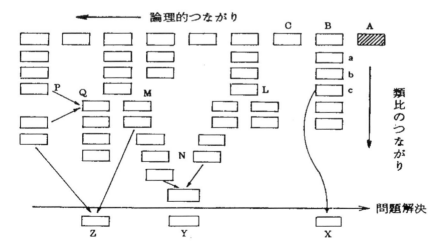

（1）与えられた問題を検討し，「何を解くべきか」を決める。
（2）把握された問題をカードに書き，テーブルの隅に置く（A）。
（3）メンバーがやりやすい方法でヒントを出す。
　　　はじめは「こうしたらどうだ」という論理的な方法で行くことが多い。こういうヒントは次のカードに書いて横に並べていく（B, C...）。
（4）類比，隠喩（例え）を使う。
　　　どんなヒントでも心のおもむくままに出す。これは第1信号系の線的発想に当たるものなので，記入したカードを縦に並べる（a, b, c...）
　① **直接的類比**：自然界に「それに似たものはないか」ということをきっかけにして，その変形や連想を並べていく。
　② **抽象的類比**：おとぎ話やSF小説からヒントはないか。
　③ **人格的類比**：ある立場での気持ちを手がかりにする。
　④ 類比・隠喩・連想による繋がりは途中から分かれて発展することもある（L,M...）。
　⑤ いくつかの縦の繋がり相互の間に，「同じもの」または「よく似たもの」が現れてくることがある。そのカードを近づけておく（N）。
　⑥ あるカードの内容が他の列にあるカードの内容に刺激され，または組み合わされて「新しい内容」を生み出すことがある（P, Q）。
（5）このような作業をやっている途中で，論理化できるようなヒントが得られたら，これを文字または略図によって記録し，最下段（図の直線の下）に置く（X, Y, Z）。
（6）更に縦列中のカード相互の組み合わせによって，新しい類比が生まれないか，新しいヒントは得られないかと試みる。

5　シネクティクス法（Synectics）[11]

　これは独創力技法で有名なウイリアム・J・J・ゴードン氏によって開発された方法である。
　シネクティクス（Synectics）という言葉は"**異なった一見関連のない要素を結びつける**"という意味である。シネクティクス理論は，次の3つの仮説を正しいと考えている。
　① 人間の創造活動の効率は，実際の行動の背景になっている過程を理解することによって著しく増進できる。

② 創造過程においては，知的要素より「感情的要素」の方が，合理的要素より「非合理的要素」の方がより重要である。
③ 問題解決の成功の確率を上げるには，理解できてなおかつ理解しないのは，この「感情的，非合理的要素」である。

すなわち創造過程で，人間の頭の中には次の2つの意識が働いている。
　　A：目標に向かって「創造的過程」を進むこと
　　B：その時の自分自身の「心の動き」
Aは「意識的，論理的」であるが，Bは次のような「心理状態」をいう。
① **離脱（Detachment）**：今あるものから離れようとする心理，孤立感。
② **没入（Involvement）**：自分が今あるのもと同じものになったような一体感，一心に考えているときの，今あるものと密着した感情移入の状態。
③ **迂回（Determent）**：ある結論へ到達するのは必要だが，どうも無理だから迂回しよう，あるいは急いで結論へ直行するのを抑制しようとする心理状態。
④ **思弁（Speculation）**：あることを考えているにも関わらず，何でこんなことを考えるかという関係のないことが頭の中に思い出される状態，遊び的な自由な心の動き。
⑤ **対象の自律運動（Autonomy of Object）**：あることを自分が考え出していく感じではなく，あるものが自分の意志とは無関係に働いて，自分に近づいて結論が出るような感じ。

このような心理状態は，創造過程で行われているが意志的に行えるものではない。シネクティクスでは，こういう心理状態を起こすのに，次のような2つの基本的アプローチを行う。

① 異質馴化（making the strange familiar）	② 馴質異化（making the familiar strange）
見馴れないものを見馴れたものにする （対象を見ることによって，類型を代わりに求める）	見馴れたものを見馴れないものにする （対象を見るのに，全く異なった見方をする）

この右側の「馴質異化」がユニークなアイディアを出すために重要である。その

ために次の3つのアプローチをする。
① **抽象的類比**(Personal analogy):これは創造を行う人自身が,今問題にしているテーマについて,そのテーマになりきる。いわゆる擬人化することによって,テーマを客観的に見る立場から脱却しようとするアプローチ。
② **象徴的類比**(Symbolic analogy):技術的・現実的な可能性よりも,むしろ審美的・象徴的なことを思い起こすアプローチ。おとぎ話,童話的なものをいう。
③ **直接的類比**(Direct analogy):問題点について,類似した事柄・知識・技術を実際に比べてみる。特に自然界を探すことによって,似たものを求めるアプローチ。

このシネクティクスは,次の9段階で進める。
第1段階:**問題提起**(Problem as Given)
第2段階:**異質馴化**(Making the Strange Familiar)
第3段階:**問題把握**(Problem as Understood)
第4段階:**実践的メカニズム**(Operational Mechanism)
第5段階:**馴質異化**(The Familiar Made Strange)
第6段階:**心理状態**(Psychological States)
第7段階:**問題との融合状態**(States Integrated with Problem)
第8段階:**観点**(View Point)
第9段階:**解答すなわち研究目標**(Solution or Research Target)

6 水平思考法 [12]

これはケンブリッジ大学のエドワード・デボノ教授がまとめた思考法である。特に従来の論理的な見方・習慣的な見方に限界があるときは,この「水平思考法」を適用すべきであると主張している。

水平思考法は論理学・数学あるいはコンピュータのような理路整然とした,誤りのない「物理的な情報処理」の原則とは全く異なり,時として間違えることも認める。これは「生物学的な情報処理」の原則に基づく考え方である。いったん学べばすぐ応用がきく手法・公式ではなく,物を自由にみる精神的態度である。従来の論理的・積み上げ的思考法を「**垂直思考法**」というのに対して,この思考法を「**水平思考法**」と称している。

【水平思考の4原則】
（1）支配的なアイディアを見つける。
（2）いろいろなものの見方を探し求める。
（3）垂直的思考の強い統制から抜け出す。
（4）偶然（チャンス）を利用して新しいアイディアを生み出す。

このように見方を中心にする「水平思考法」は，具体的な教材として「ピン，ナイフ，コップ，ブロック型の物体，L字型のコマ」などを使って，水平的な見方を習得するケースもある。

7 特性列挙法（Attribute Listing）

これはネブラスカ大学のR・P・クロフォード教授が唱えた方法である。彼の**"創造とは自分の目の前にある物の特性をつかみ，それを他の物に置き換えることである"**という考え方を中心に問題点をつかむ分析法である。これは「製品の問題の分析」に使うと便利である。

すなわち，物にはそれぞれ特性（特別な性質）がある。この特性を全部あげ，どう変えれば良くなるかを考えればアイディアが出る。このように特性を中心に追及することにより，アイディアを出す方法を「**特性列挙法**」という。

個人やブレーンストーミングでアイディアが行き詰まった時に，この見方をするとアイディアを生み出すのに効果的である。特性の引き出し方には種々の方法があるが，一般的には次の3つが多く用いられている。

① **名詞的特性**：製品，部品には必ずその物を構成する部分・要素がある。すなわち「全体，部分，材料，製法」という見方ができる。これを名詞的特性という。
② **形容詞的特性**：これは，その物の特性が「軽い，重い，汚い，長い，冷たい」等の形容詞的な見方である。
③ **動詞的特性**：その物が持つ「機能（目的，働き）」を中心にする見方である。これは前述の**ゴードン法**の中心テーマであり，VEの中心課題でもある。

ここで身近な例として「**万年筆**」を取り上げてみよう（**表1-15を参照**）。

表1-15　万年筆の特性

①	名詞的特性	万年筆, 本体, キャップ, ホルダー, ペン先, カートリッジ, インク, エボナイト, 合成樹脂, 金, 銀, ステンレス, 皮　など
②	形容詞的特性	書きやすい, なめらか, 軟らかい, 硬い, とがった, 丸い, 長い, 短い, 赤い, 黒い, 白い, ピカピカしている, 持ちやすい　など
③	動詞的特性	字を書く, 本体を持つ, キャップを挿入する, インクを貯える, 〜にはさむ, 本体に固定する, 握る, インクを出す, カートリッジを挿入する, インクを入れる　など

　この特性を大きく分類するか, 小さく分類するかによってアイディアを異なった角度より出すことができる。

8　欠点列挙法

　アイディアを出す場合に, 対象テーマについて「その欠点は何か」,「その欠点を無くすにはどうしたら良いか」という方向がある。このように対象テーマの欠点を見ることによって, アイディアを出したりアイディアを追加したりする発想方法を「**欠点列挙法**」という。

　ここで身近な例として「**テレビ**」を取り上げてみよう。初期の 14 インチ型テレビとその後の 2〜19 インチ型テレビを比べると 10〜20 の「欠点」が出てくる（**表1-16を参照**）。この欠点を取り除くことが企業間の製品開発競争になっている。

表1-16　テレビの進化

	初期のテレビ（14インチ）の欠点	その後のテレビ（2〜19インチ）
①	もっと画像が大きくならないか	19インチ型テレビ
②	もっと画像が小さくならないか	2インチ型テレビ
③	持ち運びができないか	ポータブルテレビ
④	もっと軽くならないか	手にのるテレビ
⑤	もっと調整が容易にならないか	自動調整装置付き
⑥	画像が光る	ブラックマスク方式
⑦	画像の向きを変えられないか	回転式テレビ
⑧	アンテナ線をとれないか	ポータブルアンテナ
⑨	電気代が安くならないか	トランジスターテレビ
⑩	居ながらにしてチャンネル切替えができないか	リモート・コントロール方式

⑪	色がつけられないか	カラーテレビ
⑫	故障が少なくできないか	プリント坂・トランジスタ・IC
⑬	どこでも見えないか（場所）	電池式・バッテリー式
⑭	見たい番組を逃したくない	自動チャンネル式テレビ
⑮	時計がわりに使えないか	タイムスイッチ式テレビ
⑯	もっと良い音が聞きたい	2スピーカー
⑰	画面のスミズミまで見えない	広角・角型ブラウン管
⑱	スイッチをつけたらすぐ映る	インスタント方式
⑲	1人で聞けないか	イヤホーン
⑳	テレビの位置を高くできないか	脚の着脱式

(出所) ジェムコ日本経営 (1982), Ⅷ-25頁

9 希望点列挙法

アイディアを出す場合に，対象テーマについて「ああしたら良い」，「こうしたら良い」という希望する点からアイディアを発想する方法を「**希望点列挙法**」という。希望点と欠点は正反対であるから，これは前述の「**欠点列挙法**」の見方を逆にした技法であると言える。しかし詳細に比較すると，欠点列挙法は消極的であり顕在化された部分を中心に見るのに対して，希望点列挙法は積極的であり潜在的な未来へ志向する部分を中心に見るので，範囲が広い。

もともと偉大なアイディアは積極的な「夢」から生まれることが多い。大きな夢を抱いて，その解決を行うことは非常な「勇気」と「努力」がいるが，この「夢」がどれだけ多くの発明発見を生んだか，計り知れない。

ここでは有名な15の発明を紹介する（**表1-17**を参照）。

表1-17 有名な発明の例

	希望点	発明
①	空が飛べたら	飛行機
②	地球を外から見られたら	人工衛星
③	地上をできるだけ早く走れたら	新幹線，リニアモーターカー
④	海の中を泳ぐ	アクアラング
⑤	海の中を移動する	潜水艦
⑥	海底25哩	原子力潜水艦
⑦	映像・印刷物を送る	テレビ・ファクシミリ
⑧	平面を立体的に見る	立体写真

⑨	松茸を沢山食べたい	松茸の人工栽培
⑩	島と島をつなぐ	青函トンネル・架け橋（中国と四国間）
⑪	海中で生活する	海底生活
⑫	人間の病気の克服	人工臓器
⑬	自然災害の防止・予知	地震の予知・天気予報・台風の消滅
⑭	湿度・温度コントロール	地域冷暖房
⑮	山を動かす	ダイナマイト・パワーシャベル

(出所) ジェムコ日本経営 (1982), Ⅷ-26頁

10 形態分析法 (Morphological Analysis)

これはカリフォルニア大学のフリッツ・ズウィッキー教授が考案したものである。「形態分析」とは，沢山出されたアイディアを「形態的」に把握・整理しながらまとめ上げていく方法である。つまり今，出ているアイディアの組み合わせの基本になっている「変数」を確認して，それぞれの組み合わせを洩れなく検討する方法である。

ここでは「棒材」の例を考えてみよう。棒材を分類する要素は，「断面」と「材質」に限れば変数は2つである。これらの1つ1つを検討することで，あらゆる可能性が検討できる（図1-23を参照）。この変数が3つになれば立方体になる。

図1-23　棒材の形態分析

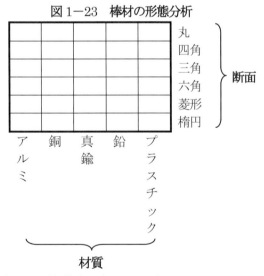

(出所) ジェムコ日本経営 (1982), Ⅷ-27頁

変数が多くなると組み合わせが多くなるので，目的に対する貢献度を評価尺度にして選別するか，コンピュータを利用して有利な組み合わせを引き出す必要がある。この形態分析法は，「新製品・新技術の開発，包装の改良」など使用範囲は広い。特に新製品の構想設計段階では，「製品の構造，形状，取付け位置，取付け方法，材質，形，寸法」などは，多くの組み合わせが考えられるので，この方法を用いると便利である。

1 1 分析法

対象テーマを細かく見れば見るほど，アイディアが出しやすい。アイディアが多くなればアイディアの結合が有利になる。従って，対象をできるだけ細かく分析することが望ましい。

分析をどのような観点から行うかによって各種の「分析法」がある。ここでは主な１６の分析法を紹介する（表1-18を参照）。

表1-18　主な分析法

	分析法	簡単な説明
①	商品分析	市場性の有無をつかむために，今の商品を形，サイズ，外観，包装，性能，成分，商品などに分ける
②	市場分析	市場調査によって，市場の可能性，すなわち潜在需要を見出そうとする方法である。 市場需要人口，欲望，購買力，などを分析する
③	顧客分析	商品を購入する顧客ついて，地域，年齢，性別，職業，家庭環境，家族構成，収入，興味，などに分けて把握する。
④	製品分析	製品を取り上げて，材質，成分，大きさ，表面処理，公差，〜程度など，仕様上の諸点を分ける
⑤	機能分析	製品，部品の持っている機能が，どんな目的・働きを果たすものかを確認する
⑥	成分分析	材料および製品を構成する材料個々の含有量，成分を分ける
⑦	財務分析	財務上の分析を行う。外部に関するものとして，信用分析，投資分析，内部に関するものとして，経営分析，監査分析，などがある
⑧	コスト分析	ある製品や間接部門のサービスについて，その原価要素，人，材料，設備にどの程度コストが発生しているかを分析する。更に，管理可能費，管理不可能費とか，変動費，固定費などを分析する

⑨	事務分析	事務の流れを,仕訳,記入,計算などの要素に分析する
⑩	帳票分析	帳票記入について,記入事項,使用目的,流れ,処理手続きなどを分析する
⑪	職務分析	個人の仕事の質を,熟練,知識,責任度,危険度などの要素により分析する
⑫	工程分析	製造工程について,材料が加工されていく過程を,加工,運搬,検査,停滞というような見方で分析する
⑬	経路分析	製造工程において,どのような機械を経て製造されているか,その流れを分析する
⑭	動作分析	人の動作を,手を伸ばす,つかむ,運ぶ,などの要素動作(サーブリック)に分ける
⑮	時間分析	人の作業を要素作業ごとに,どの程度時間がかかっているかを確認する
⑯	運搬分析	物の運搬について,その運搬具の活性,距離,荷姿,頻度などの観点から分析する

(出所)ジェムコ日本経営(1982),Ⅷ-28〜29頁

12 チェックリスト法(Checklist method)

これはアイディア発想を目的としてチェックリストを使用する技法である。ブレーンストーミング法を考案した,「オズボーン氏のチェックリスト」を**表1-19**に示す。

表1-19 オズボーン氏のチェックリスト

①	他に使い道はないか
②	他からアイディアは借りられないか
③	変えたらどうか
④	拡大したらどうか
⑤	縮小したらどうか
⑥	代用したらどうか
⑦	入れ替えたらどうか
⑧	逆にしたらどうか
⑨	組み合わせたらどうか

次に,GE社(ゼネラルエレクトリック社)の「チェックリスト」を紹介する(**表1-20**を参照)。

表1-20　GE社のチェックリスト

No	質問の内容
①	この品物は何らかの価値があるか
②	この品物のコストは，その用途に対してそれだけの価値があるか
③	この品物の形状にムダはないか
④	もっとよい品物はないか（代替品）
⑤	もっと安く作る方法はないか
⑥	標準品は使えないか（標準品＝規格品）
⑦	製造量に見合った適切な加工法で作られているか
⑧	コストの要素である材料費・加工費・間接費・利益は適正か
⑨	もっと安く売ってくれる信頼できる業者（メーカー）はないか
⑩	自分より安く買っている人はいないか

①〜④は機能（F）に直接関係がある質問で，⑤〜⑩はコスト（C）に直接関係がある質問である。
(出所) 落合三雄 (1968), 99頁

13　催眠技法

　大脳生理学でいう人間の大脳の内部を表すと，独創に関するものは大きく分けて2つの分野がある。1つは「古い皮質」であり，もう1つは「新しい皮質」である。これを図1-24の左図に示す。また「新しい皮質」の関係は右図のようになっている。

図1-24　人間の大脳の内部

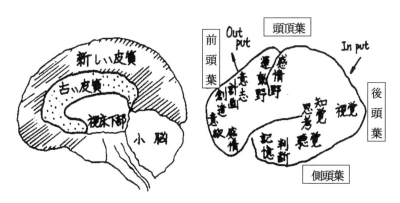

(出所) ジェムコ日本経営 (1982), Ⅷ-31頁

2つの皮質は全く別の働きをしている。これを簡単にまとめると次のようになる。

	役割	働き
新しい皮質	よりよく生きる	創造，感情，運動，記憶，思考など
古い皮質	たくましく生きる	本能，情動，気力，食欲，性欲，集団欲

　古い皮質の中には「海馬」という記憶を司どる部分がある。この海馬には，今まで意識的に覚えたことが全て記憶されていると言われている。一方，アイディアの発想は「新しい皮質」で行うことが多いので，なかなか全ての記憶とつながらない。そこで催眠という状態で，海馬にある記憶と結びつけようとする手法が「**催眠技法**」である。

　催眠現象は新しい大脳皮質の働きを弱め，古い皮質に働きかけやすくなったことを言う。今，アイディアを出すテーマの機能を十分認識し，必ずアイディアが出るという信念を持ってこの状態に入る訳である。この状態に入りやすくするための訓練法には，「観念運動訓練法」，「シェルツの自律訓練法」，「暗示呼吸法」，「振子暗示法」などがある。

１４　入出法（Input Output System）

　この「Input Output System」はGE社（ゼネラルエレクトリック社）で良く用いられて，オートマティックシステムの設計に威力を発揮し，多くの新製品を作り出した。この特徴は「**強制連想**」である。これは1つの現象「入」（Input）を取り上げ，それとは関係のないと思われる必要な事象「出」（Output）に対し，連想を発展させ結合していく方法である。

　「入」から「出」に至る過程では，アイディアの発想（Go）とアイディアの検討（Stop）を繰り返しながら「出」に到達するまで進んでいく。

　例えば，鉄道の踏切の「自動遮断機」を考えてみよう。

　　　　　　「入」Input ─────────→「出」Output
　　　　　　列車が近づいてくると　　　　遮断機がおりる

「列車が近づいてくる」と「遮断機がおりる」との間には何の関係もない。しかし，列車が近づいてくると，どんな現象が起こるかを発想するのである。

- 例えば，①空間をさえぎる，②鉄が近づく，③枕木が下がる，④騒音がする，⑤架線を押し下げる，⑥パンタグラフが近づく，⑦車輪が近づく，…等々。

これらの中より「変化するもの」や「影響を受けるもの」を取り上げる。
・例えば、⑧レールの隙間がショートする、⑨光線をさえぎる、⑩レール・枕木が下へ押される、…等々。

更に、「作用するもの」を取り上げる。
・例えば、⑪電流が流れる、⑫照度・放射が切れる、⑬位置が移動する、…等々。

このように「入」（Input）から、発想（Go）とアイディアの検討（Stop）を繰り返し、予定されたコスト目標額、製品化の程度、使いやすさ等の制約条件の中で「出」（Output）である「遮断機」に結び付けていくのである。強制連想のつながりを図1-25に示す。

図1-25　入出法：遮断機の例

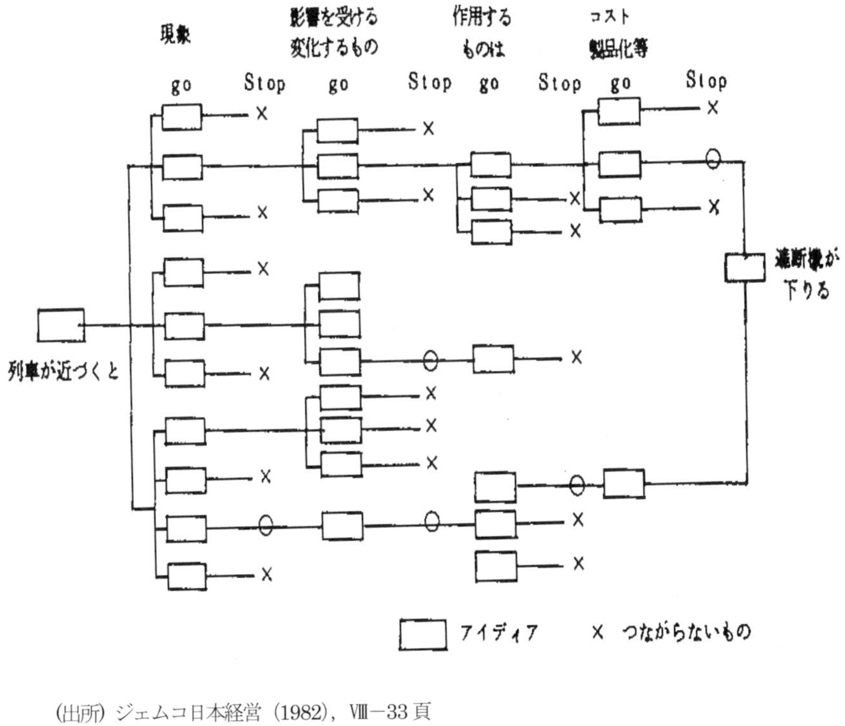

(出所) ジェムコ日本経営 (1982), Ⅷ-33頁

これまで開発された商品と「**入出法**」の関係を、**表1-21**に示す。

表1-21　これまでの開発商品の例

No	「入」（Input）	「出」（Output）	開発された商品
①	ご飯が炊けると	電気が切れる	自動炊飯器
②	人が近づくと	扉が開く	オートドア
③	エンジンが暖まると	チョークがゆるむ	オートチョーク
④	缶詰を置くと	蓋が開く	自動缶切り機
⑤	カードを差し込むと	電話がかかる	オートダイヤル
⑥	お金を入れると	商品が出る	自動販売機
⑦	路線がふさがると	列車が止まる	ATS装置

15　焦点法

前述の入出法が「入」を「出」に結びつけるのに対して，この技法は「出」を決めることは入出法と同じである。「焦点法」の特徴は「入」は何でも良い！ことである。すなわち焦点法は「入」には何でも任意なものを選び，最後に到達すべき結論の「出」に向かって連想を働かせる「**強制連想**」によってアイディアを生み出す。このつながりを**図1-26**に示す。

図1-26　焦点法：アイディアと強制連想のつながり

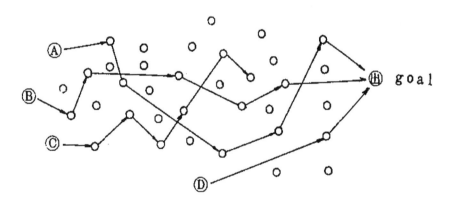

○：アイディア　　──→：強制連想のつながり

(出所) ジェムコ日本経営（1982），Ⅷ-33頁

この技法は「入」を自由に選べることから「新製品の開発」だけではなく，相手が興味のあることと，結論として説明したいことを結びつける場合に適用できるので，「広告・宣伝・商談・人の説得」などにも活用できる。

　―　<名言・至言> ―

　補足1と補足2ではアイディア発想の多くの手法を紹介した。一方，次の言葉のように**脳がリラックスした状態**だと，良いアイディアが浮かぶことが知られている。そこで常に手帳を持っていてメモを取るようにしよう！

『良いアイディアは，馬上・枕上・厠上（ばじょう・ちんじょう・しじょう）
　でヒラメク』
（中国の政治家・文学者である欧陽脩（おうようしゅう）の言葉が語源）

「馬上」は馬に乗っているとき（今でいうと乗り物の中），「枕上」は布団の中（枕の上），「厠上」はお手洗いの中のこと。

■ 補足3：VEに必要なコスト評価(コスト理論)…コストの構成要素と計算式
1 切削加工費の計算式
（1）切削加工費(円)＝段取り費＋加工費
　段取り費（円）＝加工費率（円／分）×段取り時間（分）／ロット数
　加工費（円）　＝加工費率（円／分）×加工時間（分）／割り増し係数
　割り増し係数　＝（1＋余裕率）／（作業能率×有効実働率）
　　　　　　　　≒ $\boxed{1／出来高水準}$

（2）加工時間(分)＝正味切削時間＋工具移動時間＋材料交換時間＋原点復帰時間
　正味切削時間（分）＝切り粉が出ている時間
　工具移動時間（分）＝工具呼び出し時間＋工具移動時間
　材料交換時間（分）＝材料の取付け・取外し時間
　原点復帰時間（分）＝加工終点から原点に戻る時間

（3）加工費率(円／分)＝設備費率(マシン・チャージ)＋労務費率(マン・チャージ)
　設備費率（円／分）＝設備固定費率＋設備比例費率
　労務費率（円／分）＝所定内賃金×（1＋付帯人件費比率）×（1＋直間費比率）
　　　　　　　　　　×12ヶ月／年間総稼動時間／掛け持ち台数
　付帯人件費比率（円／分）＝（1＋賞与率）×（①雇用保険料率＋②労災保険
　　　　　　　　　　　　　料率）＋③賞与率＋④健康保険料率＋⑤厚生年金
　　　　　　　　　　　　　保険料率＋⑥退職準備引当金率＋⑦一般福利厚生
　　　　　　　　　　　　　比率
　　　　　　　　　　≒ $\boxed{所定内賃金×0.5}$

2 正味切削時間の計算式
　　正味切削時間は次の4つの式で求める。
（1）$T=L／F$　　　……………1式
　T＝正味切削時間（分）……切り粉が出ている時間
　L＝<u>ワークの切削必要長さ</u>（mm）×切削回数（n）
　　　　└→ 図面値＋エアーカット長さ
　F＝1分間にバイトが進む直線距離（mm／分）

(2) $F = f \times N$ ……………2式

　f ＝ワーク1回転あたりのバイトの送り量：rev（mm／回転）
　N ＝1分間あたりの主軸回転数：rpm（回転数／分）

(3) $1000 \times V / \pi D$ …………3式

　1000 ＝単位を補正するための数値（1m＝1000mm）
　V ＝切削速度（m／分）…1分間にバイトがワークの円周を進む距離（周速）
　＊切削速度（V）は，切り込み量（mm）と表面粗さ（▼，▼▼，▼▼▼）により使い分ける。
　＊切削速度（V）は，3つの指数（①材質別被削性指数，②刃物別切削性指数，③機械別剛性指数）を掛ける。
　π ＝円周率（3.14）
　D ＝ワークの外径または切削径（mm）

(4) $f^2 = R_{max} \times 8r / 1000$ ……4式

　　移行すると，$R_{max} = 1000 \times f^2 / 8r$
　　R_{max} ＝表面粗さ（μ）
　　r ＝バイトの刃先半径（mm）…ノーズrと言う
　　1000 ＝単位を補正するための数値（1mm＝1000μ）

　この4式で計算した理論値を次の表に示す。従って送り量（f）は，設計図面の表面粗さ（R_{max}）と加工時のバイトの刃先半径（ノーズr）により決まる。

送り量（f）の設定表：理論値

ノーズ r ＼ Rmax	100 ▼	25 ▼▼	6.3 ▼▼▼	1.6 ▼▼▼▼
0.1	0.28	0.14	0.07	0.035
0.2	0.4	0.2	0.1	0.05
0.3	0.56	0.28	0.14	0.07
0.4	0.8	0.4	0.2	0.1
0.5	0.96	0.48	0.24	0.12

3　材料費の決まるプロセス

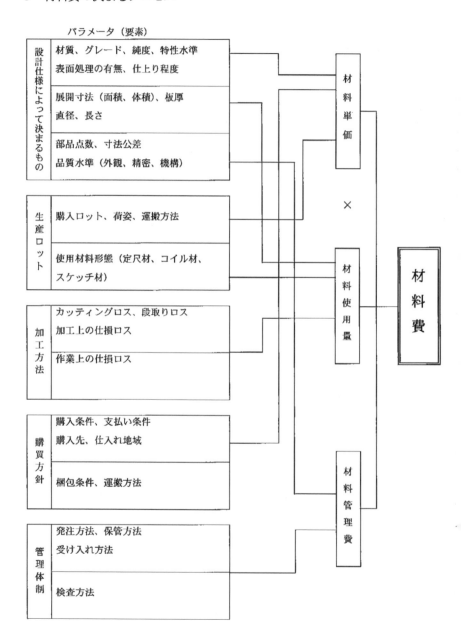

(1) 材料費の算出方法と構成要素（切削加工の例）

a．材料費の算出方法

スクラップ費をバカにするな！

材料費 ＝ （材料原価 ± スクラップ費）×（１＋材料管理費率）
　　　＝ ｛材料単価×材料使用重量
　　　　　±（スクラップ単価×スクラップ重量×スクラップ回収率）｝×（１＋材料管理費率）

(a) 材料単価（材料建値）、スクラップ単価（スクラップ建値）
　　　……それぞれ単価を登録する。

(b) 材料使用重量

　イ．計算式

　　　材料使用重量 ＝ 断面積 × 材料使用長さ × 比重
　　　※断面積の計算式は、95ページの通り。
　　　　断面積計算において、丸棒とパイプについては自動計算されるが
　　　　他の材料形状についてはマニュアル計算により入力する。

　ロ．材料使用長さ
　　　材料使用長さは下記の通り「チャッキング代」、「突切り代」、「仕上げ代」、「切断ロス」
　　　（切断ロスは、パーツワークの場合のみ）を加算する。
　●バーワークのときの計算式
　　　材料使用長さ＝ 図面実寸法 ＋ チャッキング代(1ヶ当り) ＋ 突切り代2 ＋ 仕上げ代1
　　　　　　　　＝ 図面実寸法 ＋ チャッキング代170／取り数＋ 突切り代2 ＋ 仕上げ代1

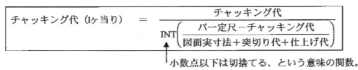

　　　　　　　　　　　　　　　　　　　小数点以下は切捨てる、という意味の関数。

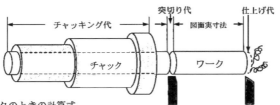

　●パーツワークのときの計算式
　　　材料使用長さ ＝ 図面実寸法 ＋ 仕上げ代4 ＋ 切断ロス2
　　　　　　　　　　　　　　鋸刃で切断する時、①切断面が粗くなる、②少し
　　　　　　　　　　　　　　斜めに切れる、等を考慮して仕上げ代を多くした。

(c) スクラップ重量
　　　スクラップ重量 ＝（材料使用重量－完成部品重量）× 回収率
　　　※スクラップ回収率は原則として 80％とする。但し銅系は 90％とする。

材料使用量の捉え方

　切削加工では、その性格上、端材や突切り代、切断代等の無駄が必ずと言って良いほど発生するものです。これらの無駄をまったく無くすることが出来るならば、材料費を最小にすることが出来ましょう。その為には最も無駄のない材料取りに技術を投入することが必要であります。併せて作業工程に適応した無駄のない規格品および、寸法の材料を選択することも大切なポイントです。即ちまず加工品の形状、寸法により最適な素材形状及び定尺材の長さなどを良く考え、所定の定尺材より可能な限り多くの個数を有効に取るようにしなければなりません。

(d) 材料使用量の内訳

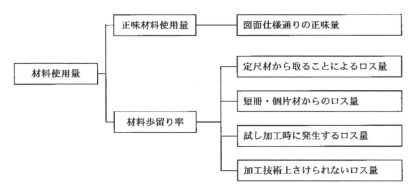

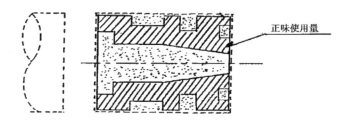

(e) 材料管理費率
　材料管理費率とは材料を管理するための倉庫費用、運搬費用、受入れ検査費用、資材調達に要する費用等の年間総発生費用を年間に扱う総材料金額で除した率をいい下記の算式となる。

$$材料管理費率 = \frac{年間総発生費用}{年間総材料調達額} \times 100$$

　※一般指標は 3%〜6% ですが本プロジェクトでは
　　…材料管理費率…2%を採用

材料使用量の基本計算式（切削加工の例）

A, B, D, d, l: (mm)　　　γ: 比重　　　S: 断面積 (mm²)

No	素材形態	形状	材料使用量····重量 (kg)
①	丸棒 / ロッド棒		$\frac{\pi}{4}D^2 l\gamma \times 10^{-6}$
②	パイプ / シリンダ用パイプ / 中空ロッド		$\frac{\pi}{4}(D^2-d^2) l\gamma \times 10^{-6}$
③	四角棒		$AB l\gamma \times 10^{-6}$
④	正六角棒		$0.866 B^2 l\gamma \times 10^{-6}$
⑤	異形棒		$S l\gamma \times 10^{-6}$ 注: Sは断面積を入力

(1) 1の計算式

L: 定尺材の全長 (mm)　　　l: (mm)

ワークのチャック法	① 正味部品全長	② チャッキング代	③ 突切代	④ 仕上代（片面）	⑤ バンドソー切断ロス	材質	l
バー定尺ワーク	図面実寸	丸4~φ45 / NC ~φ34 : 170/n / CNC ~φ25	2	1	-	-	手順= (1) $n'=\frac{L-170}{①正味長+③突切+2\times④仕代}$ ex.123.⁴⁵⁵ (2) n=INT (n'-0.5) ex.123.⁴⁵⁶-0.⁵=122.⁹⁵⁶→123 (3) $l=\frac{L}{n}$ ex.2000/123=16.²⁶
バーツケワ取リーク	図面実寸	-	-	仕上経~φ60 / 仕上全長~150 : 1.5 / 仕上経~φ125 / 仕上全長~150 : 2 / 仕上経~φ250 / 仕上全長~150 : 2.5 / 仕上経φ250~ : 3	2	-	①正味部品全長+2×④仕上代+⑤バンドロス

(3) 参考
① 突切バイト巾 : 1.6mm, 自動盤用 (但しφ35まで)
② バンドソー : 1.25mm, 1.6mm, 2.0mm
③ バーワーク定尺: 2mm, 4mm

（2）プレス部品の材料費の求め方

　材料費＝（使用材料費－スクラップ費）×（1＋材料管理費率）

① 使用材料費（円）＝材料使用重量（g）×材料単価（円/Kg）／1000
② 材料管理費率＝2％を基準とする。
③ スクラップ費＝スクラップ単価×スクラップ重量×スクラップ回収率
④ スクラップ単価：冷延鋼板（例：SPCC）18.80 円／Kg
⑤ スクラップ重量＝投入重量－完成品重量
⑥ スクラップ回収率＝90％に固定する。
　(a) 材料使用重量の求め方
　(b) 材料使用重量＝材料幅×送りピッチ×板厚×比重
　(c) 材料幅＝長手展開寸法＋縁サン幅×2
　(d) 送りピッチ＝短手展開寸法＋送りサン幅

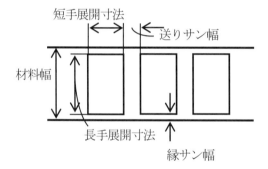

a．展開寸法の求め方
(a) 曲げ形状品の展開寸法

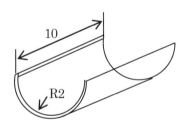

　＜練習1＞

　　板厚 1mm，半径 2mm，長さ 10mm の
　　半円形状をした曲げ形状品
　　　・一辺の長さ X＝10
　　　・他の一辺の長さ Y は，
　　　　$Y = \pi \times (R + t \times \alpha)$ …αは曲げ係数：次の表より α＝0.4。よって，
　　　　　＝$\pi \times (2 + 1 \times 0.4)$
　　　　＝7.5

R/t	0.5 以下	～0.8	～1.5	～2.5	～4.0	4.0～
係数 α	0.25	0.30	0.35	**0.40**	0.45	0.50

以上より，長手展開寸法＝10mm
　　　　　短手展開寸法＝7.5mm

(b) 丸絞り形状品の展開寸法

手順1．製品を部分要素に展開する。
手順2．各部品の展開面積を求める。
手順3．各部品の展開面積の総和 ΣA
　　　　（＝製品展開面積）を求める。
手順4．展開直径 D を求める。
　　　　$D = \sqrt{4\Sigma A / \pi}$

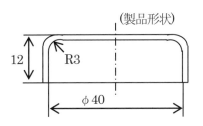
(製品形状)

<練習2>（$\pi = 3.1415$）

内径 40mm，高さ 12mm，板厚 2mm，内周 R3mm，
材質 SPCC の丸絞り形状品

・$A_1 = (\pi/4) \times 34^2 = 908$
・$A_2 = (\pi^2 \times 4 \times 34)/2 + 2\pi \times 4^2 = 772$
・$A_3 = \pi \times 42 \times 7 = 924$

よって，$\Sigma A = A_1 + A_2 + A_3 = 2604$
展開寸法は，
　　$D = \sqrt{4 \times 2604 / \pi} = \phi 57.6$

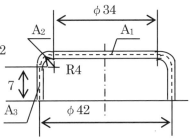
(部分要素)

「展開寸法の求め方」の詳細は，98～100頁の表を参照。
・表1-22　曲げ形状品の展開寸法……………98頁
・表1-23　曲げ係数……………………………98頁
・表1-24　丸絞り形状品の展開面積［1／2］…99頁
・表1-25　丸絞り形状品の展開面積［2／2］…100頁

表1-22　曲げ形状品の展開寸法

No	形状名	略　　図	展開寸法の算出式
1	直　線		$L = \ell_1$
2	斜線1		$L = \sqrt{\ell_1^2 + \ell_2^2}$
3	斜線2		$L = \dfrac{\ell_1}{\cos\theta}$
4	直角R		$L = \dfrac{\pi}{2} \times (R + t \times \alpha_4)$ α（曲げ係数）は表3-2による。
5	角度R		$L = \dfrac{\theta}{180} \times \pi \times (R + t \times \alpha_4)$ α（曲げ係数）は表3-2による。
6	半　円		$L = \pi \times (R + t \times \alpha_4)$ α（曲げ係数）は表3-2による。
7	O曲げ		$L = 2\pi \times (R + t \times \alpha_4)$ α（曲げ係数）は表3-2による。
8	カール		$L = 1.5\pi \times (R + t \times \alpha_4)$ α（曲げ係数）は表3-2による。

[使用記号]　ℓ：線分長さ　　t：板厚　　R：半径（内R）　　θ：角度［度］
　　　　　　α：曲げ係数

表1-23　曲げ係数

R／t	0.5以下	～0.8	～1.5	～2.5	～4.0	4.0～
係数 α	0.25	0.30	0.35	0.40	0.45	0.50

表1-24　　丸絞り形状品の展開面積 [1／2]

No	形状名	略　　　図	表面積の算出式
1	円　板		$A=\dfrac{\pi}{4}D^2$
2	座　金		$A=\dfrac{\pi}{4}(D^2-d^2)$
3	普通絞直円筒		$A=\pi D h$ Dは板厚の中心径
4	普通絞斜円筒		$A=\dfrac{\pi f(D+d)}{2}$ $f=\sqrt{h^2+\dfrac{(D+d)^2}{4}}$ D、dは板厚の中心径
5	逆絞り直円筒	No3普通絞斜円筒と同じ	
6	逆絞り斜円筒	No4普通絞斜円筒と同じ	
7	直角外R		$A=\dfrac{\pi^2 R Dr}{2}-2\pi R^2$ Rは板厚の中心径
8	直角内R		$A=\dfrac{\pi^2 R Dr}{2}+2\pi R^2$ Rは板厚の中心径
9	角度外R		$A=\pi(Dr\cdot S-2hR)$ $S=\pi R\times\dfrac{\theta[度]}{180}$ Rは板厚の中心径

[使用記号]　t：板厚　　　R：半径（板厚の中心半径）　　D,d：径寸法　　Dr：Rの中心径
　　　　　　h：高さ　　　s：弧の長さ（板厚の中心の弧の長さ）　　f：長さ　　θ：角度[度]

表1-25　　丸絞り形状品の展開面積 [2／2]

No	形状名	略　　図	表面積の算出式
10	角度内R		$A = \pi (Dr \cdot S + 2hR)$ $S = \pi R \times \dfrac{\theta\,[角度]}{180}$ Rは板厚の中心半径
11	半球		$A = 2\pi R^2$ Rは板厚の中心半径
12	片欠半球		$A = 2\pi Rh$ Rは板厚の中心半径
13	両欠半球		$A = 2\pi Rh$ Rは板厚の中心半径
14	絞りU字		$A = \pi^2 RDr$ Rは板厚の中心半径
15	絞りカール		$A = 17.7 RDr$ Rは板厚の中心半径
16	縁切り		$A = \dfrac{\pi}{4}\{(D+3t)^2 - D^2\}$ 予め、「切り代」を加味しておくこと。
17	幅切り		$A = \pi Dt$ Dは板厚の中心径 予め、「切り代」を加味しておくこと。

［使用記号］　t：板厚　　R：半径（板厚の中心半径）　　D, d：径寸法　　Dr：Rの中心径
　　　　　　　h：高さ　　S：弧の長さ（板厚の中心の弧の長さ）　　f：長さ　　θ：角度［度］

4 加工費の決まるプロセス

加工費＝加工時間×加工費率
加工費率＝設備費率＋労務費率＋職場共通費率
　　　　＝設備固定費率＋設備比例費率＋労務費率／持ち台数＋職場共通費率

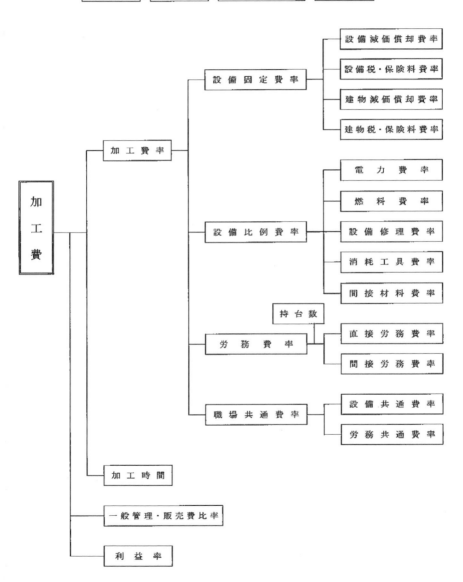

（1）加工費率の計算
① 加工費率の計算式
加工費率＝設備費率（マシンチャージ）＋労務費率（マンチャージ）＋職場共通費率

② 設備費率の計算式
設備費率＝設備固定費率＋設備比例費率

③ 労務費率の計算式
労務費率＝（直接労務費率＋製造間接労務費率）／持ち台数
　　　　＝所定内賃金×（1+製造間接費比率）／持ち台数

④ 職場共通費率の計算式
職場共通費率＝設備共通費率＋労務共通費率

⑤ 付帯人件費比率の計算式
付帯人件費比率＝(1+賞与率)×(雇用保険料率+労災保険料率)+賞与率+健康保険料率+厚生年金保険料率+退職準備引当金率+一般福利厚生比率

この式に，あらかじめ定めた数値を代入すると次のように約50%になる。

(1+賞与率 0.2531)×(雇用保険料率 0.0055+労災保険料率 0.004)+賞与率 0.2531+健康保険料率 0.041+厚生年金保険料率 0.0455+退職準備引当金率 0.025+一般福利厚生比率 0.12

＝（雇用保険料率 0.0069+労災保険料率 0.005）+賞与率 0.2531+健康保険料率 0.041+厚生年金保険料率 0.0455+退職準備引当金率 0.025+一般福利厚生比率 0.12

＝0.4965

⑥ 1人n台持ちの労務費率
加工費率の中で最大のものは労務費である。労務費率は持ち台数に大きく左右される。上の③式に「付帯人件費比率」を加味すると計算式は次の様になる。

労務費率＝所定内賃金×(1+付帯人件費率)(1+製造間接費率)／持ち台数

さらに「労務共通費率」を加味すると，計算式は以下の様になる。

＜1人n台持ちの場合＞

労務費率＝所定内賃金×(1+付帯人件費率)(1+製造間接費比率)／持ち台数 n
　　　　＋労務共通費率

⑦ 1人n台持ちの加工費率
⑥式に②式の「設備費率」と④式の「設備共通費率」を加味すると次の様になる。

加工費率＝設備固定費率＋設備比例費率＋設備共通費率
＋所定内賃金×(1+付帯人件費率)(1+製造間接費比率)／持ち台数 n＋労務共通費率

（2）加工費率計算シート（射出成形機の例）

加工費率計算シート

		加工費率計算費目		計算式		射出成形機 150t
29 設備費率	15 設備固定費率	1 年間総稼働時間	hr／年			2,100
		2 設備稼働率	％			100
		3 標準稼働時間	hr／年	No.1×No.2	①	2,100
		4 現在購入金額	千円			16,400
		5 償却年数	年			12
		6 設備償却費率	円／hr	No.4/(No.3×No.5)	②	650.79
		7 定額換算税・保険料率			③	0.0069
		8 税・保険料費率	円／hr	(No.4×No.7)/No.3	④	53.89
		9 設備占有面積	m²			40
		10 共通割増し面積	m²	No.9×0.3	⑤	12
		11 所要面積合計	m²	No.9+No.10	⑥	52
		12 建屋単価	千円／m²			80
		13 建屋償却・税保険料率	％			4.23
		14 設備建屋費率	円／hr	{(No.12×No.13)/No.1}×No.11	⑦	83.79
		15 （小計）	円／hr	No.6+No.8+No.14	⑧	788.47
	27 設備比例費率	16 理論消費電力量	kw／hr			14
		17 電力料金	円／kw			20
		18 電力需要率	％			40
		19 電力費率	円／hr	No.16×No.17 ×No.18	⑨	112
		20 理論消費燃料量	リットル／hr			0
		21 燃料料金	円／リットル			0
		22 燃料需要率	％			0
		23 燃料費率	円／hr			0
		24 消耗工具費率				5.0
		25 間接材料費率				7.6
		26 設備修理費率				164
		27 （小計）	円／hr	No.19+No.23+No.24+No.25+No.26	⑩	288.60
		28 設備職場共通費率	円／hr			48.6
		29 （中計）	円／hr	No.15+No.27+No.28	⑪	1,125.67
35 労務費率		30 所定内賃金	千円／月			230
		31 直間比率	％	製造間接費比率のこと		12
		32 付帯人件比率	％			50
		33 労務費率	円／hr	No.30 (1+No.31) (1+No.32)×12ヶ月/No.1	⑫	2,208.00
		34 労務職場共通費率				71.2
		35 （中計）	円／hr	No.33+No.34	⑬	2,279.20
		36 加工費率（合計）	円／hr	No.29+No.35	⑭	3,404.87
		37 加工費率（合計）	円／分	No.36 / 60	⑮	56.75

1人n台持ちの場合：No29＋No33／n台＋No34

例：1人2台持ちの場合：上の式にn＝2を代入すると，
1,125.67＋2208／2＋71.2＝⑯ 2,300.87円／時間 …… ⑰38.35円／分

5 コスト理論のまとめ（理解度テスト）

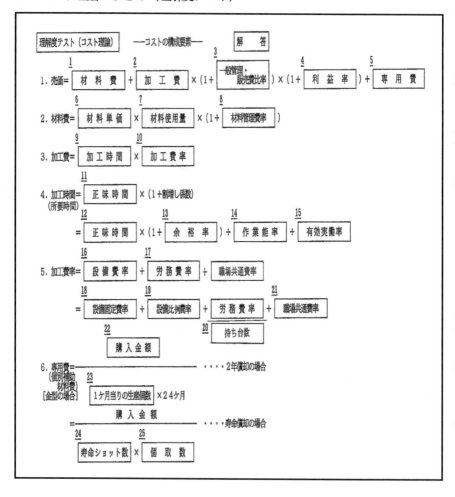

● 注

〔1〕 田中雅康（1995, 67-74頁），田中雅康（2002, 47-62頁）を要約した。
〔2〕 吉田栄介(2003, 224頁，田中雅康（1995, 274-275頁），田中雅康（2002, 136-138頁）を要約。原価企画と原価低減のツールは，ここで紹介した7つの他に，次のようなものがある。過去の事例集，デザイン・イン，新生産技術，新工程設計，原価見積技法，コスト・ドライバー分析（部品点数・段取り回数・工程数・工数などの分析），DFA（Design For Assembly：図面から製品の組立性を評価する方法），FMEA（故障モード影響解析），TPS（トヨタ生産方式）など。
　　また，コストテーブルには次の2種類がある。①「物」のコストテーブル，②「機能レベル」のコストテーブル（コストモデル式）。
〔3〕 ジェムコ日本経営（1982, Ⅰ-10-14頁），田中雅康（1995, 135-156頁），田中雅康（2000, 35-44, 109-160頁）を要約。VEの特徴は加筆した。
〔4〕 田中雅康（1995, 135-136頁）より引用した。
〔5〕 田中雅康（2002, 88-98頁）を要約。製造VEは加筆。
〔6〕 ジェムコ日本経営（1981, 1982）を要約し加筆。
〔7〕 ジェムコ日本経営（1982），Ⅴ-1〜12頁を要約。
〔8〕 ジェムコ日本経営（1982），Ⅷ-1〜34頁を要約。
〔9〕 川喜田二郎（1967），川喜田二郎（1970）より引用。
〔10〕 中山正和（1968）より引用。
〔11〕 W.J.J.ゴードン（1964）より引用。
〔12〕 Edward.de.Bono（エドワード・デボノ）（1971）より引用。

第2章　平準化生産

　第2章では，新郷（1980）と米国のLiker（2004）等の文献サーベイを通して「**平準化生産**」の要点を記述する。トヨタ生産方式の大前提は"平準化生産"であるといわれている。そこで，**第1節**では「トヨタ生産方式（TPS）の家」を紹介する。**第2節**では「余力管理と平準化」について生産管理の観点から詳述する。**第3節**では「能力の弾力性の向上」に触れる。

第1節　トヨタ生産方式の家 [13]

　トヨタ生産方式（TPS：Toyota Production System）の2本柱は，必要なものを必要なときに必要なだけつくる「**JIT（Just In Time：ジャスト・イン・タイム）**」と，ライン作業に異常（不良や設備故障）があれば自ら判断してその原因をつぶす「**ニンベンのついた自働化**」である。更に，この土台（基礎）となるのが物は平均して造る方がよいという「**平準化生産**」である。そしてゴールは「**Q（最高品質）・C（最小コスト）・D（最短工期）**」である。

【トヨタ生産方式（TPS）の家】

　トヨタ社内で出来上がったこの「ベスト・プラクティス」は，最終的には部品メーカーにまで広がった。ここでは，TPSを理解しやすいように家の形をした「**TPSの家**」を，次頁の図2-1に紹介する。

　家の図は，まず屋根に当たる「**Q（最高品質）・C（最小コスト）・D（最短工期）**」がある。これがゴールである。次に「**ジャスト・イン・タイム**」と「**ニンベンのついた自働化**」の2本柱が外側にある。ジャスト・イン・タイムは，必要なものを必要なときに必要なだけ造り運ぶことであり，TPSの中で最もよく知られている。ニンベンのついた自働化は，次の工程に不良を流さずにすみ，人を設備の監視から解放する。更に家の中心には「人」がいて継続的な改善を行う。最後にTPSの基礎となっている「平準化生産」がある。平準化生産は，TPSの安定化と在庫の最少化のために必要である。
　このTPSの家のどの要素も重要だが，最も重要なことは各要素が互いに補強しあうことである。次に，平準化生産について詳しく述べる。

図2−1　TPSの家

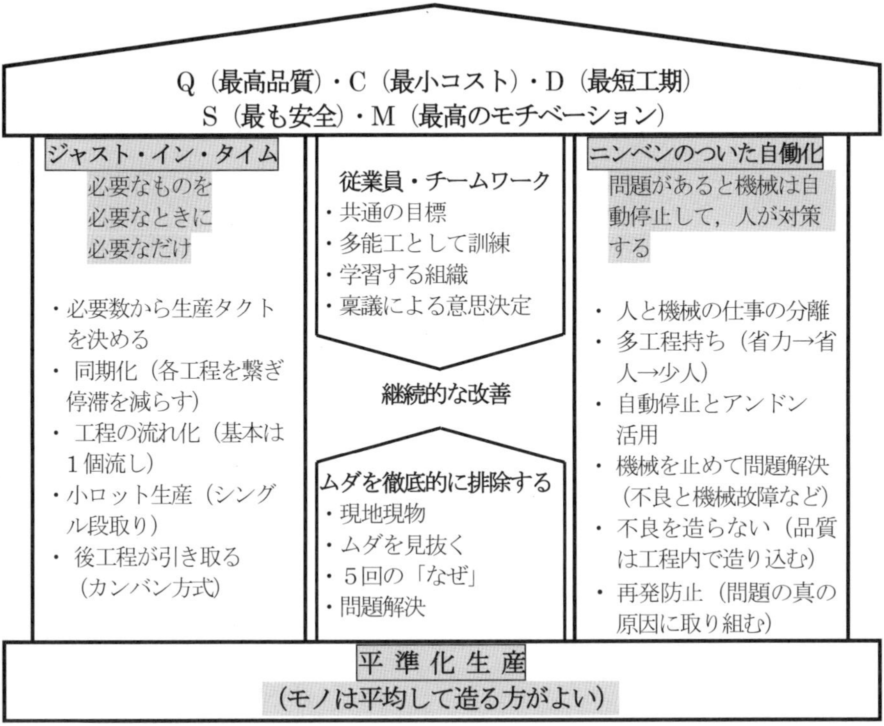

```
          Q（最高品質）・C（最小コスト）・D（最短工期）
             S（最も安全）・M（最高のモチベーション）
```

ジャスト・イン・タイム	従業員・チームワーク	ニンベンのついた自働化
必要なものを必要なときに必要なだけ	・共通の目標 ・多能工として訓練 ・学習する組織 ・稟議による意思決定	問題があると機械は自動停止して，人が対策する
・必要数から生産タクトを決める ・同期化（各工程を繋ぎ停滞を減らす） ・工程の流れ化（基本は１個流し） ・小ロット生産（シングル段取り） ・後工程が引き取る（カンバン方式）	継続的な改善 ムダを徹底的に排除する ・現地現物 ・ムダを見抜く ・5回の「なぜ」 ・問題解決	・人と機械の仕事の分離 ・多工程持ち（省力→省人→少人） ・自動停止とアンドン活用 ・機械を止めて問題解決（不良と機械故障など） ・不良を造らない（品質は工程内で造り込む） ・再発防止（問題の真の原因に取り組む）

```
               平 準 化 生 産
         （モノは平均して造る方がよい）
```

(出所) J. K. Liker (2004, (上) 93頁)，日本能率協会編 (1978, 42−43頁) より一部修正

第2節　余力管理と平準化[14]

　従来から，生産管理（工程管理）の2大機能として次の2つがある。

① 日程管理…いつまでに作るか（間に合うか）
② 余力管理（工数管理）…その仕事ができるか（「負荷と能力」のバランスは良いか）
　　・負荷：これだけやって欲しいという仕事量
　　・能力：その仕事を消化するための人や機械の能力

という両者のバランスは，非常に重要な問題である。ところでトヨタ生産方式では，この点について「平準化」という言葉を使っているが，それはどんな意味と内容であろうか？

1 平準化とは?

トヨタ生産方式において「前工程は,後工程が引き取った量だけ生産する」ことを貫くためには,全ての生産工程が必要な時期に必要な量だけ生産できるように,「人と機械」を準備しておかなければならない。

その場合,後工程が「時期と量」についてバラツイタ形で引き取ると,前工程は「人と機械」に余力を持たざるを得なくなる。それは非常に重い負担になる。その上,悪いことにトヨタ生産方式は"**カンバン**"を通してトヨタ社内の各生産工程ばかりか,外の協力企業群の生産工程とも「**同期化**」によって繋がっているために,最終工程の生産にバラツキがあると発注のバラツキとなって,その悪影響を前へ前へと伝播させてしまうのである。

このような悪影響を避けるためには,最終工程にあたるトヨタ社内の完成車組立ラインの「生産の山」を崩して低くし,同時に「生産の谷」を浅くして,生産の流れの表面を穏やかにすることである。これをトヨタ生産方式では「**生産の平準化**」と呼んでいる。なお「平準化」のためには,「量の平均化」と「種類の平均化」が必要である。

以下では,自動車や自動車部品のような「**少品種大量生産**」と草刈り機用エンジンのような「**中種中量生産**」および舶用メカニカルシールのような「**多品種少量生産**」の"平準化"について考察する。

2 余力の平均化

上で述べたように,「余力とは,負荷と能力の関係」を表すもので,次の式で示される。

$$余力 = \frac{能力 - 負荷}{能力}$$

負荷 = 280 時間
能力 = 8 時間 × 20 日 × 2 台 = 320 時間,とすれば,

$$余力 = \frac{320 - 280}{320} = \frac{40}{320} = +12.5\%$$

となり，「12.5％，能力に余裕がある」と言うことになる。

　このように，仕事はいくら「負荷」が大きくても，それに対応する「能力」が大きければ消化することができる。反対に「負荷」が小さくても，これに対応する「能力」が小さいと消化できない。このように常に「負荷と能力のバランス」すなわち「余力」の考え方が重要である。ところで「余力」は，次の2つの面で考える必要がある。
　① 1年間を通しての「各月の余力」がどうなっているか
　② 1月内の「毎日の余力」がどうなっているか
1年間を通しての「余力管理」については，「**能力の弾力性**」の項で後述する。

＜事例12＞「**少品種大量生産**」の非平準化と平準化：自動車や自動車部品の例[15]

　ここでは，「**少品種大量生産**」の自動車や自動車部品の「月間の毎日の余力」について考えてみよう。問題を易しくするために，1ヵ月の合計の負荷と能力はバランスがとれている，という状態を考える。そして，その旬間の負荷の状態が次のようであったとする。
　・上旬…A製品の負荷が30万台で，能力の50％
　・中旬…B製品の負荷が60万台で，能力の100％
　・下旬…C製品の負荷が90万台で，能力の150％
これを次頁の図2-2に示す。

　すなわち「1ヵ月としては，負荷と能力のバランスがとれている」が，「各旬のバランスはとれていない」という状態である。もし，このままで稼働すると次のようになってしまう。
　① 上旬：50％に相当する30万台しか生産しないので，負荷の不足分に対して"手待ち"が発生する。
　② 中旬：ちょうど良い。
　③ 下旬：50％に相当する30万台分の負荷が多いため，"残業"か"臨時工"を雇って能力を増強させる必要がある。
と言うように，「一方では"手待ち"があるのに，他方では"残業"をしなければならない」と言うことになり不合理である。

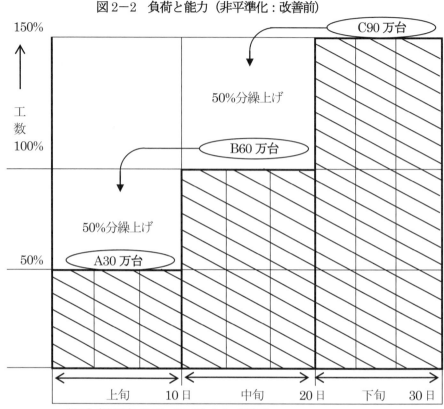

図2-2 負荷と能力（非平準化：改善前）

(出所) 新郷重夫（1980, 188頁）より一部修正

　このような場合,「従来の管理のやり方」では,次のような「余力調整」が行われていた。
　　① 中旬の"B製品の仕事量"を50%分,上旬に繰り上げる。
　　② 下旬の"C製品の仕事量"を50%分,中旬に繰り上げる。
つまり,次のように生産する。
　　・上旬…A製品＝30万台, B製品＝30万台で,能力の100%
　　・中旬…B製品＝30万台, C製品＝30万台で,能力の100%
　　・下旬…C製品＝60万台で,能力の100%
これを次頁の図2-3に示す。

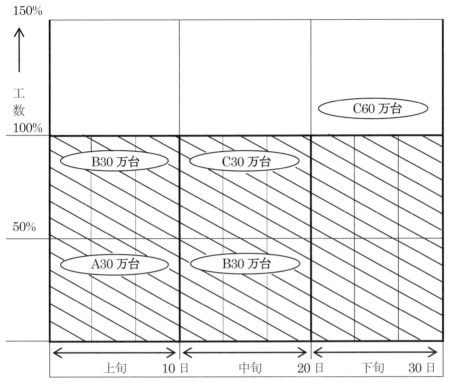

図2-3 従来の余力調整（ストックによる余力の平均化）

(出所) 新郷重夫 (1980, 188頁) より一部修正

　このようにすれば簡単に"**各旬の量の平均化**"が達成できる。ただし，この方法では"**種類の平均化**"ができないため「**製品の在庫（ストック）が発生する**」。それでも，「ストックが発生しても，一方で"**手待ち**"があり他方で"**残業**"をする"**ムダ**"よりも有利である」と考えられていた。これが「ストックは，余力の不平均を緩衝するための有効な方法であり，ストックは"**悪**"であるとしても生産管理全体から考えれば有効な方法であるから，それは"**必要悪**"である」として，"**必要**"の方を重視して一般の工場で積極的に採用されていた。

　ところがトヨタ生産方式では"**つくり過ぎのムダ**"と称して，"**ストックの存在**"を否定している。「それではどうすれば良いのであろうか？」を考える必要がある。そこで需要を，次のように考えればよい。

- 上旬…A製品を30万台,・中旬…B製品を60万台・下旬…C製品を90万台生産する必要があるとしたが,一般の「繰り返し生産」であれば,
- 3月10日迄にまとめて,30万台の製品が必要である
- 3月20日迄にまとめて,60万台の製品が必要である
- 3月30日迄にまとめて,90万台の製品が必要である

と言うことはない。まして消費者は1種類の製品を一度に大量に必要なのではなく,「個々の少量の需要をまとめて3月10日までにA製品を30万台作っておき,それを少量ずつ順次消費者に売り渡す。それまで大部分は"ストック"として在庫される」というのが実際の姿である。

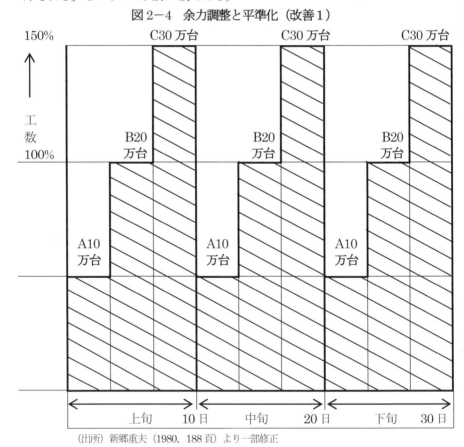

図2-4 余力調整と平準化(改善1)

(出所)新郷重夫(1980, 188頁)より一部修正

そこで、「本当の"需要の本質"は、"C製品を下旬に90万台"まとめて生産する必要はなく、1ヵ月間に分散しても良い。それはA製品、B製品についても同様である」と**悟る**ことによって、「各旬」ごとにA、B、C製品を"1/3"ずつ生産する。つまり、

　　・上旬…A＝10万台、B＝20万台、C＝30万台
　　・中旬…A＝10万台、B＝20万台、C＝30万台
　　・下旬…A＝10万台、B＝20万台、C＝30万台

という生産をすれば、「ストックを削減させると共に、余力調整が可能になる」。これを前頁の**図2−4**（**改善1**）に示した。

図2−5　余力調整と平準化（改善2）

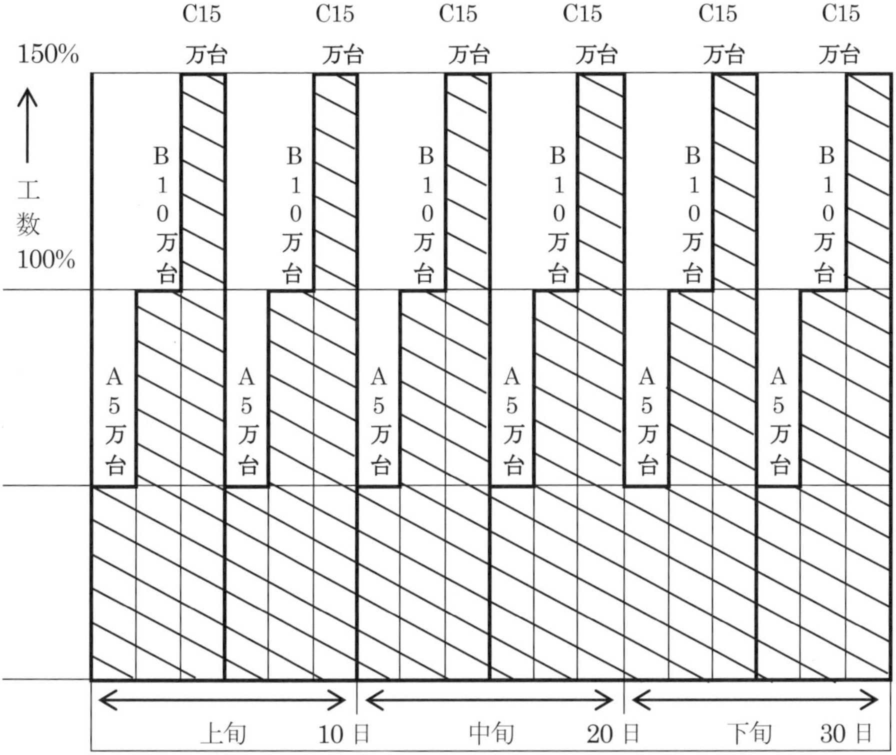

次に、「各旬の1/6の期間」ごとにA＝5万台、B＝10万台、C＝15万台にすれば、更に「ストックは低減し、余力調整は更に向上する」。上旬だけを考えれば、

- 上旬の 1/6 の期間に…A＝5 万台を生産する
- 上旬の 2/6 の期間に…B＝10 万台を生産する
- 上旬の 3/6 の期間に…C＝15 万台を生産する

このようにすれば、「各旬の間に先行して生産する、B, C の製品ストックを"1/3"にすることが可能になる」。これを前頁の**図 2−5（改善 2）**に示した。

更に、単位期間を「旬から→5 日に→3 日に→1 日に…」に細分化すれば、大幅にストックを少なくできる。つまり 1 日間に A＝1 万台, B＝2 万台, C＝3 万台にすれば、「ストックは一層低減し余力調整の平均化は一層向上する」。この場合、

- 午前 8 時〜9 時 20 分まで　……A 製品＝1 万台
- 午前 9 時 20 分〜12 時まで……B 製品＝2 万台
- 午後 1 時〜午後 5 時まで………C 製品＝3 万台

と時間帯を分割して「小ロット生産」しても良い。**図 2−6（改善 3）**を参照。

図 2−6　余力調整と平準化（改善 3）

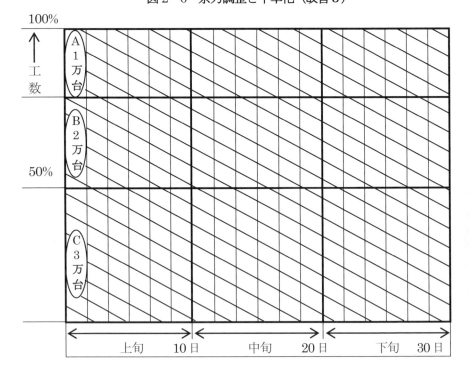

もっと徹底的に細分化して,「同一ラインで"A＝1台, B＝2台, C＝3台"を組み合わせて, セットで繰り返し生産すれば, 製品のストックは最小限になる。これはトヨタ生産方式が採用している"製品ミックス生産"による『平準化生産ライン』の形態である」。このイメージを"専用ライン"と比較して図2-7（改善4）に示す。(注) 図では車種別の台数比率をA＝8, B＝4, C＝2, D＝1, E＝1に変更。

図2-7 「専用ライン」と「平準化混流生産ライン」（改善4）

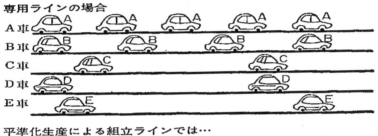

(出所) 日本能率協会 (1978), 84頁

必要数からタクトタイム（サイクルタイム）が決まると, 例えば, 「専用ライン」のA車は2分に1台, B車は4分に1台, C車は8分に1台, D車とE車は16分に1台, 組立てればよい。A～Eの5ラインをまとめると, 図の下のようになる。その結果, "量と種類"の平均化が可能になる。これが「平準化混流生産」である。

― ＜平準化はトヨタの独創性＞ ―

以上のように, トヨタ生産方式では次の2点を徹底して考察した。

① "需要の状態"を徹底的に追求する
② "ストック"を持たないで「余力の平均化」ができないかを徹底的に考える

その結果,「余力調整とストックの存在は, 二律背反的な現象である」という従来の考え方を超越して"平準化"という新しい形の「**余力調整方式**」, すなわち"量の平均化"と"種類の平均化"を導き出したことにトヨタ生産方式の独創性がある。

3 分割生産とミックス生産

このような「平準化生産」を行うためには，計画からの平準化すなわち「**平準化計画**」が不可欠である。そこで次に生産計画について述べる。

(1) 余力計画の性格

従来の生産管理方式では，一般に「余力計画」を次の3段階に区分している。

① **大日程計画**……1年間の余力計画
② **中日程計画**……1月間の余力計画
③ **小日程計画**……1～3日間の余力計画

これらの余力計画は"予想の計画"だったり，「実施の計画」だったりする。それらは，次の関係によって決まる。

受注工期（D）：生産工期（P）

一般的には，

① 大日程計画は，長期に渡るため需要予測などに基づいて「**推測的計画**」を行うことが多い。
② 中日程計画は，"受注確定"が"生産工期"よりも早く決まれば「**確定的計画**」が可能になる。そうでなければ「**推測的計画**」になる。
　一般に「1ヵ月分の計画を決める」と，「月の前半では"確定的計画"ができるが，後半になると"推測的計画"になり，生産計画の変更が多発して混乱する」ことになる。
③ 小日程計画は，短期間の計画であるが"受注確定"時期が"生産工期"よりも長いと「**推測的計画**」になる。

このように，「"推測的計画"をするか"確定的計画"をするかは，"計画期間の長短"には関係なく，"受注決定の先行度"と"生産工期"との関係によって決められることになる」。そして，① **推定的計画＝見込生産**。② **確定的計画＝確定生産**と言うことができる。もしも，「その計画の本質が"受注生産"であり，確定的な性質であっても受注決定の先行度が生産工期よりも短ければ，我々はそれを"**見込生産**"として行わなければならない」ことになる。このように「**受注工期：生産工期**」の関係によって，左右されるのである。

つまり，受注工期（D）＜生産工期（P）の場合には，大日程・中日程・小日程のどの計画でも"**推測的計画**"になる。逆に，受注工期（D）＞生産工期（P）の場合には，どの計画でも"**確定的計画**"になる。従って，"**生産工期（リード**

タイム)”の大幅な短縮が不可欠である。
(注) 生産工期のことを「リードタイム」(Production Lead Time) とも言う。以降では，主にリードタイムを使うことにする。

(2) 製品在庫の削減

我々が"見込生産"を行う以上，「推定が100%実現される」という保証はない。従って，製品在庫の発生を避けることができない。また売れなければ「死蔵在庫」（デッド・ストック）になって大きな損失を蒙るかも知れない。従来は「何とかして"受注決定の先行度"を大きくしよう」と努力していたが，需要者側にも事情がある。まして一般消費者が購入する商品であれば，「購入される商品の種類，数量，時期」は，全て"不確定要素"である。このような場合，「"見込生産"以外には，対策はない」と諦めていたのではないだろうか？

ところがトヨタ生産方式では，「根本的に"見込生産"ではなく，"受注生産"を志向しよう」という基本方針を打ち出したために，"受注決定の先行度"を大きくするのではなく，"リードタイムの徹底的な短縮"を志向した」。そのために次のような対策を考えた。
① "シングル段取りの採用"によって「小ロット生産」を行い，リードタイムを大幅に短縮する。これにより"受注の変化"に迅速に対応する。
② "等量化，同期化，1個流し"によって，リードタイムを圧倒的に短縮する。
この方式では，次の2点から「製品在庫（ストック）」を大幅に削減できる。
① 受注決定後に生産を着手できる。
② 短い先行度での推定であるため，その確率が向上する。

(3) 分割生産方式と計画単位

しかし，いかに"リードタイム"を短縮しても，「余力計画の設定期間が長期になる」と，"推測的計画"を行わざるを得ない。例えば，「リードタイムが"3日"だったとしても，"1ヵ月間を予測して生産計画を組む"のであれば，月の後半の計画は，受注決定の先行度を超えるために，"推測による計画"になる」。従って，製品在庫を削減しようと考えるならば，「"リードタイムの短縮を行う"と共に，"生産計画の確定期間を短くする"」ことが重要になる。そこで従来は，「"1ヵ月"を生産計画の確定期間としていた」のを改めて，次のような「分割生産方式＝SPS

方式（Segmental Production System）」を採用した方がよい。
例えば，生産計画の確定期間を，次のように決める。
　① 半月間，② 10日間，③ 1週間，④ 1日間
この場合でも，材料計画，設備計画，人員計画…等のためには，「**1ヵ月分の生産計画を予告する**」。更に，「**3ヵ月分の生産予定数**」を内示（または生産予定数）として予告することが必要である。そして，
・確定計画は，分割して"適正な先行度"で「半月単位，10日単位，1週間単位，1日単位」で示す（"適正な先行度"は"リードタイム"に影響されるため）。

＜事例13＞　予定計画と確定計画[16]
　A電器では「**10日間計画**」を採用しているが，
・先月の15日に「1ヵ月分の予定計画」を示す。
・先月の25日に「上旬分の確定計画」を示す。
・今月の5日に「中旬分の確定計画」を示す。
・今月の15日に「下旬分の確定計画」を示す。
というようにして，従来の「**A製品を1ヵ月分まとめて生産する方法**」を改めて，
・A製品を「**各旬**」ごとに分散して生産する。
・計画を作成する前であれば，1ヵ月分の予定に入れないで，受注に対応して修正することにした。その結果，
・「工場の完成品在庫」と「営業所の在庫」を"**1/2以下**"に削減できた。
・営業所の修正要求に対しては「翌月」にしか対応できなかったのが，次の「**旬**」に生産できるため，**納入不足（納期遅延）**が大幅に減少した。
この結果，"**資金の回転率**"が大きく向上したのである。

＜参考＞
トヨタでは上のように「**旬単位計画**」を採用している。しかし"分割生産方式"は，次は「**週単位計画**」が採用されるだろう。なぜならば我々の生活サイクルが週単位になっているからである。この場合，「月区分と週区分との差の調整をどうするか？」が課題になる。更に"**1日単位計画**"にすることも考えられる。従って，"計画の弾力性の向上"や"段取り替え時間の短縮"を徹底して行い，"小ロット化"して「**リードタイムを短縮**」する必要がある。

(4) 分割生産方式と小ロット生産方式

　これまでは，①"分割生産方式"は，"確定生産計画の期間"を分割することである，と説明してきたが，②"**分割生産方式**"は，"**生産ロットを分割する小ロット生産方式**"である，という点にもっと大きな意味がある。ただし，生産単位を分割して"小ロット生産"を行えば"段取り替え"が頻発するので，"**段取り替え時間の短縮**"すなわち"**シングル段取り**"の採用が前提条件になる。
　例えば「**組立ライン**」では，次のような適切な対策を予め講じておく必要がある。

- 次の組立部品を「外段取り」で，予め加工ラインの側に供給しておく。
- 治工具や機械を「ワン・タッチ方式」で段取り替えが出来るようにしておく。
- 作業者を訓練して，「新しい作業への順応」（多能工）が容易に出来るようにする。
- 順次点検や自主検査，"ポカヨケ"の適用によって"誤欠品"や作業ミスを防止する。

　最近の「組立ライン」では，多くの工場が「組立パレットの切り替えが，空白なしで早く完了する」という実績を示している。しかし，いくら切り替えが早くなっても，「A製品とB製品の"組立のタクトタイム"が違うと，その差に基づくロスが発生する」ことになる。例えば，
　① A製品……タクトタイム＝30秒
　② B製品……タクトタイム＝25秒
ということになると，「完全に切り替わるまでの工程では，遅い方の"30秒"で流さざるを得ない」ので，「工程数が多ければ多いほど，損失時間が多くなる」。この現象は次の両方の場合に発生する。
　① 早いタクトタイムから，遅いタクトタイムに切り替える。
　② 遅いタクトタイムから，早いタクトタイムに切り替える。
つまり「"小ロット"にして切り替えを多くすれば，損失時間が増加する」ことになる。

　そこでトヨタ生産方式が採用したのが，次の方法である。
　① 異種の製品を組み合わせて流す……"**製品ミックス生産**"である。
　② この方式では，A製品とB製品を組み合わせて流すので"タクトタイム＝

30+25＝55秒"で流れる。従って，「切り替えの損失時間は発生しない」。
③ ただし，長いタクトタイムの製品が流れるとき，作業者は少し移動しながら作業をしなければならない。

トヨタ生産方式では，A＝3台，B＝2台，C＝3台，と言うように，多くの組み合わせで"組立車輌"が流れており，より"複雑な形での製品ミックス生産"が採用されている（先に示した図2-7「平準化混流生産ライン」を参照）。

（5）完成品メーカーの生産計画の平準化 [17]

平準化のためには**"生産量と種類"**の平均化が必要である。この方法では大幅に変化する可能性のある顧客からの注文を，受けた順に製品を造るのではなく，一定期間に受け付けた注文をまとめた上で，毎日の"生産量と種類"が一定になるように「平準化した計画」を作成して生産する。

一方，トヨタ生産方式では，最初からロットを小さくして顧客が欲しいものを造るのである。真の"1個流し生産"では，製品AとBを実際の顧客からの注文の順番どおりに造ることができる（例：A，A，B，A，B，B，B，A，B…）。

このように実際の注文受付の順番でつくる場合の問題点は，**生産のペースにムラ**ができてしまうことである。これを平準化するためには，実際の顧客からの注文を集計して**"生産量"**と**"製品ミックス"**のパターンを読み取り，毎日平準化された計画をつくる。例えばAを3台あたり，Bを3台つくる必要があるとする。この場合，平準化された生産計画とはA，B，A，B，A，B…となる。これは「**平準化混流生産**」と呼ばれる。

このような平準化生産には，次の2つの利点がある。
① 「製品在庫を最小にする」ことができる。
② 「上流工程（前工程）や部品メーカーに対して，平均した負荷を与える」ことができる。

この製品の「数量と種類」を平均化して平準化する方法は，自動車や自動車部品以外にも応用できる。以下では「**中品種中量生産**」の事例を考察する。

＜事例14＞ 中品種中量生産の非平準化と平準化：芝刈り機用エンジンの例 [18]

次頁の図2-8は芝刈り機用エンジン工場の平準化する前の生産計画である。

図2-8　伝統的な生産（非平準化）

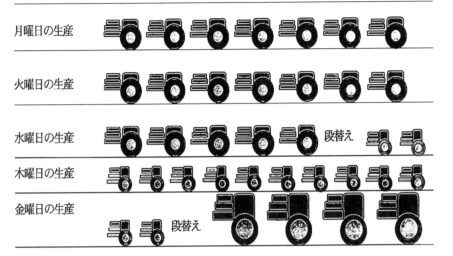

(出所) J.K.Liker (2004),（上）225頁

　この場合，生産ラインでは**小型，中型，大型の3種類のエンジンを生産してい**る。「中型エンジン」が一番売れているため，週の前半の月曜日から水曜日の途中までの間に生産される。次にラインを「小型エンジン」に切り替えるのに数時間かかり，その生産は水曜日の残りから金曜日の午前中まで続く。最後に，一番需要の少ない「大型エンジン」が金曜日の午後に生産される。このような**平準化されていない生産計画**には，次の4つの問題点がある。

① **顧客は通常，製品を予定通り購入しない**

　顧客は，週のどの日でも中型と大型のエンジンを購入する。だから，顧客が予想外に多くの大型エンジンを週の初めに購入することになれば，工場は困る。この問題は，各種のエンジンの「完成品在庫」を持つことで回避できるが「多額の在庫コスト」がかかってしまう。

② **製品が売れ残る恐れがある**

　工場が月曜日から水曜日の間につくった「中型エンジン」をすべて売り切らないと，在庫として保管しなければならない。

③ **資源の使い方がアンバランスになる**

　サイズごとにエンジンの製造に必要な作業時間は異なり，大型エンジンに必

要な作業時間が一番長い。そこで工場としては，週の前半には「中くらいの労働力」が必要で，週の半ばには「少ない労働力」，そして週の終わりには「多くの労働力」が必要である。これでは，ムダとムラが多く発生する。

④ **上流工程（前工程）に対して平準化されない需要を要求する**

これが**最も重大な問題**である。工場は3種類のエンジン用にさまざまな部品を買っているため，部品メーカーに対して月曜日から水曜日まではある部品を納入するように，それ以降は別の部品を納入するように指示する。経験によれば，顧客の需要は常に変化しエンジン工場は当初の生産計画通りに生産できなくなる。たぶん，"**製品ミックス（種類）**"に大きな変更がかけられる。例えば，**大型エンジン**の予想外の大型受注が入れば，ある週はそればかり作ることになるだろう。そこで**部品メーカー**は，最悪の事態に備える必要があり，「**3種類のエンジンに必要な全部品の一週間分の在庫**」を持たざるを得なくなる。

図2-9は，改善後の**芝刈り機用エンジン工場の平準化後**の生産計画である。

図2-9　混合モデル生産（平準化）

(出所) J. K. Liker (2004)，(上) 227頁

この主な改善点は次の3つである。
① 必要な全ての部品を,少量ずつ組み立てラインの作業者の手元に「フローラック」(傾斜した棚板の一方から部品を入れて,反対側に部品を供給する棚)を使って配る。
② 3種類のエンジンを組み立てる「工具」を,全てラインの上から吊るす。
③ どのサイズのエンジンでも保持できる「フレキシブルなパレット」を考案する。

そうすることで「段取り替えが全く不要」になり,この「混流生産ライン」では任意の順序でエンジンを組み立てることが可能になった。この結果,この工場では3種類のエンジンを,顧客の注文した"製品ミックス"に対応した「平準化されたパターンで生産できる」ようになった。

(6) 平準化生産計画の利点
　平準化生産計画の利点は,次の4つである。
① 顧客が欲しいものを欲しいときに造るフレキシビリティ
　これによって「工場の在庫」とそれに伴う問題がなくなる。
② 売れ残りが発生するリスクの低減
　工場は顧客が欲しがるものだけを造ることができるようになり,「在庫を持ち保管するコスト」がかからなくなる。
③ 人(労働力)と設備のバランスのとれた利用
　エンジンの機種により必要な人(労働力)や設備能力に差があることを考慮して,「作業標準と平準化生産計画」を作成することができる。作業時間が余計にかかる大型エンジンの次に,また大型エンジンを持ってこない限り,作業者は作業をこなすことができる。
　一度,工場がこのような考え方に転換して「生産計画を平準化」すると,一日中「工程間の作業のバランス」がとれ,うまく管理できるようになる。
④ 上流工程(前工程)や部品メーカーに対する平準化された需要
　工場が上流工程(前工程)や部品メーカーに対して「ジャスト・イン・タイム」を適用しており,部品メーカーが毎日多数回,部品を納入するようになっていると,部品メーカーは安心して「平準化された注文」を受け取ることができる。これによって「部品メーカーの在庫」を減らし,そのコスト削減を納入先に還元できるため,「平準化のメリット」を全員が享受できる。

従来の「まとめ（バッチ）生産方式」の狙いは，各生産設備の量産効果を最大にすることである。製品Aの生産を製品Bの生産に切り替えるのに"**段取り替え**"を行うのは，その間，部品の製造が行われないのでムダのように思える。また，段取り替え中も設備を保有するコストはかかっている。そこで，製品Bに切り替える前に製品Aを大量に生産することが最善の方法に思われるだろう。しかし，この方法では「**平準化**」が達成できない。

（7）部品メーカーの生産計画の平準化：部品メーカーが持つ在庫の役割 [19]

　「**生産計画を平準化**」することは，価値の流れ全体に大変なメリットをもたらす。例えば，"生産計画を詳細に立てることができる"とか，"作業の標準化ができる"ということである。トヨタの優秀な部品メーカーは，トヨタの"**部品需要が平準化**"されているという前提で「**生産計画**」を立てる。部品メーカーが夜も安心して眠れるのは，トヨタが非常に信頼のおける顧客で，「**生産計画を平準化**」してくれるからだ。

　しかし，**多くの部品メーカー**は，所要量が予定より大幅にくるう（トヨタ以外の）顧客を相手に商売している。このような場合には，最低でも「**少しの完成品在庫**」を持つことを勧める。これはトヨタ思考と矛盾しているように見える。しかし，この考え方は「**平準化の重要性**」を考慮してのことである。「**少量の完成品在庫**」は，「**部品メーカーの平準化生産**」が顧客の所要量の急激な変化によって，かき回されるのを防止してくれる。ムダに思えるかも知れないが，この少しの完成品在庫のムダを我慢することによって生産水準を一定に保ち，自社の生産工程とサプライチェーン全体の大きなムダを防止することができる。

（8）製品ミックス生産の利点と欠点

　"製品ミックス生産"の「利点と欠点」をまとめると，次のようになる。
【利点】
　① **余力の平均化**，すなわち「**平準化の向上**」ができる。
　② その結果，上流工程の「**部品工程や協力工場**」に対して"平準化した負荷を与える"ことができる。
　③ もっと大きな効果として，全工程の「**製品在庫を大幅に低減させる**」こと

ができる。
④ 工場が一旦在庫して更に販売部門に送る, という「二重運搬がなくなり, 直行率が向上」する。
⑤ A, B製品をそれぞれ少人数で作業していた場合, 統合して"製品ミックス生産"を行うと分業単位が細分化されるため「能率が向上」する。

【欠点】
① 次々に機種（製品）が変わるため,「作業・動作の誤り」が発生する恐れがある。
② 機種（製品）が変わることにより「誤品取付け」や「欠品」が発生する心配がある。
③ 1台（1個）ごとの切り替えに対して「異なった動作」が必要になる。
などである。そこで, 次のような"対策"を講じる。

【対策】
①「不良を作らない検査」として「ポカヨケ」を取り付ける。これによって「作業・動作のミス」を起こせないようにする。
②「誤品・欠品」を発生させないように「ポカヨケ・アンドン」を取り付ける。
③「共通的な工程」で, 類似の動作ができる「製品の作業を組み合わせる」。
④「共通的な治工具」が使用できる「機種（製品）を組み合わせる」。また「複数の工具の使い分け」,「ワン・タッチで治工具の切り替え」ができるようにする。
⑤ 複数作業について訓練を行い習熟させ「多能工化」する。
⑥ 組立ラインに「部品を小ロットで間違いなく供給する」。

実際に"製品ミックス生産"を実施してみると,"案ずるより生むが易し"であまり問題は発生しない。しかも最初の試行から「10～20％程度の生産性の向上」が期待できる。更に「製品ストックの大幅な低減」ができる。

(9)「分割生産方式」と「製品ミックス生産方式」の比較
① 分割生産方式と製品ミックス生産方式は, 共に「小ロット生産」を行うことによって次の2点で, 程度の差こそあれ全く同じ効果を期待できる。
　・全工程の「製品在庫を低減させる」。
　・上流工程（前工程）の「部品加工工程や協力工場」に対して,"平準化し

た負荷を与える"。

② 製品ミックス生産方式は、製品の"**タクトタイムの差**"を吸収できるという利点があるが、反面"**頻繁な作業切り替え、治工具の切り替えや使い分け等**"の欠点があるので、十分な準備と訓練を行ってから実施しないと損害を出してしまう。

③ トヨタ生産方式では、車（製品）が高価なこと・大きいことによる"製品在庫のロス"が大きいため、"製品ミックス生産"の困難性を克服して採用している。これは、"分割生産方式の究極の方式"と考えることが出来る。ただし"**効果が大きいと共に困難性も大きい**"ので、準備不足のまま模倣することは危険である。

④ 従って、**一般の工場**では"ミックス生産方式"を採用しなくても、"**分割生産方式**"の採用によって満足すべき効果が期待できる。

<生産の本質を理解する>

「生産は"見込生産"しかできない」ので製品在庫が発生してもマーケットの変動なので仕方がないと諦めないで、「生産の本質は"**確定受注に追随すること**"である」と考える。次に「リードタイムを圧倒的に短縮する」。

更に、あらゆる困難を克服して"原価低減"を行う。その中枢は"**小ロット生産**"であり、そのためには"**段取り替え時間の圧倒的な短縮**"による"シングル段取り"または"ワン・タッチ段取り"の採用が重要である」ことを正しく理解する必要がある。

（10）多品種少量生産の平準化生産計画

上では平準化のためには「生産量と種類」の平均化（製品ミックス）が必要であると述べた。しかし**多品種少量生産**では、更に「時間（工数）」[注]の平均化が必要である。注）一般的には「1分間の仕事量＝1工数」で表す。

<事例15> 多品種少量生産の平準化・・・舶用メカニカルシールの例

多品種少量生産の事例として、舶用メカニカルシールの組立ラインの「**平準化生産計画**」を紹介する。この組立ラインの特徴は次の3点である。

① 40種類以上の製品が[注]、どれでも生産できる「共通のセル生産ライン（縦流れライン）」である。そのために「多能工による多工程持ち」を行う。
　　注）厳密には222種類あるが、この中の46種類を共通ラインで生産する。
② 前工程の部品加工と連結しているので、「部品の同期化」ができる。
③ 「量（個数）と種類」に加えて「時間（工数）」を平均化している。

そうすることで、「リードタイムが大幅に短縮」され、40種類以上の製品を顧客の注文に合わせて「平準化したパターンで生産できる」ようになった。これを図2-10に示す。

図2-10　組立ラインの平準化生産計画

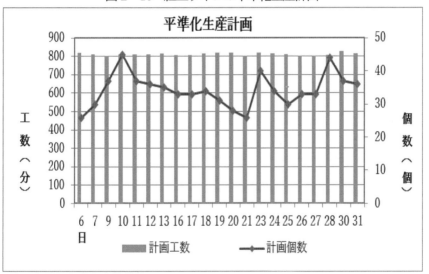

図を見ると、「計画個数」は日々の差が大きい。つまり日産個数が平均化されていない。これは「量（個数）と種類（サイズ）」を平均化しているためである。
　一方、「計画工数（分）」は日々の差が小さいことが分かる。以上のことから、多品種少量生産では「数量と種類」に加えて「標準工数（分）」による平均化が必要であることが分かる。
　この組立工程の「**標準時間（標準工数）**」の求め方については、第5章第5節で詳述する。

（11）上流の前工程や部品メーカーの平準化生産計画

上流の前工程や部品メーカーでは，部品の「量と種類の平均化」に加えて「**標準加工時間（標準工数）**」を作成し，負荷積み・負荷調整して平準化することが重要である。これは「ネック工程」を最優先する。「**標準加工時間（標準工数）**」の求め方については，第6章第3節で詳述する。

第3節　能力の弾力性の向上 [20]

トヨタ生産方式では，需要量の変動に対して，極力"**人員の増加**"を行わないで対処することが原則である。従って，1ヵ月間の中での負荷の変動は"**ミックス生産**"による「**平準化生産**」を考えている。それでも吸収できないときには「負荷の最低量に対する人員を確保しておいて，負荷の増加に対しては"**残業**"とか"**間接人員の応援**"などによって補充する」ことにしている。

一方，長期間でかつ負荷量が多いときは，「ある期間にわたって"**協力企業からの応援**"や"**臨時工**"を雇う」場合がある。このような場合には「新入の作業者が"**3日間で1人前の仕事**"ができる"というように，作業を改善し容易にしている」のである。

仕事の負荷の増減に対しては，次のように対応する。まず，負荷が増加した場合には「1人当り"**機械の持ち台数**"を減らし，"**機械の稼働率**"を上げて，1日当りの**生産量を増やす**」。つまり，平常の場合は「"**機械の稼働率**"に**余裕**を持たせている」のである。次に，負荷が減少した場合には，以下のように対応する。

① 負荷の減少に相当する"**人数**"を必ず減らす。
② 1人当りの"**機械の持ち台数**"を多くする。
③ 減らした"**人員の有効活用**"を考える。例えば"機械の手入れや段取り替えの練習"，改善のための"治工具や装置をつくる"など。

この対応については，より「**効果的な方法**」を考える必要がある。例えば「"**機械をプレ・オートメーション化**"（ニンベンのついた自働化）することにより，"**負荷が多いときは無人運転時間を延長する**"，"**負荷が少ないときは無人運転時間を短縮する**"ようにして，工数のみを有効に活用する」。このような対策が最も効果的である。

● 小括　平準化生産のまとめ

　平準化とは，物を平均して造ることである。平準化生産は，トヨタ生産方式の大前提である。つまり，平準化生産でなければトヨタ生産方式は成立しない。そのためには"**量の平均化**"と"**種類の平均化**"が不可欠である。その究極の姿が「"**製品ミックス生産方式**"**による余力調整＝平準化**」である。それは「**計画からの平準化**」でなければならない。

　また「少品種大量生産」と「中種中量生産」および「多品種少量生産」のいずれの場合も，"平準化生産"が適している。特に「多品種少量生産」では，数量と種類」に加えて「標準工数（分）」による平均化が必要である。

　平準化生産には，要約すれば次の２つの利点がある。
① **自社の製品在庫を最小にする**ことができる。
　・顧客が欲しいものを欲しいときに造ることができる。
　・売れ残りが発生するリスクを低減することができる。
　・人と機械の能力をバランスよく利用することができる。
② **上流工程（前工程や部品企業）に対して，平均した負荷を与えること**ができる。

　このように，「製品在庫を認めないで，余力調整を行う"**製品ミックス生産方式**"**を導入した**」ことが，新しい考え方の"**平準化**"として認識されるべきであろう。そしてトヨタ生産方式では，上流工程（前工程や部品企業）への"**余力の変動を波及させない**"ことが最大の利点として注目されているが，それよりも"**圧倒的なリードタイムの短縮**"によって，上流工程を含め「**全工程の仕掛り在庫と製品在庫を最小にした**」ことの方がより優れている。

　以上，第２章では生産計画の観点から『平準化生産』について考察した。第３章の『工程の改善』では，工程の４つの現象（加工・検査・運搬・停滞）の改善について考察する。その中で，"リードタイムを圧倒的に短縮"して「製品在庫を最小」にするための具体的な生産手段について考察する。

■ 補足4：混流生産方式（製品ミックス生産方式）[21]

トヨタ生産方式では，平準化生産の流し方として1ラインに5種類を流す「混流生産方式」（製品ミックス生産方式）を採用している。その要領を記す。

① 受注の仕方はオプション方式で(注)，各営業所からユーザーごとに車種，色，タイヤ，ラジオ，シート，仕向地，アクセル形式，ブースター，ヒーターなどの情報が集まってくる。

　注）受注オーダーを入力して，製造オーダー作成，ひも付けを行う方式。

② これを営業所，仕向地，納期その他をコンピュータで整理，分類して生産計画を立てる。

③ コンピュータで立てられた順序計画は，指令室より組立ラインにインターライターを利用して打ち出される。これを図2-11に示す。

図2-11　組立ラインへの指令

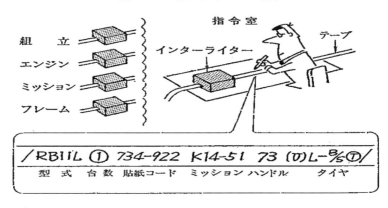

（出所）日本能率協会（1978），122頁

インターライターは一種の電送装置で，1台1台の型式やミッション，タイヤなどを書き込み，これを指令室から組立，エンジン，ミッション，フレームなどの工程に送る。各工程では電送されたテープから次に何を作るかが分かる。

このようにタクトタイム（サイクルタイム）で情報を出すための手段として，組立ラインではインターライターを利用し，他の工程ではカンバンを利用する。

④ このときの順序計画は，1ラインに5機種，混合組立（製品ミックス生産）する。

例えば，A，B，C，D，Eの5機種を同じラインで流す場合，タクトタイム（サイクルタイム）を計算して，混流方式で流す。
具体的には，1ヵ月20日稼働，1日480分として，
・サイクルタイムを計算する（サイクルタイム≦タクトタイム）。
・サイクルタイムに合うように，各工程を改善して「同期化」する。
・サイクルタイムに合わせて流す。例えば，10分単位にAを5台，Bを2.5台，Cを1.25台，DとEを0.63台，というようなサイクルで流す。
これを図2-12に示す。

図2-12　「平準化混流生産ライン」

車種	生産量／月	日産量	サイクルタイム	流し方
A	4,800	240	2分	5台／10分
B	2,400	120	4分	2.5台／10分
C	1,200	60	8分	1.25台／10分
D	600	30	16分	0.63台／10分
E	600	30	16分	0.63台／10分
計	9,600	480		

このような平準化生産は，「組立ライン」だけではなく「部品の加工ライン」でも同様に可能である。

＜事例16＞　ギアの平準化生産[22]

ある工場では，1人で16台の機械を受け持ってギアの仕上げ加工をしている。この16台の機械は切削や研磨など別々の作業をする。いわゆる「多工程持ち」である。これを次頁の図2-13に示す。

作業者が1番目の機械から加工済みのギアを外してシュートに入れると，2番目の機械の前に転がっていく。次に，作業者は1番目の機械にギアを1個セットして2番目の機械に移る。そのとき1番目と2番目の機械の間にあるスイッチを入れると，1番目の機械が動き出す。

2番目以降の機械でも同じ作業を繰り返しながら，16台の機械を5分で一巡りすると1個のギアが完成する。

このギアを使う自動車が5分に1台売れるのであれば，このギアの**タクトタイム（サイクルタイム）は5分**であり，それ以上作る必要はないのである。

図2-13　ギアの平準化生産ライン

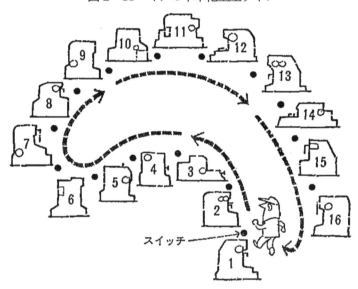

(出所) 日本能率協会 (1978)，81頁

■　補足5：トヨタ生産方式とMRP-IIシステム[23]

アメリカやヨーロッパの企業では，生産管理方式として「**MRP**（Material Requirement Planning：資材所要量計画）」が盛んに採用されている。MRPとは，部品表と基準生産計画をもとに資材の所要量を求め，これを基準に資材の発注～納入～出庫をコントロールするシステムである。わが国でも多くの企業が採

用している。最近では更に進んで **MRP－Ⅱ**（Manufacturing Resource Planning：生産資源計画）と呼ばれ，MRP を生産能力計画，人員計画，物流計画までカバーするシステムになっている。要約すれば，MRP は資材購買だけだったが，MRP－Ⅱは生産から出荷までカバーした MRP の改良版である。

MRP－Ⅱでは生産計画の指示が，中央の計画立案部門から部品のリードタイムのデータによって全工程に同時に指示されるので，「**プッシュ方式**（押し出し方式）」と呼ばれる。一方，**トヨタ生産方式**では**平準化生産**を基礎として，後工程の必要数量がカンバンによって前工程に指示されるので，「**プル方式**（引き取り方式）」と呼ばれる。両者の比較を**表2－1**に示す。

表2－1 トヨタ生産方式と MRP－Ⅱ

比較項目	トヨタ生産方式	MRP－Ⅱ
① 特徴	プル方式（引き取り方式）	プッシュ方式（押し出し方式）
② タイムバケット（時間の単位）	基準生産計画＝1日	基準生産計画＝1週間
③ 生産指示	後工程のカンバン	部品のリードタイムのデータ
④ 長所	カンバン枚数以上に在庫がたまらない。リードタイムが短い。	平準化生産が困難な受注生産に適している。
⑤ 短所	平準化生産が大前提	計画と実績の比較・調整が必要。リードタイムが長い。在庫が必要。

MRP－Ⅱシステムの目的は，「限られた生産資源，すなわち，人，物，金を効率的に運用する」ことである。この点は他の管理手法の目的と同じである。その最大の特徴は「**コンピュータを駆使して，諸条件の中から最適点を見出して管理する**」ことである。最近，トヨタ生産方式と対比して論じられているが，この2つの方式は対立するものだろうか？

「**MRP－Ⅱシステムは，従来の生産管理方式を，そのままコンピュータで処理することによって最適条件を見出す管理方式である**」。しかしシステムが先行してしまい，その基本となる「**生産方式の改善**」についてはトヨタ生産方式のように「**原点的改善**」を志向していない。具体的には次の3点である。

① "段取り替え時間" を大幅に短縮して，"小ロット生産" にすると共に，必要量に "等量化，同期化" して，圧倒的に "リードタイムを短縮" する。
② 部品加工から組立工程まで，一貫した "1個（セット）流し作業" を行う。
③ 受注生産を志向して，後工程からの "引き取り方式" を採用するので在庫が少ない。

従って，トヨタ生産方式とMRP－Ⅱシステムは対立するものではなく，「**トヨタ生産方式の "原点的な生産方式とシステムの改善" を基にして，その上にMRP－Ⅱシステムが得意な "コンピュータを利用して生産管理" を行う**」という関係が望ましい。我々は "コンピュータの利用" という手段に傾斜しすぎて，"本来の生産方式の改革" を見失わないようにしなければならない。

● 注

[13] J.K.Liker（2004,（上）93－95頁）を要約した。
[14] 新郷重夫（1980, 185－200頁）を要約。
[15] 新郷重夫（1980, 194頁）を要約し加筆した。
[16] 新郷重夫（1980, 194頁）より引用した。
[17] J.K.Liker（2004,（上）223頁）を要約し加筆。
[18] J.K.Liker（2004,（上）223頁－228頁）を要約。
[19] J.K.Liker（2004,（上）229－231頁）を要約。
[20] 新郷重夫（1980, 295－296頁）を要約。
[21] 関根憲一（1980, 224頁），日本能率協会（1978, 122－123頁）を要約。
[22] 日本能率協会（1978, 81－82頁）を要約。
[23] 新郷重夫（1980, 281－283頁）を要約し加筆。

第3章　工程の改善

　本章では，新郷（1980）と大野（1978），日本能率協会（1978）およびLiker（2004）等の文献サーベイを通して「**工程の改善**」の要点を記述する。工程には「加工・検査・運搬・停滞」の4つの現象がある。従って工程の改善とは，この4つを改善することである。**第1節**では「**製造改善の切り口**」について述べる。**第2節**では「工程の内容」，**第3節**では「加工の改善」，**第4節**では「運搬の改善」，**第5節**では「つくり過ぎのムダの排除」，**第6節**では「日程管理とジャスト・イン・タイム」について考察する。**第7節**では「停滞の改善」について詳述する。**第8節**では「シングル段取りの採用」，**第9節**では「検査の改善」について詳述する。**第10節**では「能力の弾力性」について述べる。

第1節　製造改善の切り口：「ムダ取り」　[24]

　製造改善では，まず「付加価値を生まない仕事」を排除する。その後「付加価値を生む仕事」を改善する。この順序が大切である。従って製造改善の切り口は，「**付加価値を生む仕事（工程・作業）**」と「**付加価値を生まない仕事（工程・作業）**」に区分することである。そして「**付加価値を生まない仕事（工程・作業）**」を排除する，つまり「**徹底してムダを排除する（ムダ取りを行う）**」のである。

1　付加価値を生む仕事（工程・作業）と付加価値を生まない仕事の見分け方

　「付加価値を生む仕事（工程・作業）」と「付加価値を生まない仕事（工程・作業）」を見分ける際のポイントは「**顧客の視点に立って仕事のプロセスを見直す**」ことである。必ず「**顧客はこの工程（工程・作業）から，何を欲しがっているのか**」という質問から始める。顧客とは，**社外の最終顧客**と**次工程以降の社内顧客**の両方を指す。これは，製造，情報処理，サービスといったあらゆる業務に適用できる。

2　工程改善の切り口：付加価値を生まないムダを時系列で把握する

　次頁の図3-1は「鋳造，切削加工，組立」の3工程からなる生産ラインにおける**ムダを時系列**に示している。工程の**大半はムダな時間**であることが分かるであろう。

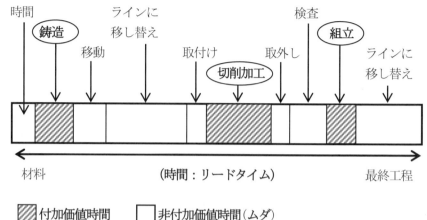

図3−1 価値システムの中のムダ

(出所) J. K. Liker (2004), (上) 89頁より一部修正

- **付加価値時間**は全体の中で少ししかない。従来の改善は付加価値時間だけに着眼する。
- **新しい改善思考**は，非付加価値時間を減らすことに着眼する（**価値の流れ**に目を向ける）。

このような新しい観点から言えば，どんな改善をする場合でも，最初にやるべきことは，社内外における仕事のプロセスの中を**材料**(または書類や情報)がどのように**回り道**をしているかを表す「**価値の連鎖**」を**時系列で図示する**ことである。
(注) IEの「製品工程分析」は本章第2節で詳述する。

図3−1の要点は，私達が単純なモノを加工するシステム(プロセス)を「**付加価値時間がほとんど分からないほど，引き伸ばしてしまっている**」ということである。すなわち，それだけ「**改善の余地が大きい**」と言える。

3 作業改善の切り口：付加価値を生まないムダな作業を把握する

ここでは，トラック用シャーシーの組立ラインでの作業・動作を例にとる(図3−2参照)。

図3-2　トラック用シャーシーの組立ラインのムダ
① 部品を組立ラインに運ぶ
② 部品を取りに行き，8メートル歩く
③ 部品に手を伸ばす
④ 部品を取り付けるボルトを取る
⑤ 組立ラインのシャーシーまで8メートル歩く

付加価値を生む → ⑥ シャーシーに部品を取り付ける
⑦ 電動工具を取りに行く
⑧ 電動工具に手を伸ばす
⑨ シャーシーに部品を取り付けるため，歩いて電動工具を引っ張る
⑩ 部品のほうに電動工具を下ろす

その他はすべてムダ，⑪ 部品にボルトを取り付ける
付加価値を生まない ⑫ 電動工具でシャーシーのボルトを締める
⑬ 次の部品を取りに8メートル歩いて戻る

(出所) J.K.Liker (2004)，(上) 87頁

　一般的な工場では，顧客の視点から見て製品に「付加価値を生んでいる作業」は少ない。この例では，13作業のうち⑥⑪⑫の3作業が付加価値を生んでいるにすぎない。ここで重要な「改善の着眼点」は，N（無くす）・H（減らす）・K（兼ねる）・K（変える）だ。つまり付加価値を生まない作業の改善は「N（無くす）・H（減らす）」。付加価値を生む作業の改善は「K（兼ねる）・K（変える）」だ。しかし付加価値を生まない作業の中にも必要なものが含まれている。例えば，③の部品に手を伸ばす，⑧の電動工具に手を伸ばす，という動作だ。この「改善の着眼点」は，部品や工具を，製品を組み立てる位置の近くに配置して，「付加価値を生まない作業の時間を最小化すること」である。
　(注)『作業の改善』は第4章で詳述する。

第2節　工程の内容 [25]

　生産の成り立ちから考えて，「工程の改善」は「作業の改善」の前に行うべきである。工程とは"材料から製品に至るまでの流れ"である。工程には次の4つの現象がある。

①加工，②検査，③運搬，④停滞（工程待ち，ロット待ち），である。この中で「付加価値を高める現象は"加工"だけ」である。次に，この4つの現象の内容を述べる。

① **加工**……変形，変質，組立，分解
② **検査**……標準との比較
③ **運搬**……位置を変化させる
④ **停滞**……加工，検査，運搬を行わず，単に時間だけが経過する

この中の「**停滞**」は，更に次の2つに分けられる。

・**工程待ち**…ロット全体が，先行するロットの加工・検査・運搬が作業中のため待っている状態。
・**ロット待ち**…ロット作業の場合，1個目が加工されているとき仲間のロットが待っている状態。これには"未加工と既加工"の2つがある。なおロット待ちは検査・運搬についても同様に発生する。

ギルブレス（Frank Bunker Gilbreth, Sr.）は，工程の現象に次のような記号を与えている。

$$\left[\begin{array}{l} \cdot 加工 \quad \bigcirc \text{（大きな丸）} \\ \cdot 検査 \quad \diamondsuit \\ \cdot 運搬 \quad \circ \text{（小さな丸）} \\ \cdot 停滞 \quad \triangledown \text{（工程待ち } \triangledown \text{，ロット待ち } \maltese \text{）} \end{array}\right]$$

次に，実際の場合を想定して考えて見よう。

① 角棒の材料が納入されて，受入検査のところに「▽」した。
② 受入検査係が「◇」して，また暫く「▽」した。この場合「◇」は「✡－◇－✡」の状態で行われた。
③ 切断機の所に，1回で一束をフォーク・リフトで「○」して，ここに「▽」した。
④ 切断機で150mmに切断「○」をした。これは「✡－○－✡」の状態で行われた。
⑤ パレットに5箱入れて「▽」した。
⑥ フォーク・リフトで，1箱ずつ鍛造の材料置き場に「○」した。繰り返し5

箱，運んだので「✡－○－✡」の状態で行われた。
⑦ 1箱の切断材料を，鍛造プレスのところに「○」した。ここで暫く「▽」した。
⑧ 切断した1本の材料を，次々に重油炉で加熱「○」し，1個ずつシュートでプレスに「○」して鍛造「○」を行い，トリミングプレスに「○」して，バリ取り「○」をしてパレットに入れた。この場合は「✡－○（加熱）－○－○（鍛造）－○－○（バリ取り）－✡－▽」となる。この場合，「加熱－鍛造－バリ取り」の間は，"1個流し"なので「✡」は存在しない。
⑨ その後，「熱処理－機械加工－組立」を行うが，全部，この「○，◇，○，▽，✡」で表現できる。

IEでは，この分析手法を「製品工程分析」と呼んでいる。次頁の**図3-3**に「製品工程分析」の一例を示す。この図では**工程待ち**と**ロット待ち**を区分していないので，**停滞**の中に両方が含まれている。一見して分かるように運搬の前後に「**停滞**」が発生している。この停滞時間が非常に長い。「**停滞の改善**」は後で詳述する。また，No4のNC加工とNo21の最終検査には「**人**」が多い。

─── <製品工程分析とは> ───

「モノの流れ」を加工・検査・運搬・停滞の4つに分類し，これらを記号で表現して実線で結び図示する手法である。工程分析は間接業務にも応用できる。例えば，設計業務では「図面の工程分析」（製図・検図・入力・停滞）に活用する。設計の事例は第6章第3節で例示する。

これとは対照的に，作業者工程分析は「人の動き」を分析して，人の作業のムダを発見する手法である。第4章末の補足13-1項1-2を参照。

従って，世の中の生産活動を"工程面"から考察すると，次のようになる。
・「材料や製品の姿形が違う」としても，それが"材料から製品に至る流れ"であれば，すべて"**工程**"と考えることができる。
・ただし，対象が違う場合には「工程の数，工程の種類，工程の組合せ」は違うかも知れないが，しかし結局「○，◇，○，▽，✡」に集約されることは全く同じである。

図3-3　単一製品の「工程分析」（1000個のロット作業）

No	工程	加工 ○	運搬 ○	停滞 ▽	検査 ◇	時間(分)	距離(m)	作業者	設備	技術
1	材料置き場に保管			●		3日		S		
2	加工機へ運搬		●			2	6	A,B,C	容器	手動
3	加工待ち			●		60				
4	NC加工	●				120/ロット		A,B,C	NC 5台	自動
5	運搬待ち			●		30			台車	1000個
6	運搬1階 → 2階		●			5	11	T	エレベータ	
7	仮置き			●		60				
8	洗浄場へ運ぶ		●			2	2	H	台車	
9	洗浄待ち			●		60				
10	洗浄前の寸法検査				◆	30				自動
11	洗浄	●				30			洗浄機	
12	防錆場へ運ぶ		●			2	4		台車	
13	防錆機待ち			●		60				
14	脱脂	●				30			脱脂装置	半自動
15	移し替え		●			5	2			
16	防錆	●				30		Q	防錆機	半自動
17	移し替え		●			5	2			
18	乾燥	●				30			乾燥機	半自動
19	検査待ち場へ運搬		●			30	5		台車	
20	検査待ち			●		60				
21	打痕キズ，寸法検査・梱包				◆	30		J,K,L,M		目視
22	運搬待ち			●		30			台車	1000個
23	運搬2階 → 1階		●			9		S	エレベータ	
24	発送場に保管			●		1日				
	合計	240分	60分	4日+6時間	60分	4日+12時間	32 m	11人		

（出所）日本能率協会　中村茂弘氏の分析例より一部修正

従って, "工程の改善" とは,「加工, 運搬, 停滞, 検査の4つを, いかに改善するか」ということになる。以下では, それぞれの改善方法を述べる。更に改善事例を紹介する。

第3節　加工の改善 [26]

「加工の改善」には, 次の3つがある。
①VE的な改善, ②固有技術的（生産技術的）な改善, ③IE的な改善[注] である。トヨタ生産方式は, ③のIE的な改善を進化させたものである。
　注）IE的な改善とは, 4M（材料, 機械, 方法, 人）を上手に使いこなす「製造技術」のことを言う。

VE的な改善は, 例えば「2つの部品をビスで締め付ける構造の設計を, プレスで"一体成型"にする」というように考えたら, 加工方法は全く違うものになる。また「ビスを8本使って締め付ける設計を, 片方は嵌合して"4本のビス"で締め付ける」。更に「鋳造してから切削する設計を, 鋼板の溶接にする」というように変更したら, 加工方法は全く異なってしまう。**ブラケット**[注] の事例を図3－4と図3－5に示す。注）部品同士を結合するための部品

<事例17>　プレス部品のVE：自動車に使用するブラケット

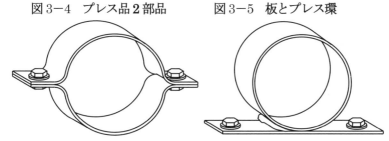

図3－4　プレス品2部品　　　図3－5　板とプレス環

図3－4には「プレス品2部品をビスで締め付ける構造の設計案」を示した。一方, 図3－5には「板とプレス環を溶接する構造の設計案」を示した。VEでは, このように「複数の案」を考えることが望ましい。つまり「必要機能」を満足する案は一つとは限らないので, アイディア発想では「量と質」が求められる。これらの中から「機能とコスト」を比較検討して, 最も優れたVE案を採用するのである。なお, VEの詳細は第1章で述べている。

このように "加工の改善" は **"VE的な改善"** が**第1番目の改善**である。次に**「どんな方法で, その製品を作るか？」**を**第2番目の改善**として考えるのである。

この場合も，次のような"2つの立場"で考える必要がある。
① **固有技術的**（生産技術的）**な改善**……適正な溶解温度・鍛造温度・切削速度・刃物の選定，など。
② **IE的**（製造技術的）**な改善**……真空成型の採用，高速メッキの採用，瞬間乾燥の採用，など。

第4節 運搬の改善[27]

運搬の改善は，まず「"**運搬の改善**"と"**運搬作業の改善**"とは違う」ことを理解する。例えば，「フォーク・リフトを使う。コンベアで運搬する。シュートを利用する」などは実は，"**運搬作業（方法）の改善**"にすぎない。「"**運搬の改善**"とは，"**なるべく運搬しないようにする**"ことであり，それは"**レイアウトを改善**"する」ことである。そして「レイアウト（Layout）の改善とは，"**運搬を 0（レイ）にして out（アウト）**"にする」ことである。

一般の工場では，機械が「機種別配置」のため，「工程が分断」しており「ロット作業」になっていることが多い。このような配置では「工程間（機械間）の運搬」が大変である。そこで「"**製品の工程系列**"に沿ったレイアウトに改善する」。そして工程間（機械間）を"**1個流し**"にする。その結果，運搬工数が低減され，それが機械の稼働率向上に転化されて"**生産性が向上する**"のである。このように，まず「第一義的に"**レイアウトを改善**"して，その次に"**どうしても必要な運搬を機械化**"する」ことを考えるべきである。

また一般の工場では，工程の中の工数比率が，「"加工＝45％，検査＝5％，運搬[注]＝45％，停滞＝5％"」であり，運搬は加工と並んで比率が高い。また「"**運搬**"は"**付加価値を高める仕事**"ではなく，単に"**原価を高める行為**"でしかない」。従って，悪いレイアウトのままで，人による運搬を機械化しても，それは「原価を高める仕事を人から機械に転化した」に過ぎないので，ムダであることに変わりはない。それよりも「**運搬を絶対に排除する**」という強い態度が必要である。IEではレイアウトの分析手法を「流れ分析」と呼んでいる。

注）ここでの"運搬"には，「工程間の運搬」の他に「仮置き・積み替え・移し替え・整列など」を含む。

次頁の図3-6に「流れ分析」の一例を示す。左側が1階，右側が2階である。

図3-6 流れ分析（流れ線図）…図3-3を「流れ線図」にしたもの

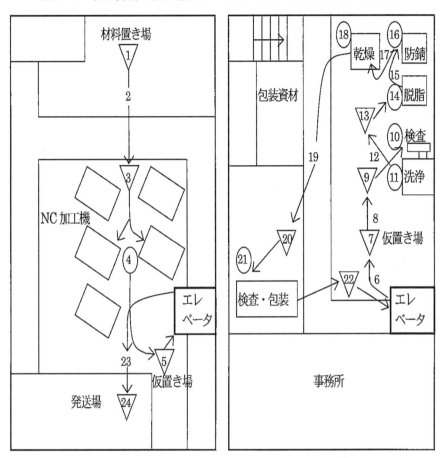

(出所) 日本能率協会　中村茂弘氏の分析例より一部修正

―― <流れ分析とは> ――

　流れ分析とは，前述の「単一製品の工程分析」を基にして物または人の移動経路を工程配置図または機械配置図の上に線図でわかりやすく表現し，建物・機械・作業域の「レイアウトや運搬手段」を検討する手法である。このために作成する図表を「流れ線図」という。

＜工程経路分析とは＞

　工程経路分析とは，前述の「流れ線図」を基にして類似製品がどんな工程を通り，どんな機械を使って作られて行くか，その経路を示したものである。
　これを基にして類似製品をグループ化して「品種別の共通ライン化」を検討する手法である。(注) 工程経路図は章末の補足6を参照。

＜レイアウト改善の着眼点＞

①制約条件なしの場合

- 「制約条件なし」で，全工程のレイアウト改善を考える（新建屋の建造を含む）。…「制約条件あり」を先にすると**"あるべき姿"**が描けない。
- 「物の流れ」（運搬や停滞）と「人の動き」の改善ができるかを，改善前と改善後で「工程数」と「人員」の変化と共に示す。つまり何工程を繋いで「ライン化」し「多工程持ち」にするか，「生産工期」を何日短縮できるかを示す。次に「人員削減」に取り組む。

②制約条件ありの場合

- 「制約条件あり」で，一部の工程のレイアウト改善を考える（現状の建屋のままで）。やりやすい工程を繋いで**「モデルライン化」**する（やりにくい工程は後回しにする）。
- 「物の流れ」（運搬や停滞）と「人の動き」の改善ができるかを，改善前と改善後で「工程数」と「人員」の変化と共に示す。つまり何工程を繋いで「ライン化」し「多工程持ち」にするか，「生産工期」を何日短縮できるかを示す。次に「人員削減」に取り組む。

第5節　つくり過ぎのムダの排除 [28]

1　つくり過ぎのムダとは

　前述のように「工程は"加工，検査，運搬，停滞"の4つから成り立っている。この中で**"付加価値を高める現象"**は**"加工だけ"**である」と言う認識が，トヨタ生産方式では徹底している。従って，"検査，運搬"に対する改善もさることながら，**"停滞"**については従来から，「"停滞"は，工程間に発生するトラブルを緩和するために，有用な性質をもっている」として，"悪ではあるが，それは必要悪

である"とされて来た。

　一方，トヨタ生産方式では「**つくり過ぎのムダ**」の排除を強調している。それは"**多くつくり過ぎ**"[注]ではなく"**早くつくり過ぎ**"のムダを，徹底的に追放すべきだと強調している。

　注)"多くつくり過ぎる"ことは論外であって，そんなことが絶対にあってはならない。

　トヨタ生産方式では，常に「"**つくり過ぎのムダ…ノン・ストック**"」の**本当の目的**は，"**原価低減**"に連なっている。この認識がないとトヨタ生産方式を正しく理解することはできない。そして従来は"**停滞**は必要である"との観念に対して，「**ナゼ"停滞"は必要なのか？**」と真正面から対決して，徹底的に"**停滞の改善**"すなわち"**つくり過ぎのムダ**"を排除したことに，トヨタ生産方式の最大の特徴があると言っても過言ではない。つまり"**つくり過ぎのムダ**"は，次のような悪循環を発生させてしまう！①つくり過ぎのムダ→②二次的なムダ[注]が派生する→③在庫のムダ→④問題点（多くのムダ）を覆い隠す→⑤改善が進まない→⑥**原価低減**ができない→⑦利益が減る。

　注) つくり過ぎのムダは，作業員の多過ぎ・賃金の先払い，材料・副資材・動力費の先払い，仕掛品・製品の金利負担，運搬・整理整頓・倉庫費用など，計り知れないムダを発生させる。

2　ムダの悪を問う [29]

　「"**つくり過ぎのムダ**"は**最悪のムダ**」である。つまり"**つくり過ぎのムダ**"が"**二次的なムダ**"を**生む悪循環**になってしまう。大野耐一氏は「トヨタ生産方式」(1978) で，次のように諭している（原文のまま紹介する）。

　トヨタ生産方式は**徹底したムダ排除の方式**である。ムダを排除することによって生産性を高めるのである。製造現場におけるムダとは「**原価のみを高める**」生産の諸要素をいっている。例えば，**多すぎる人・過剰な在庫・過剰な設備**である。人も設備も材料も製品も，必要以上にあるものは，原価だけを高めているに違いない。

　更に，このムダが原因となって**二次的なムダ**が派生する。例えば，人が多すぎるために，何とか仕事をでっち上げ，これによって新たな動力や用度品の費用を発生させたりすることが良くある。これは二次的に発生するムダである。

　この最も大きなムダは**過剰在庫**によるものである。今ここに必要以上の在庫が

あったとする。これが工場だけには入り切らない場合，**倉庫**を建てなければならない。そしてこの倉庫まで運ぶ**運搬作業者**を雇わなければならない。更に，これらの人々に1台ずつの**フォーク・リフト**を買って渡すことになる。倉庫の中には，防錆や在庫管理のため，若干の**人**を置くことになる。それでも，在庫された品物にはサビが発生し，キズが生じがちである。このため，倉庫から取り出されて使用される前に，手直しをする**作業者**が必要になってくる。

いったん倉庫にストックされるや，何がいくつあるかを把握することが要請されてくる。そのためには，在庫管理部門としても，相当な工数が必要となる。そして，これがある限度以上になると，**コンピュータを導入して在庫管理をしよう**と考える人が出てくる。万一，何がいくつあるかを完全に把握していないと，**欠品**が起きてくる。毎日あれだけ生産しても，欠品が生ずるということは**生産能力が不足**しているからではないか，と考えるようになる。次年度の設備投資案の中に増強計画が織り込まれる。この**設備が導入される**と，更に**在庫**が増えていく。

ムダがムダを生んでいく悪循環は，生産現場のいたるところに息をひそめている。生産現場の管理・監督者がムダとは何か，ムダは何から生ずるかの観念をよほどしっかりと持っていなければ，ムダの悪循環が直ちに表面化してくる恐れは常にあると言ってよい。

ここにあげた**人**も**フォーク・リフト**も**パレット**（運搬用のカゴ）も**建屋**も**コンピュータ**も**設備**も，すべてムダである。**ムダな在庫**があるために，二次的に発生してきたものである。

これまで述べてきた**一次・二次のムダ**は，すべて**直接労務費・間接労務費・減価償却費・一般管理費**の中に入り込み原価を高めていく。このように考えてくると，ムダが原価を高める部分はけっして無視できないはずである。それどころか，一つ誤ると，**ムダが売り上げに対してほんの数パーセントにしかならない利益をすべて食い尽くして**，経営自体を危うくする結果を招きかねない。トヨタ生産方式が**原価低減を目的**としているという考え方の底には，原価に対する以上のような認識があるからである。

ムダ排除ということも，具体的には**人と在庫**を減らし，**設備の余力**をはっきりさせ，二次的なムダを自然消滅させることによって，**原価低減**を実現させようとするものである。いくらくどいと言われようと，この**ムダ排除の思想**が徹底していないと，トヨタ生産方式の採用も無意味になりかねないので，重ねて述べた次第である。

第6節　生産管理とジャスト・イン・タイム [30]

「平準化」のための生産管理については，第2章第2節2項で考察している。ここでは「ジャスト・イン・タイム」のための生産管理について考察する。一般に，「生産管理は，生産対象（製品），生産主体（人や機械），方法（工程系列），空間（レイアウト）の検討」も重要であるが，実際には**"時間"**の面の方が重要である。つまり，**"日程管理"**と**"余力管理"**の2つの課題が重要であると言われている。

① **日程管理**…いつまでに出来るか……間に合うか？
② **余力管理**…それを作ることが出来るか…負荷と能力のバランスは取れているか？

1　生産計画の立て方

普通の生産管理では，次のように"3段階の生産計画"を立てることになる。
① 大日程計画…1年，半年，3ヵ月など，長期にわたる生産計画
② 中日程計画…1ヵ月の生産計画
③ 小日程計画…1週間，3日間，1日間の「実際の生産計画」

これに対して，トヨタ生産方式では次のようになっている。
① 大日程計画…マーケット・リサーチによって，長期の生産計画を策定する。
② 中日程計画
- 例えば，3月に生産されるものは，**前々月**の1月に車種ごとに何台作るか，社内と協力工場に**"内示"**する。
- 2月になると，「車種，型式，その他細部の生産内容」が**"確定"**され，社内と協力工場に指示する。これに従って「日程計画」を練る。ここでは，**「生産の平準化」**を徹底して，日程計画の中に折り込む。

③ 小日程計画
- 2月の後半には，各ラインの「種類別の1日の生産量」を知らせる。これを**"日あたりレベル"**と呼ぶ。
- 日程計画を，更に徹底して"平準化"した「**順序計画**」を**"最終の組立ラインの頭に1カ所だけ送る"**。
- 変更が必要なときは，**"最終の組立ラインの頭"**に送る「順序計画」だけを修正すれば，それより前の工程は**"カンバン"**によって「**自動的に，容易に，確実に，速やかに，修正される**」。つまりカンバンで微調整する。

このように，トヨタ生産方式では「大日程計画，中日程計画」は，一般の生産管理方式と大きな差異はない。しかし「**小日程計画では，変化に敏感に，容易に，確実に，速やかに，修正される機能を持っている**」。これが大きな特徴である。

2 生産管理とノン・ストック

生産管理の面では，トヨタ生産方式は一般の工場と次の2点が大きく異なる。
  ① 基本的に"**受注生産**"を志向する。
  ② "**ノン・ストック**"に徹底する。

（1）ノン・ストックとジャスト・イン・タイム

「"ジャスト・イン・タイム（Just in Time）"という言葉を直訳すると，"ちょうど，間に合う"」という意味である。単に"間に合う"という意味だけであれば，一般の生産管理方式でも同じである。それは，「ストックは相当あっても良い，という条件の下にそれが成されていた」という点に，大きな違いがある。

一方，トヨタ生産方式では「**ノン・ストックでも間に合う**」ことを強調している。それが「**つくり過ぎのムダ**」の主張である。つまり，「**必要なものを，必要なときに，必要な量だけ**」という考え方である。"ノン・ストック"では，第一に考えるのは「完成車のストックを0にする」ことである。それは「**売れる車だけを作る**」ことになり，「**受注生産を志向せざるを得ない**」ことになる。しかし，「受注工期（D）：生産工期（P）の関係」が満足できない。そこで，「**本当の受注生産に，近似の方式としてスーパー・マーケット方式が採用された**」のである。すなわち，「ユーザーが，今日この車を買ったという事実は，ユーザーの好みに合ったと言うことなので近いうちに再び売れる確率が高い！」という考え方である。"スーパー・マーケット"では，「今回売れたから，次に売れるであろう期間を"**振替受注工期（D'）**"と想定して，製品を補充する」という考え方である。これも一種の見込み生産かも知れないが，「非常に早い時期に推定して，大量の推測的生産を行うよりも，製品の在庫を大幅に少なくすることができる」。

（2）カンバン方式の採用

自動車の場合にも"売れる"と思って補充した車が，売れなくて在庫になることがあるかも知れないが，"**売れない車は補充しない**"ので，全体としては純粋の見込み生産方式に比べれば"**圧倒的な在庫の低減**"になる」のは当然である。

そして，この考え方を，「加工工程に適用したのが**"カンバン方式"**である。各工程は**"後工程が引き取った分しか補充しない"**ので，工程間では**"売れない車の部品の加工は行わない"**ことになる」。このような考え方であれば，工程の進め方は，当然**"押出し方式"**ではなく**"引き取り方式"**になるのは必然である。また，変化に対応するためには**"シングル段取り"**の採用が絶対的な要件になる。更に，「**徹底的にリードタイムの短縮を行う**」ことが要望される。

このように"ノン・ストック"が至上命令であれば，「高い性能の機械をフルに運転して，ストックを作ることは許されない。そこで**"必要量こそが生産量である"**というトヨタ生産方式の主張が受け入れられる」であろう。

従来のように「機械の能力を中心に考えた生産を行ってはならない。また，**機械の稼働率を重視する生産を行ってストックを作ることは絶対に許されない**」のである。

第7節　停滞の改善：圧倒的なリードタイムの短縮 [31]

トヨタ生産方式では，原点に**"つくり過ぎのムダの排除"**すなわち**"停滞の削除"**があり**"ノン・ストック"**がある。そこで「停滞の改善」については詳しく考察する。

トヨタでは，「上郷工場で，朝，鋳物のシリンダ・ブロックが加工されて，夕方には自動車になって走っている」と言われている。また，「鍛造品のクランク・シャフトが，機械工場で加工を始めてから，1時間後には自動車になっている」とも言われている。この秘密はどこにあるのだろうか？

1　工程待ちとロット待ち

工程間の**"停滞"**には，**"工程待ち"**と**"ロット待ち"**という 2 つの性格のものがある。

① **工程待ち**…1,000 個ロットの製品が，先行する製品の加工終了を待つために，**ロット全体が停滞**している状態。

② **ロット待ち**…1,000 個ロットの製品の加工が始まったとき，
・1 個目が加工されている時，残りの 999 個が"未加工"の状態で**停滞**する。
・先に加工された 1 個目が，"既加工"の状態で**停滞**する。

このように，**"未加工品や加工済み品"**がロット全体の終了を待っている状態のことである。またロット待ちは**"検査"**，**"運搬"**でも同様に発生する。

2　工程待ちの改善

　各工程の生産能力を**必要量**に「**等量化**」（各工程の加工時間を同一に）すると共に，各工程を「**同期化**」すること（例：1時間ごとに後工程に運ぶ。理想は「**1個流し**」）が，**唯一の方法**である。そのためには「**ネック工程**」の生産能力を上げる。その他の工程は「ネック工程の能力に合わせて生産する」（つくり過ぎない！）。これが『**全体最適**』注）である。

　　注）『**全体最適**』とは各工程を"必要量に等量化し同期化"させること。他方，『**部分最適**』とは各工程が自工程の生産能力を"必要量以上に増やす"こと。その結果，「つくり過ぎのムダ」が発生してしまう。

　一般の工場では，「加工時間と工程待ち時間の割合」は，次のようになっている。

```
加工時間：工程待ち時間
    20  ：  80
```

従って，「もし，"工程待ち"を1/2にすれば，リードタイムを3/5に短縮できる」。「仮に，"工程待ち"を全部排除できれば，リードタイムは1/5に短縮される」。このように**リードタイムの短縮**は加工時間の短縮よりも**工程待ち時間の短縮**の方が効果的であり容易である。この場合，「ロット数が1,000個でも1個でも同じ」である。要は，「**等量化＝各工程の加工時間が同一**」という条件を満たせば**同期化**ができることになり，**工程待ちは発生しない**。ただし，**各工程の加工能力が異なる**場合には，加工時間は同一にならないので，次の3ステップで各工程の生産能力を「必要量に等量化」するのである。

―――――　＜工程待ち改善の3ステップ＞　―――――

ステップ1：「**ネック工程**」の能力をフル活用する…ネック工程の**稼働時間を増**やして，「必要量に等量化」する。例えば，「**残業や休日出勤**」で稼働時間を増やす。

ステップ2：「**早い加工時間の工程**」を待たせて，「**遅い工程（ネック工程）**」に合わせる…各工程を「**同じ稼働時間**」で「**必要量に等量化**」する。例えば，各工程を「1日2交替」の同じ勤務時間にする。

ステップ3：「**ネック工程**」の能力を上げる…まず「**人の生産性**」を，次に「**機械の生産性**」を向上させる。これらの改善により「残業や休日出勤」を無くす。

3 ロット待ちの改善

上では、"**工程待ち**"を排除するためには、必要量に等量化し"**同期化**"すればよいと述べた。これによるリードタイムの短縮は、"**最高1/5程度**"で、それ以上は不可能である。

しかし、ロット数が多い場合は"**ロット待ち**"が発生するため、リードタイムが長くなる。更に"圧倒的なリードタイムの短縮"を望むならば、どうしても"ロット待ちの排除、または低減"を考える必要がある。そこで次に"**ロット待ちの短縮**"について考えてみよう。

図3-7 ロット作業と生産工期

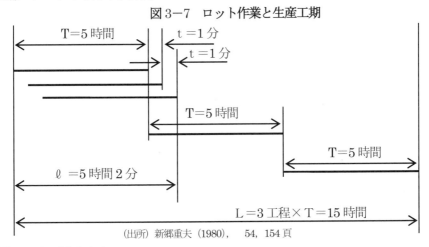

(出所) 新郷重夫 (1980), 54, 154頁

図3-7に示すとおり、

① **改善前**：1個の加工時間＝1分で3工程を300個の**ロット作業**で順次行った場合、1工程当たりの加工時間 T を5時間（＝1分×300個÷60分／時間）とすれば、「全工程のリードタイム $L=3$ 工程 $×T=$ "**15時間**"」になる。

② **改善後**：1個の加工時間＝1分で300個のロット作業の場合、1〜3**工程を1個の加工が終ったら直ちに次工程に流す**という方法に切り替えると、「全工程のリードタイム ℓ 」＝$\{T+(3\text{工程}-1)×1\text{分}\}$＝5時間2分となり、改善前に比べて次のように "1/3" になる。

$$\frac{\ell}{L} = \frac{5\text{時間}2\text{分}}{15\text{時間}} \fallingdotseq \frac{1}{3}$$

これを一般化すると、

① 改善前：N工程をn個のロット作業で順次行った場合、"1工程当たりの加工時間 $T = t$ 分 $\times n$ 個"とすれば、「全工程のリードタイム $L = N \times T$ 時間」になる。

② 改善後：1〜N工程を"1個の加工が終ったら直ちに次工程に流す"方法に切り替えると、"1個の加工時間 $= t$"の場合、「全リードタイム ℓ」 $= \{T + (N-1) \times t\}$。

$$\frac{\ell}{L} = \frac{\{T + (N-1)t\}}{NT} \fallingdotseq \boxed{\frac{1}{N}}$$

(注) この式は「ロット数が多くても少なくても」成立する。ただし、ロット数が極端に少ない場合には $1/N$ にならない。

というように、リードタイムを"$1/N$"にすることが出来る。このような方法は、

> ① 5工程を"1個流し作業"にすれば、リードタイム $= 1/5$ になる。
> ② 10工程を"1個流し作業"にすれば、リードタイム $= 1/10$ になる。

というように、圧倒的な"リードタイムの短縮"が可能になる。

すなわち、「"加工ロットは300個"でも良いから、"1個加工が終ったら、直ちに次の工程に流す"というように**運搬のロット数を1個**にすればよい」のである。そうすれば、「"300個のロット"で加工する場合の、最も短いリードタイムになる」のである。しかし、このリードタイムの短縮の不利な点は、「**運搬回数が300倍になる**」ということである。そこで、"1個流し作業"を実施しようとすれば、前述のように**レイアウトを改善すると共に、後工程に簡単に運搬できる方式を採用する**」ことが、重要な対策になる。

4 リードタイムの更なる短縮

上で述べたように、

① **工程待ちの排除**：必要量に"等量化"すると共に"同期化"することによって、「**リードタイムを $1/5$**」にする。

② **ロット待ちの排除**："運搬ロットを1個"にすることによって、10工程を"1個流し作業"にして、「**リードタイムを $1/10$**」にする。

③ = ① × ②。「工程待ち」と「ロット待ち」の排除によって、「$1/5 \times 1/10 = \boxed{1/50}$ のリードタイム」にすることが可能になる。

「この方法でのリードタイムの極限は"1工程あたりの加工ロットに対する期間"

である」。このような"加工ロットの大きさ"を決定する最大の要因は、「**段取り替え時間の長さ**」である。従って、「従来、"60分かかっていた段取り替え時間"を"6分"にすれば、1/10になるので、"加工ロット＝300個"から"加工ロット＝30個"にしても、稼働率への影響は同じである」。なぜならば、"**段取り替えの回数を10倍**"に増やせるからである。

「この場合は"小ロット化"により"加工時間＝5時間"から"**加工時間＝0.5時間**"と1/10になる。これに"工程待ち＝0、ロット待ち＝0"の条件を加えれば、実に"1/50×1/10=1/500"という圧倒的なリードタイムの短縮が実現できる」ことになる。つまり、

④ "工程待ち"と"ロット待ち"の排除に"段取り替え時間の短縮"1/10を加味すると、"1/5×1/10×1/10=1/500"のリードタイムにすることが可能になる。

このように考えると、「従来、"300個ロット"で生産していて、"工程待ち"や"ロット待ち"を含めてリードタイム＝10日間かかっていたとする。これを"30個ロット"に小ロット化して、10工程を"等量化"と"同期化"をすると共に、"1個流し作業"にすれば、"300個の加工時間≒0.5時間"でよい」（10日×24時間×1/500）という事になる。つまり『リードタイム≒30分間』という圧倒的なリードタイムの短縮が実現できる」のである。

（注）「段取り替え時間の短縮」については、第8節で詳述する。

＜リードタイム短縮の3つの条件＞

トヨタ生産方式が"**流れを作る**"ことを強調している理由の一つは、この「**リードタイムの圧倒的な短縮**」のためである。そして、そのためには次の3つの条件が必要である。

① 各工程を必要量に"等量化"すると共に"同期化"して、「**工程待ち**」を排除する。

② "運搬ロットを1個流し"にして、「**ロット待ち**」を排除する。
　　運搬回数が多くなることに対しては、"レイアウトを改善"する。

③ "段取り替え時間を短縮"し"段取り替え回数"を増やして、「**小ロット化**」する。

5 ライン化とフルワーク制御方式

(1) ライン化

上で述べたことの復習になるが，"トヨタ生産方式"では，「"**流れ**"を作るのが，**基礎条件である**」。これが出来なければ"トヨタ生産方式の成立は不可能である"と強調している。この"流れを作る"ということは"**ライン化をする**"ことである。そのためには次の3つが必須的な条件である。

① **各工程を必要量に"等量化"して"同期化"する。**
② **各工程間を"1個流し"の流れ作業にする。**
③ **段取り替え時間を短縮して"小ロット生産"を行う。**

しかし"1個流し"にすると，"運搬回数が大幅に増加する"ことになる。その対策として，次の2つの方法が考えられる。

① **「レイアウトを改善」して，運搬を排除または削減する。**
② **各工程間を，コロコン，シューター，コンベア等「便利な運搬手段で連絡する」。**

しかし現実問題としては，②の「便利な運搬手段で連絡する」という方法は手数がかかり，コストも増加するので，一般的には①の「レイアウトの改善」を採用する方がよい。

<事例18> ライン化と1個（セット）流しの中心にあるタクトタイム[32]

ライン化したセルの中で1個（**セット**）**流し**を実現するとき，どれくらいのペースでモノをつくればよいか。設備能力はどれくらい必要か。人は何人必要か。答えはすべて**タクトタイム**(注)から導き出せる。タクトタイムは次の式で求める。

注）タクトとはリズムとか拍子という意味のドイツ語である。

> タクトタイム＝1日の稼働時間÷1日あたりの必要数

タクトは顧客需要の割合，つまり顧客が製品を購入している速度である。稼働時間が1日7時間20分（つまり440分），顧客がある製品を20日／月で17,600個／月買っているとすると，工場内のすべての部門でその製品を880個／日，つまり30**秒／個**でつくらなければならない。（計算式＝日 440 分×月 20 日／17,600 個＝30 秒／個）。それより早いと，"**つくり過ぎのムダ**"になり，それより遅いとどこかの工程が「**ネック工程**」（ボトルネック）になる。

連続的な流れと**タクトタイム**は，反復生産やサービスに最も容易に適用できる。

しかし，工夫をすれば，反復性のある工程だったら，どんなものにも適用できる。図 3-8 は，設備が種類ごとに配置された，**伝統的な工場のレイアウト**である。●印は**仕掛り在庫**を表している。工場内の製品経路を追跡する有効な IE 手法には，前述の「製品工程分析」，「流れ分析」の他に「**製品経路分析**」[注] がある。

注) 章末の補足6を参照。

図3-8 機械別の組み合ったレイアウト（非組織的で制約なし）

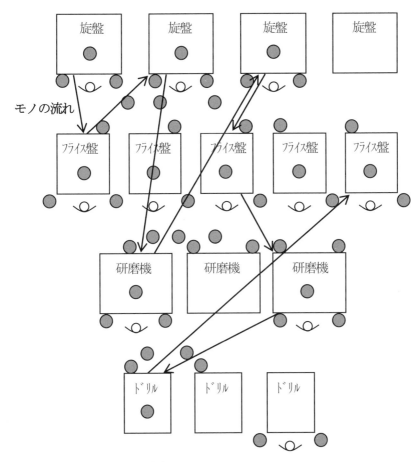

(出所) J. K. Liker (2004)，(上) 193 頁

これとは対照的に，次頁の**図 3-9** はトヨタ生産方式の**レイアウト図**である。

設備は製品が変化するモノの流れに沿って配置されている。このような配置を**セル生産ライン**と呼ぶ。

図3-9　U字形の1個（セット）流しのセル生産ライン

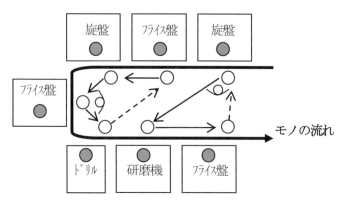

（出所）J. K. Liker（2004,（上）194頁）より一部修正

　このセル生産ラインは，人・モノの移動を効率化し，コミュニケーションを改善するために適した"U字形配置"になっている。これは"**直線配置やL字形配置**"にもできる。細い矢印は，ライン内で働いている2人の歩行経路を示している（戻り歩行は破線）。それでは，この製品の需要が半減したらどうすればよいだろうか？　このセルの作業員を1人に減らせばよい。需要が倍増したら？　4人配置すればよい。そのために作業者は"**多能工化**"しなければならない。

（2）流れをつくるのがなぜ難しいか？

　上のように考えると，1個（セット）流しセル生産ラインをつくれば，あらゆる問題が解決するため，実に楽に見える。ところが，そうは問屋が卸さない！これを始めると，工程改善ができるようになるまでが大変である。

　従来の**大量生産方式**が心地よい理由の一つは，ある工程で**段取り替え時間が長い**とか，誰かが**病欠**だとか，**設備が故障**したとかという理由で生産が止まっても，他の「個別の工程」は**仕掛り在庫**（ストック）のおかげで動かせることである。しかし，工程を1個（セット）流しでつなげると，**ライン全体が運命共同体**になるので，設備が1台でも停止すれば**ライン全体**が止まってしまう。この場合，少し**安心できるように仕掛り在庫を持つこと**が，なぜまずいのだろうか？　その理

由は，在庫が積み上げられたモノだろうが，処理を待っている情報だろうが，**仕掛り在庫が問題点や非効率などの「多くのムダ」を隠してしまうからだ！**
　つまり，**仕掛り在庫**（ストック）は，問題点を避けて通るという悪い癖を定着させてしまう。問題点に正面から立ち向かわなければ，**工程の改善**はできない。**1個（セット）流し生産と改善**は，切り離せない関係にある。トヨタ生産方式では次のように説明している。
　「**1個流し生産**を実施すると，『必要量』が生産できなくてみんな不満になり，どうしたらよいか分からなくなる。しかし彼らはその状況下で，**どうやったら『必要な生産量』を出せる**かということを，工夫せざるを得なくなる。これこそが，**トヨタ生産方式の本質**である」。

　トヨタ生産方式は，どんな工程を改善する場合でも「**淀みのない流れをつくり，問題を表面化させる**」ことによって，**真の1個流し生産**を実現することに注力する。"流れをつくる"ことは"**工程間をつなぐ**"ことである。そうするとチームワークが改善し，**品質問題は早期に伝達**されて，従業員に**問題解決**するようにプレッシャーをかけることになる。
　トヨタ生産方式における**1個流しの一番の成果**は，**全員が問題点にビビッと反応して考え改善するようになる**ことである。このため，トヨタ生産方式（TPS：Toyota Production System）は，トヨタ社内では「**考える生産システム（TPS：Thinking Production System）**」と呼ばれている。TPSは，問題点を顕在化して従業員が考えるようになるのであれば，生産が止まる危険を冒すこともいとわない。**在庫は問題点を隠してしまい**，問題を解決する切迫性を低減してしまう。TPSは，**問題点が顕在化するごとに立ち止まって対応する**。これが**トヨタ流**である。

（3）レイアウトは工程系列配置にする

　「レイアウトの改善」では，「同じ機械だけをまとめて配置する"**機種別配置**"ではダメ」である。従って，「製品の加工順に配置する"**工程系列配置**"を採用する」必要がある。
　この"**工程系列配置**"には，次の3つを考える。
　① **単一工程系列配置**…1つの製品の数量が多く，1ヵ月間を通して，1品種だけを流す場合の配置である。…これは「**専用ライン**」である。
　② **共通工程系列配置**…1品種だけでは，1ヵ月間連続して流す量はないが，A，

B，C，Dの各製品が全く"共通工程"である場合，これらを次々に流す配置である。…これは新幹線に例えれば「**指定席ライン**」である。

③ **類似工程系列配置**…A，B，C，D，E，Fの各製品が，全部同じ"共通工程"ではないが，部分的に"共通工程"が混在している場合，その類似工程の"**最小公倍数的な配置**"を行う。…これは新幹線に例えれば「**自由席ライン**」である。

トヨタ生産方式では，「**共通工程系列配置**」が多く採用されている。しかし一般の工場では，共通性が高くないために「**類似工程系列配置**」を多く採用しているであろう。

＜レイアウト改善の４つの利点＞

「**ライン化のためのレイアウト改善**」には，次の４つの利点がある。
① 工程をつなぐので，必然的に"**運搬工数を排除**"できる。
② 流れが速くなるため，**品質に対する**"フィード・バック"**が早くなり**，「**不良の低減**」ができる。
③ "工程待ち"と"ロット待ち"の排除により"**停滞**"に伴う「**工数の低減**」ができる。
④ "リードタイム"が圧倒的に短縮できる。

これらにより，次の２つが可能になる。
① リードタイムの圧倒的短縮により，"**受注生産**"に迅速に対応できる。また"**完成品のストック**"を大幅に低減できる。
② 工程間の"**停滞**"を排除できるので，"**ノン・ストック生産**"が実現できる。

（4）フルワーク制御方式（電子カンバン）

このように"**ライン化**"には多くの利点がある。しかし実際には，いくつかの問題点がある。その中で最大の問題点は，「**各工程間の機械の能力に違いがある**」ということである。このような場合でも，トヨタ生産方式では"**つくり過ぎのムダ**"すなわち"**ノン・ストック生産**"を志向するので，必要以上の生産を拒否することになる。つまり「"**必要量**こそが**生産量**"である」という考え方を貫くのである。

具体的には，「最も能力の低い機械が，必要量を生産できればよい」ので，「機械の能力が高いからといって，必要以上の生産を行うことは許されない」。そのために「必要量に見合った能力の機械こそが望ましい」のである。しかし現実には，高い能力の機械も存在する。

このような場合，トヨタ生産方式では「"必要量"こそが"生産量"である」という大前提の下に，前工程の「**"能力の大きな機械"**」と後工程の**"能力の小さい機械"**との間に**"少量のストック（一種の標準手持ち）"**を設けて次のようにする。

① ストックの量が"20 個"になれば，前工程の**"能力の大きな機械"**の運転を停止する。

② ストックの量が"5 個"になれば，前工程の**"能力の大きな機械"**の運転を再開する。

例えば，リミット・スイッチ[注]によって前工程の機械加工を自動的に止めるようにして，

③「**"能力の小さい機械"**に**"能力の大きな機械"**を間歇的に（休ませて）同調させ，最小のストックを許容することにより**"同期化"**させる」のである。

このようなやり方を「**フルワーク制御**（Full work control）…ストックが一杯になったら停止する制御方法」と称している。この場合の生産量は，結局は「必要量に同調する」ことにするのである。

注）工程が離れている場合，このリミット・スイッチの役目をするのが「カンバン」である。そこでフルワーク制御のことを「電子カンバン」とも呼ぶ。

＜事例19＞　フルワーク制御[33]

次頁の図3－10の下図に示すように，自工程・機械Bの「標準手持ち＝5個」と決められていたとする。今，手持ち量が3個しかなければ，前工程・機械Aが自動的に加工をはじめ5個になるまで加工し続ける。5個に達すれば前工程・機械Aはリミット・スイッチにより停止し必要以上の加工を抑える。また後工程・機械Cの「標準手持ち＝4個」の場合，1個でも減れば自工程・機械Bは加工をはじめ後工程・機械Cへ送る。4個になれば自工程・機械Bの加工は停止する。このように，各工程の「標準手持ち量」が常に保持されるように，加工工程間が連動されて機械が稼動するようにして，ムダな加工を防止するシステムである。

図3−10 フルワーク制御

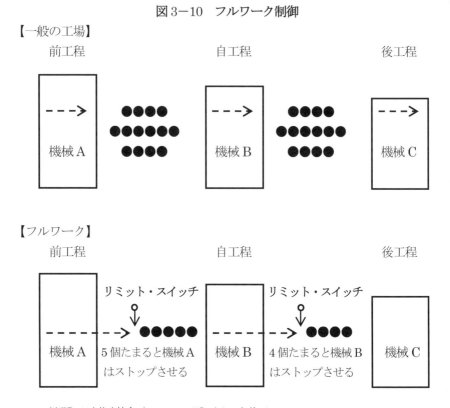

(出所) 日本能率協会（1978, 141頁）より一部修正

ところが一般の工場では，図3−10の上図に示すように，「**能力の大きな機械は，能力一杯に生産してストックを作っておき，長い時間休止する**」という方法を採用している。これでは"つくり過ぎのムダ"が発生する。そして，**これに付随する多くのムダが連鎖反応的に発生してしまう**のである。

一方，トヨタ生産方式では「"**原価低減**"に役立つならば，**必ずしも**"**機械の稼働率が高い必要はない**"というのが基本的な考え方である。この認識がないと，"**フルワーク制御方式**"は採用できない。

―― <フルワーク制御とシングル段取りの相乗効果> ――――――

　このような"フルワーク制御方式"などを採用して,「必要量に, 等量化, 同期化, 1個流し作業」による**ライン化**を行うと共に, "**シングル段取り**"の採用による**小ロット生産**"を行うと, **両方の相乗効果**により「リードタイムの圧倒的な短縮」が実現できる。その結果, 次のように「完成品と仕掛り」の両面で大幅な"ストックの低減, 排除"が可能になる。

① 短納期の"**受注生産**"に順応できるため,「完成品の在庫」を最小にできる。
② 短いリードタイムで製品ができるので, "**需要の予測**"が高くなり, (この面からも)「完成品の在庫」を最小にできる。
③ "**需要の変動**"に迅速に対応できるため, (この点からも)「完成品の在庫」を最小にできる。
④ 工程間の"工程待ち"と"ロット待ち"を最小にできるため, 工程間の「仕掛り在庫」(半製品)を排除した"**ノン・ストック生産**"が実現できる。

6　同期化と"バラツキの吸収"

　集団による"流れ作業"を行う場合,「**等量化**と**同期化**を図ること, すなわち"**ラインバランス**"を図る」ことが絶対に必要である。従って, "作業分割"や"標準作業の設定"などを徹底して行い, バランス・ロスを最小限にするように努力するだろう。しかし, いかに細かく編成しても, 実作業の場合は「**標準時間のバラツキ**」(統計的な変動)が発生しない訳ではない。例えば次のように,

・ちょっと, ネジが堅いため, 少し時間が長くかかった。
・ビスを落として拾ったため, ちょっと時間が長くなった。

というような「小さなトラブル」によって「多少の時間のバラツキ」は避けられない。このような場合, 一般の工場では次のように「**工程間のバラツキを, 各作業者の間にある"ストック"のクッション作用を利用して, "手待ち"を防止する**」というやり方を採用している。

・各作業者の間に"**ストック**"を置く。
・早く済んだときは, 前工程との間の"**ストック**"の品物の作業を行う。
・遅れた場合には, 後工程の作業者は前工程との間にある"**ストック**"の作業を行う。

しかし，このような"クッション作用"のためであれば，「工程間に"ストックが1個"あれば十分である」にも拘わらず，"数個"あるいは"10数個"もストックが存在する。
　（注）これは第4章の「作業の改善」で後述する"標準手持ち"とは異なる。

　普通は，「1人の作業者の"正常作業域"は"75 cm程度"と言われている」にも係わらず，「組立部品の箱の置き場が多いため仕方ない」として，"余分なストックに対する罪悪感がない"。組み立て作業の場合，"組立部品は必要なときに，必要な物が，1個だけ必要"なので，次のようにすれば「部品箱による作業域の拡大」を防止することができる。
　① 「回転式の部品箱」を作って，"必要な部品のみ"が手元にくるようにする。
　② "必要な部品のみが，必要なときに"手元に近づくような「装置」を考える。
　③ このような「装置」は，"平面的"に考えないで"立体的"に考える。
このように，「各工程間のストックを最小にする」ことを考える必要がある。

＜陸上式リレー＞

　以上のように，トヨタ生産方式では「ストックを最小限にしよう」と志向するので，「各工程間の"ストック"を認めない」のである。しかし作業者の動作のバラツキ（統計的な変動）を皆無にすることはできない。そこで，「相互助け合い方式」を採用している。すなわち，「集団作業で仕事のリレーをするとき，"水泳式リレー"と"陸上式リレー"の2つの方式がある。"水泳式リレー"では，いくら速い選手がいても壁にタッチしないと次の選手は飛び込むことができない。一方，"陸上式リレー"では，"リレー・ゾーン"があって，前の選手が速ければリレー・ゾーンの先端でバトンタッチする，というように"速い人が遅い人を助ける"ことができる」のである。次頁の図3－11とその説明を参照願いたい。

　そこでトヨタ生産方式では，
　① 各工程の間に，ストック（仕掛り在庫）を置かない。
　② 作業が遅れた場合，前後の作業者が遅れた人を助ける。
という「相互助け合い方式」を採用している。これは「ストックを持たないで，各工程間のバラツキを吸収する方法」である。

図3-11 水泳リレーと陸上リレー

水泳におけるリレーでは，第1泳者がプールサイドにタッチしてから第2泳者が飛び込む。これに対し陸上競技では20mのバトンタッチゾーンがあり，この中のどこでバトンを手渡してもよい。従って，水泳の場合は速い人も遅い人も100mずつ受持つのに対し，陸上の場合は速い人に120m走らせ，遅い人に80m走らせるといった"作戦"が可能となる。

現場の仕事は陸上のリレーでなければいけない。監督者はラインの能率向上のために"作戦"をたてることが出来るよう，バトンタッチゾーンを作っておくことが望ましい。[34]

7 タクトタイムの設定

トヨタ生産方式では，「"タクトタイム"とは，製品1個を"何分何秒"で作ればよいか？　という時間である」。これは必ず製品の"必要数"から逆算しなければならない。

　　タクトタイム＝1日の可動時間÷1日あたりの必要数　　で求める。

「可動（べきどう）時間[注]とは，1日に動かすことができる時間である」と決められている。注）第4章第6節6項を参照。

そして「見せかけの能率向上に，だまされてはいけない」と警告している。例えば，従来「10人で100個作れた物が，改善によって10人で120個作れるようになった」としても，1日に120個作ってはいけない，と主張している。この場合「必要数こそが生産量」だから，あくまでも「1日の必要数は100個である」ということを忘れないで，「8人で100個作る」ようにすることが"真の能率向上"だと考えるのである。

これは"タクトタイム"の決定の仕方の違いである。つまり"タクトタイム"を，
　①「必要とする生産数」から，決定するのか？
　②「人や機械の能力」から，決定するのか？
の違いである。①でなければダメである。②でも良いと考えて誤りを犯すことがあるので，注意する必要がある。トヨタ生産方式では，"つくり過ぎのムダ"す

なわち"ノン・ストック"が基本であるから，全てのことを「**必要数から割り出す**」ことは当然であろう。

8 工程間の物流

トヨタ生産方式の考え方を底辺まで突き進めると，それは「粗形材製作(鍛造，鋳造，プレス)〜機械加工〜部品組立〜集成組立〜総組立までを，**一貫して1個流しで結びつけることが理想の形態である**」と考えられる。これを"一気通貫"という。

しかし，現実はそこまで徹底した形態には達していない。それで，次のように組立工場に近接した工程からは，**極めて頻繁に"物の流れ"が形成されている**。

① フレーム工場 → 総組立工場
② 塗装工場 → 総組立工場
③ 機械工場 → 総組立工場

トヨタの工場では，"優先車"という看板を表示した「30台以上のトレーラーを引っ張っている車」に出会うことがある。これは部品を総組立工場に運搬する車で「**小ロットの部品を混載して，組立工場に補給する役目のもの**」である。

また，鍛造，鋳造，プレス等の機械工場間でも，多くのフォーク・リフトによって，頻繁に部品が運搬されている。それは"タクトタイム"や"カンバン"に合わせて，整然かつ頻繁に動いている。これらを「**水すまし方式**」と称している。この場合，「小ロット，混載」が，"ノン・ストック"のための大きな特徴である。

このように，トヨタ生産方式は，徹底的な"つくり過ぎのムダの排除"を強調しているが，この成果を表3-1の「**各国自動車会社の棚卸資産(在庫)回転率**」注)に示す。トヨタは圧倒的に優れた比率を示している。

注)「売上高/棚卸資産」で求める。企業が資源を有効活用しているかどうかの指標。

表3-1 各国自動車会社の棚卸資産(在庫)回転率

	トヨタ	A社(日本)	B社(米国)	C社(米国)
1960年	41回	13回	7回	8回
1965年	66回	13回	5回	5回
1970年	63回	13回	6回	6回

(出所) 新郷重夫(1980)，164頁　　　　　　　　　　　(杉森氏の論文より)

(注1) 一般の工場では，**在庫の管理費用**が「**在庫金額の約30%**」を占めると言われている。在庫の管理費用とは，例えば倉庫代，運搬費，支払利息，不良損失費，クレーム対策費，不動・死蔵在庫廃却費などである。

(注2) 別の言い方では，「**在庫金額の約30%のコスト**」が別に発生すると言われている。例えば，在庫が1ヵ月分あり，その在庫金額が10億円だとすると「3億円のコスト」が別に発生することになる。

第8節　シングル段取りの採用 [35]
1　シングル段取りは思想革命

段取り替えは「準備・後始末作業」なので，本来は第4章の『作業の改善』で取り上げる事項であるが，ここでは『工程の改善』として取り上げる。なぜならば，「トヨタ生産方式が，"**受注生産**"を志向し"**ノン・ストック**"を望むならば，"**段取り替え時間の圧倒的短縮**"が絶対的な条件になるからである」。それは，トヨタ生産方式では"受注生産とノン・ストック"を達成するために「**小ロット生産**」が必要であり，そのためには"段取り替え時間の圧倒的短縮"が不可欠であるとの経営的ニーズから生じたものであり，「"**シングル段取りの採用**"が決定的な要件である」と"**悟る**"ことである。つまり段取り替え時間を1/20に改善したら，段取り替え回数を20倍にして「小ロット生産」にするのである。

従って，「段取り替え時間の短縮は，"作業密度の問題"ではなく，それは"**思想の変革**"であり，"意識革命"に基づく科学的な手法によって達成された」のである。

例えば，トヨタでは180分の段取り替え時間を1/60の3分間に短縮するのに，僅か3ヵ月程度で達成した。トヨタ生産方式は，この"**シングル段取り**"という科学的な手法に支えられている。このことは，日本の多くの企業が「僅か数ヵ月の間に1/20程度に"段取り替え時間を短縮"したという事実が，それを証明している」のである。

トヨタのプレスの段取り替え時間を世界と比較すると，次頁の**表3-2**の通りである。トヨタは圧倒的に短時間であることが分かる。

表3-2　国別のプレス段取り替え時間比較（フード，フェンダー等の場合）

	トヨタ	A社（米国）	B社（スウェーデン）	C社（米国）
段取り停止時間	9分	6時間	4時間	4時間
段取り回数	1.5回/直	1回/2直以下	――	1回/2日
ロット・サイズ	1日分	10日分	1月分	――
時間当たりストローク数	500〜550	300	――	――

（出所）新郷重夫（1980），167頁　　　　　　　　　　　（杉森氏の論文より）

2　シングル段取りの重点項目

（1）段取り替えのステップ

"段取り替え"は，次の"4つのステップ"から成り立っている。
一般の工場での時間的配分は，次のようになっていることが多い。

① 材料，型，治工具などの**準備**………30%
② 型，治工具などの**取外し，取付け**… 5%
③ **芯出し，寸法決め**………………… 15%
④ **試し加工，調整**……………………50%

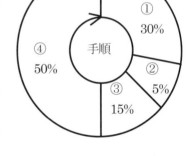

つまり，①**準備**，③**芯出し・寸法決め**，④**調整**が全体の95%を占めている。

（2）シングル段取りの重要ステップ

――――――＜シングル段取りの重要ステップ＞――――――
「シングル段取りのためには"9つの基本的な技法（定石）"」[注]があるが，その中で重要なステップは次の4つである。注）章末の補足9を参照。
① 内段取りと外段取りを，明確に"区分"する。
② 内段取りを外段取りに，"転化"する。
③ 機能的締め付け具の改善，特に"ネジからの解放"を考える。
④ 徹底的に"調整の排除"を行う。

上の①②項については，明白であるので説明を省略する。ここでは③④項について説明を加える。

3　ネジからの解放（機能的締め付け具の改善）

ボルトのナットをはめる場合，次の3つの動作を行う必要がある。
① ボルトにナットを覗かせて，1山程度嵌合させる。
② ナットを回転する。
③ "最後の1山"で，所定のトルクに締める。

そして，この中で一番難しい動作は①である。ここに時間がかかる。これは，
- ボルトとナットの中心を合わせる。
- ボルトに直角に，しかも中心にナットをはめる。

ということでないと，はめることが難しい。そこで，「**ボルトからナットを外さないで，"締付け，弛め"が出来ないか？**」を考える。そして，「**ネジが締まるのは，最後の1回転のみが有効であり，ネジを弛めるのも，最後の1回転のみが有効である**」。ボルト締めだけの場合も同様に「**ボルトを外さないで，"締付け，弛め"が出来ないか？**」を考える必要がある。

＜事例20＞　ネジの改善[36]

ここでは「ネジの改善事例」を3つ紹介する（次頁の図3－12に示す）。

① 加硫釜の周囲に，12本のボルトがあったが，蓋のボルト穴を"**ダルマ形**"にすると共に"**U形ワッシャー**"を使用して，ネジを1回転だけ弛めたら，U形ワッシャーを引き抜いて，**蓋を左に回してダルマ穴の大きな穴部から"ナットを嵌めたまま取り外すことが出来る**"ようにして，段取り替え時間を大幅に短縮した。

② S工業で巻線作業があった。そこで，巻線のコアの内径より，ナットの外径が小さいものを採用し，かつU形ワッシャーを採用して締め付けることにした。取り外しは，以下の手順で行うため，段取り替え時間を1／10に短縮できた。
- ナットを1山だけ弛める。
- U形ワッシャーを引き抜く。
- ナットを残したままで，巻線のコアを抜き取る。

③ アメリカのF社では，従来120分かかっていた段取り替え時間を，2分に改善した。これは次のような締め付け方法を考案したためである。
- ボルトの外周部のネジを3カ所，削り取る。
- これに対して，ナットの内周部のネジを対称的に3カ所，削り取る。

・ナットのネジ部を，ボルトの削り取った溝部の奥まで挿入してから，回転させてネジを締める。その結果，ワン・タッチで締め付けることが出来た。この際，ナットの厚みを少し厚くして強度を確保した。

図3-12 ワン・タッチ締付け方式

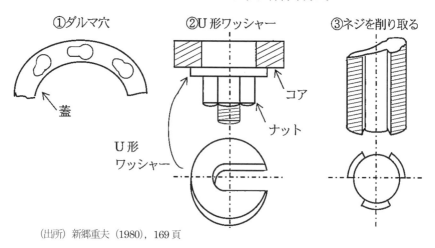

(出所) 新郷重夫 (1980), 169頁

更に，"ネジから解放された締め付け方法"を考えると効果がある。「ネジで締める」ことは手段であり，目的は「**固定する**」ことである。従って，「**ネジは固定するための"1つの手段"に過ぎない**」のである。このように VE 的に発想すれば，他にも手段があるだろう。例えば，クサビ，カム，溝，バネ，クランプ（レバー式，油圧式）などを考えるのである。

4　調整の排除

"**調整**"は，内段取り時間の中の"**50～70%**"を占めていることが多い。従って，「段取り替え時間の短縮のために**最も重要なことは調整しないこと**である。そして"**設定はするが，調整はしない**"という意味を**正しく理解**する」必要がある。この2つは機能が違うのである。

・**設定**…リミット・スイッチを次の作業の位置に取付けたら（例えば，150mmから 200mm に移したら），一度で正しい位置になり，**調整が不要**であること。
・**調整**…リミット・スイッチの位置を動かしてから，実際に機械を動かしてみて，正しい位置を求めて（何回も）**前後に修正**すること。

このような"調整の排除"のために有効な考え方として「最小公倍数システム」がある。

<事例21> "調整の改善"のための「最小公倍数システム」[37]
　ここでは4つの事例を紹介する。
① リミット・スイッチ
　リミット・スイッチを設定する箇所が"5カ所"ある場合，図3－13に示すように"それぞれの場所に，リミット・スイッチを5つ"取り付ける。これにそれぞれ通電用スイッチを取り付けて「2番目のリミット・スイッチを作動させたいときは，2番目のスイッチをONにして作動させる」ようにして，他のものは通電しないようにする。そうすれば「リミット・スイッチの**切り替えはワン・タッチ**になり，しかも**調整は不要である**」。これは「**機械はそのままにして，機能のみを切り替える**」という考え方である。

図3－13　最少公倍数方式…リミット・スイッチ

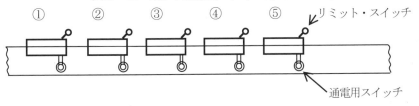

(出所) 新郷重夫 (1980)，75頁

② モーターの軸に孔を掘る作業
　モーターの軸に締め付ける孔を掘る作業があった。軸の長さが"8種類"あるためにストッパーの位置を動かしていたが，そのたびに"調整"が発生していた。そこで"円盤上に，厚みの違う8種類の当り部"を取り付け，"円盤を回転してシャフトの長さに合う当り部"を選択できるようにしたので，**調整が不要**になり，**切り替えがワン・タッチ**になった。

③ カメラの部品を切削する自動盤
　カメラの部品を切削する自動盤があった。刃物を位置決めする基準治具が"5種類"あり，これをセットした後に"調整"するのに「**高い熟練と数時間**」を必要としていた。そこで円筒の外周部に"5通りの基準治具"に相当する溝を堀込み，「製品が変われば，この"円筒型の基準治具"を回転して，位置

決めのノック・ピンを入れればよい」ことにした。その結果，治具の切り替え時間が「**数分**」に短縮され「**熟練が不要**」になった。

④ **自動車用コイルバネの製作機械**
　自動車用コイルバネを製作する機械があった。バネの種類が"6種類"あるため，"ガイド・スクリューを回してストッパーの位置を変更する作業"があった。一度セットしてから製品を作ってみて"調整"していた。そこで，ガイド・スクリューのネジ部を全部削り取ってしまい，底部に"6種類の位置決め治具"を嵌合させ，これに「ストッパーを突き当てることによって，**調整しなくても位置決めができる**」ようにした。

　"ワン・タッチ段取り"のためには，このような"最小公倍数方式"の他にも"カセット方式"など，色々な考え方がある。それらは何れも「**設定はするが，調整はしない**」という基本思想に基づいている。
　一方で，前述のような**シングル段取りのための"9つの基本的な技法（段取り短縮の定石）**"を採用した結果，「"60分"を"3分"に短縮した」とする。それを更に1分短縮して"2分"にするために「**機構化の採用**」のような"高価な投資"をするのは愚かなことである。

―― ＜機械は自分達で考えて改良する＞ ――
「機械には"無限に，連続的に，位置を変更できる機能"が設けられている。しかし，我々が欲しいのは"**有限の，段階的な，位置の決定**"である」。
　そこで，実際に使う工場では「自分の工場の仕事に適応した最も便利な方法に"**改良**"すればよい」。
　そして「機械メーカーは"品物を作ることができる"という機能は考えているが，"**段取り替えが簡単にできる**"という機能は考えていないのではないか？」。従って，「それは，実際に"**機械を使う立場**"の人が，自分の工場の仕事の内容に合わせて，自分達で考えなければならない」のである。

5　シングル段取りの波及効果
　シングル段取りを採用すれば，次の3つの効果が期待できる。
　① 段取り替え時間が短縮されるために，「**機械の稼働率を向上**」できる。
　② "小ロット生産"が可能になるために，「完成品のストックと中間工程間の

ストックを大幅に低減」できる。
③「需要の変化に即応して，直ちに生産体制が適応できる」ので，車種の変更，納期の変更に迅速に対応して，完成品のストックと中間工程間のストックが大幅に低減できる。

一般の工場では，①項の「稼働率の向上」に飛びつきやすい。一方，トヨタ生産方式では，「**必要量こそが，生産量である**」という考え方であり，必要以上の生産を行うことは"ムダ"と考えている。また"**原価低減**"を優先して，「**機械の稼働率は低くても良い**」と考えている。これは"**稼働率を上げて，つくり過ぎのムダが発生する**"ことを戒めているのである。

従って，トヨタ生産方式では，②項と③項の効用を重視している。すなわち「**完成品と中間工程間のストックの低減**」に重点を置いている。そこでトヨタ生産方式では，「段取り替え時間を60分から3分に改善して1/20にした」場合，「ロットを小さくして，20回段取り替えを行う」のである。

このように"小ロット生産"が可能になって，製品在庫や工程間在庫（仕掛り）が大幅に低減されると，「**従来は不可能だと思っていたことを可能にした**」という"**成功体験**"が"**自信**"に繋がって，"**他の問題にも挑戦してみよう！**"という"**前向きな気持ち**"が生まれてくることが，**最大の効果**」である。

第9節　検査の改善（不良の排除）[38]
1　不良を作らない検査の採用…工程内検査で不良品を現行犯で逮捕する！

従来の生産管理方式では，「不良が発生した場合，全体の生産の流れを混乱させないためには，ある程度の**仕掛り在庫**（ストック）が必要である」と考えられていた。

ところが，トヨタ生産方式では，"つくり過ぎのムダ"として，ストックを認めないので，「**不良を絶対に発生させてはならない**」ことになる。そのためには，「"**不良を見つける検査**"から"**不良をつくらない検査**"」に移行する必要がある。そのためには，次の3つの方式を採用する必要がある。すなわち，**順次点検方式**，**自主検査方式**，**源流管理方式**である。

（1）順次点検方式

「検査から加工へのフィード・バック機能を最も速くする方法は，加工作業者

自身が検査を行う"自主検査"が最も良い。しかし**"自主検査"**には次の2つの欠点がある。
　① 加工者自身が検査を行うので,"これ位はよいだろう"と妥協しがちになる。
　② うっかりして,検査ミスをする。
そのため従来から「検査の独立性」が唱えられ,「客観的な検査を行う必要がある」と強調されている。そこで次のような**"順次点検"**という考え方が生まれた。
　① 第1工程で加工された物を,第2工程の加工作業者が検査して自身も加工を行う。
　② 第2工程で加工された物を,第3工程の加工作業者が検査して自身も加工を行う。
　③ 以下,各工程の作業者が,順次前工程の加工の検査を行い,自工程の加工も行う。
この方式に従えば,「**最もフィード・バック機能が速く,しかも客観的な検査ができる**」ことになる。これを図3-14に示す。

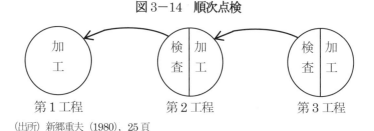

図3-14　順次点検

(出所) 新郷重夫 (1980), 25頁

<事例22>　テレビ工場での"順次点検"[39]

このような方式を,R電器テレビ事業部で採用したところ,次のような成果が見られた。
　① 従来は,15%程度の工程不良率があった。
　② 管理図を採用し,QCサークル活動を行い,6.5%程度までは不良率が低減したが,それ以降は横ばい状態であった。
　③ ところが**"順次点検"**を採用して,1ヵ月後には,1.5%に低減した。
　④ 3ヵ月後には,工程不良率0.65%,最終工程不良率0.016%に低下した。
他の工場の実例でも,殆どが「**採用1ヵ月後に,不良率が1/5～1/10に低減する**」という成果が出ている。この**"順次点検方式"**は,「モデル・チェンジを

行った際の"初期不良の低減"に，極めて大きな効果を発揮する」ことも，強調されている．

（2）自主検査方式

"順次点検方式"は優れた方式であるが，思想的には"自主検査"の方が更に優れた方式であると言える．先に2つの欠点として「妥協しがちになる」，「うっかりすることがある」と述べたが，これらの欠点を完全に防止できるならば，"自主検査"の方が優れた方式である．これは「工程内で自己保証」するのであるが，最近では「自工程完結」という言葉が使われている．すなわち，不良の「流出防止」ではなく「発生防止」をするのである．

＜事例23＞　不良を激減させた「4M＋1M」（5M）[40]

トヨタでは数十年間，品質管理（QC）手法を使って不良品の撲滅に努力してきたが，一向に良くならなかった．そこで従来のように「最後に検査する」というQC手法を捨てた．トヨタでは不良が出ることは，各工程の中で次の「4M」のどれかに問題があると考えた．

① 材料が悪い ……………Material（材料）
② 機械に不具合がある ………Machine（機械）
③ やり方（方法）が悪い ……Method（方法）
④ 作業者の技能に問題がある …Man（人）

そこで加工が終わったら，すぐに検査することにした．

⑤ 良品かどうかを検査する …Measurement（検査）

これを「4M＋1M」（または5M）と言う．「自工程完結」とは，自分で作った製品をその場で自分が検査して，良品か不良品かを判断するので，不良品が出た責任は自分なので言い訳ができない．「自分の工程の4Mの中でどれが悪かったのだろう？」と考えて，原因を探す．自分で対策が出来ない場合には，「アンドン」を使って監督者に知らせる．「4M＋1M」の効果は驚異的だ．導入前の不良率は1万分の1だったが，導入後は100万分の5～10になった．

（3）後工程はお客様[41]

「お客様は2人いる」．1人は社外の顧客で，もう1人は社内の後工程である．これまでは，社外の顧客には不良品の「流出防止」のために最後に全数検査をし

ていた。一方，社内の顧客には自分の工程内でセルフチェックして，後工程には良品しか流さないように「発生防止」をした。結果的に最後の全数検査工程が不要になった。これを「**自工程完結**」と呼び，トヨタでは全ての工程で「**4M+1M**」を採用している。このイメージを図3-15に示す。

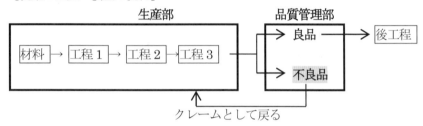

図3-15 自工程完結の進め方

(出所) 堀切俊雄 (2016), 101頁

また"**自主検査**"のために"物理的な検知手段"の採用が可能ならば，「"**ポカヨケ**"＝Fool Proof」注)を適用する。

注) 人が作業するときウッカリして，"ポカ"をするのを防止する方法。

<事例24> プレス部品の"ポカヨケ＝Fool Proof"[42]

例えば，自動車部品で，外形は同じで，孔の位置のみ左右反対勝手である場合，この部品の"**右側の縁**"を曲げるとき，稀に左右の部品を間違える事があった。この対策として孔の部分に"リミット・スイッチ"を取り付けて，「反対側の部品の場合はリミット・スイッチが押されてプレスの電源が入らないため，縁が曲げられないようにする」と共に，ブザーが鳴って知らせるようにした。このようにして「孔位置に取り付けたリミット・スイッチが全数検査を行い『不良を作らない検査』を行った」のである。これを図3-16に示す。

図3-16 縁曲げの"ポカヨケ"

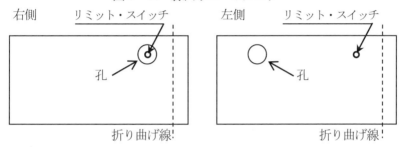

(出所) 新郷重夫（1980），26頁

この例のように「加工工程の中に，検査機能を内蔵させておく」ようにすれば，完全に"**不良＝0**"を実現できる。このような"**ポカヨケ**"を設置すれば，**不良発生を防止できる**と共に，**情報発信ができる**。それは"**全数検査的な機能**"を持っており，「**不良を作らない検査**」の方式として強い効果を示す。これにより「1年以上，不良＝0」を実現させた工場がある。

(4) 源流管理方式[43]

「**源流管理とは，品質を左右する原因となる条件を管理することによって，不良の発生を防止する**」方式である。源流管理には次の2つがある。
① **横の源流管理**……その工程の奥にある，品質を左右する条件を見つけて管理する。
② **縦の源流管理**……工程の上流に遡って，品質を左右する条件を管理する。

品質の良否を判定することが，"**官能検査**"の場合には人に頼ることになり，そ

れは"不良を見つける検査"になってしまう。また"全数検査"を行うことが難しい。しかし、"官能検査に頼らざるを得ない"と考えている場合、「それは"不良の結果の現象"を確認しようと考えているのであって、その"不良を作る原因の現象"を考えると"物理的な手段"によって管理できる場合がある」のである。

例えば、「塗装色の調子の判定」は、一般に"官能検査に頼らざるを得ない"と考えられている。しかし、「その品質の原因となる"塗料の吐出量"を管理するために"塗料の色の濃度・量・空気圧力"を管理することによって、結果として"塗装の色の調子"を管理することができる」ことになる。これは"横の源流管理"の実例である。

これに対して、"縦の源流管理"によって、大きな効果を示した実例もある（ここでは省略する）。

2　全数検査の採用

"不良を作らない検査"の実施には"全数検査"を採用しなければならない。なぜならば、「"抜取検査"は統計学の裏付けがあるとしても、しょせん"検査手段の合理化"でしかなく、"品質保証の合理化"とはなり得ない」からである。ところが、あるトヨタ生産方式の説明の中に、次のように記載されているところがある。「高速自動プレスのように、ロットで作業するものは、50個なり100個をシュートの上に溜め、最初と最後の各1個を検査して、両方とも良品ならパレットに移す。後が不良ならどこから不良が発生したか調べ、これを除くと共に不良が出ないように手を打たなければならない。これは"一種の全数検査"である。高速だからといって"抜取検査"しかできないと思ってはいけない」と述べている。しかし、このような説明は、「連続する製品の中から、適当なサンプルを抜き取って行う"純粋の抜取検査"はいけない」と主張しているのであろうが、次の2点で誤りがある。

① **単発不良**…2〜3個不良が出たが、後は良品になる場合（例えば、"**材料に傷**"があるような場合）。
- その不良の性格が"単発不良"だったとして、"100個の内の中間で発生した"とすれば「**不良品は完全に見逃されて、良品の中に混入されてしまう**」ことになる。

② **連続不良**…1個不良が出ると、後続する品物が全部不良になる場合（例えば、"**パンチが折れた**"ような場合）。

- その不良の性格が"**連続不良**"だったとすると，極端な場合，"第2個目から不良が発生したら，99個の不良品を捨てなければならない"ことになる。

この考え方は，基本的に「**不良を見つける検査**」しか考えていない。いかに高速プレスであっても，それに対応する"**安価な高速検査装置**"を開発すべきである。そしてそれは，"不良を見つける検査"ではなく，"**不良を作らない検査**"でなければならない。

3 ポカヨケは手段に過ぎない

"**不良を作らない検査**"の具体的な手段として，トヨタ生産方式では"**ポカヨケ**"の採用を推奨している。ただし，ある本に次のように説明されている。
「生産工程内で100％良品を作るためには，治工具や取り付け具を工夫して，不良の発生を"**未然に防ぐ仕組み**"が必要」である。これを"**ポカヨケ**"と言う。ポカヨケには，例えば次のような仕組みがある。
① **作業ミス**があれば，品物が治具に取り付かない仕組み。
② **品物に不具合**があれば，機械が加工を始めない仕組み。
③ **作業ミス**があれば，機械が加工を始めない仕組み。
④ **作業ミス，動作ミス**を自然に修正して，加工を進める仕組み。
⑤ **前工程の不具合**を後工程で調べて，不良を止める仕組み。
⑥ **作業忘れ**があれば，次の工程が始まらない仕組み。
などである。
（本項は，日本能率協会（1978），206－207頁を参照）

以上の内，「**①～④は，自主検査にポカヨケを適用した**」と考えられる。「**⑤～⑥は，順次点検にポカヨケを適用した**」と考えて良い。
我々が検査を行う場合，次の2つの方法がある。
① **官能検査**…人間の感覚によって行う検査…例：色の濃さ，メッキの艶の程度など。
② **物理的検査**…人の感覚に頼る必要がなく，各種の検知機器によって，物理的に検査できるもの。

「もし，"**物理的手段**"で検査ができるならば，"**ポカヨケ**"の利用が可能である。従って，"**源流管理**"や"**自主検査**"に利用すべきであろう」。なぜならば，「"**順次点検**"は，どうしても"1個の不良"を発生してしまう可能性があるので，こ

の方式は"官能検査"に頼らざるを得ない場合にのみ，限定することが望ましい」からである。

(1) ポカヨケの目的を決める

いずれにしても，「"ポカヨケ"は"手段"であって，"目的"ではない」。そこで，次のように目的を区別する。

① その作業について，「"**源流管理**"を適用するか，"**自主検査**"を採用するか，"**順次点検**"にせざるを得ないのか？」を決定する。

② これらの方式を遂行するための"**全数検査的な実践的手段**"として"**ポカヨケ**"を考える。このようにして「**不良=0**」という徹底した"**不良の排除**"を実現する。

また，前に挙げた 6 項目は，「ポカヨケの機能」を説明したものであり，その機能を果たすためには，どのようにしたら良いか？の説明ではない。ポカヨケの機能には，次のような「**ポカヨケの規制機能**」と「**ポカヨケの設定機能**」があることを理解する必要がある。

(2) ポカヨケの規制機能

"ポカヨケ"の機能が働いた場合，どのような規制機能を発揮するかは，次の2つがある。

規制機能 ｛
・**規制式**…ポカヨケの機能が働いた場合，機械やラインを止めて仕事が進まないようにする。
・**注意式**…ポカヨケの機能が働いた場合，ブザーを鳴らしランプを点滅させて，作業者に注意を促すようにする。

(3) ポカヨケの設定機能

"ポカヨケ"を実際に設定する場合には，次の3つの考え方がある。

設定機能 ｛
・**接触式**…製品の形状・寸法などの差を利用して，"**接触の有無**"を検知し，不良の発生を防止する方式
・**定数式**…"**一定の回転**"の動作を行ったかどうかで，異常を検知し，不良の発生を防止する方式
・**動作のステップ式**…"**一定の動作のステップ**"を行ったかどうかで，異常を検知し，不良の発生を防止する方式

4 品質管理と管理図 [44]

　昭和 26 年頃，わが国に「統計学を基礎とする品質管理技法」が伝えられた。その結果，「特性要因図，管理図，度数分布図，チェックシート，パレート図，散布図，層別，抜取り検査，実験計画法など」の新しい技法(注)が採用され，わが国の品質管理に画期的な影響を与えた。注）「QC7つ道具」や「新QC7つ道具」など。

　ここでは「**管理図**」(注) による品質管理を考えてみよう。次の3つの条件が必要である。注）「X-R 管理図」や「P 管理図」など。

① **規格限界**……製品として許される許容誤差の範囲
② **管理限界**……加工する側で発生する品質のバラツキの範囲
③ **規格限界の中に，管理限界が含まれること**

そして管理図では，いくつかの実績から"**管理限界を設定**"して，時系列に抜取りでサンプルを採取して，その範囲から逸脱した場合"**異常値**"としてアクションを行う。

　この管理図には3つの特徴があり，次のような「利点と欠点」がある。

① 統計学的な裏付けによって「"**管理限界**"＝普通に許容される限界」を設定することによって"普通と異常の判別」"を行う。
　【利点】…このように"普通に許容できる変動"と"それを逸脱する異常"を判別する限界を合理的に設定できる。
　【欠点】…しかし"**全数検査**"なら良いが，"**抜取り検査**"は統計学的な裏付けがあるとしても，しょせん"**検査手段の合理化**"にすぎない。

② 異常を発見したら"**アクションを行って，不良の原因を排除する**"。
　【利点】…このように"**情報検査の考え方**"を明白にしたことは，従来の"**分別検査中心の検査**"（良品・不良品の判別検査）を反省した事になる。
　【欠点】…しかし，基本的には「**不良が発生してからアクションを行う**」ので「**不良を作らない検査**」ではない。ここに致命的な欠点があるのではなかろうか？

③ "**品質管理（QC）**"では，統計学という学問的な裏付けがあることが最大の特徴である。
　【利点】…不良の発生頻度によって，合理的な「**AQLによるサンプル数**」が設定されている。更にヒストグラム（度数分布図）によって「工程能力

指数 Cp や Cpk」[45] による"品質保証"がされている。
【欠点】…しかし,「いかに統計学的に合理的に設定されていても,しょせんは"**検査手段の合理化**"であり,"**品質保証の合理化**"ではない」のである。この点に致命的な欠点があるのではなかろうか? 従って,「**不良は最少になっても,決して"不良＝0"にはなり得ない**」のではなかろうか?

以上のように"**管理図**"は,利点と欠点を持っているが,これは「軸の外径の切削寸法＝φ120±0.05」というように"許容誤差が許される場合"にのみ活用が可能である。
例えば,前述の「パンチが折れたため,孔が明いていない不良品がある」ような場合には活用できない。このような現象は"連続不良"であるが,QC では「抜取り検査により,サンプルを採取して不良を発見したら機械を止めて,それ以降の不良発生を防止すると共に,先行ロットの全数検査を行って,不良品を排除する」ことで"品質保証"を行う。しかし,このやり方は「**不良を見つける検査**」であり「**不良を作らない検査**」ではないのである。

＜事例25＞ 寸法検査の自動化（切削部品）
E 社では,工程能力指数 Cpk が不足している箇所をライン内で「全数検査」している。具体的には,機械の中（または外）で全数,自動的に「寸法測定」して自動補正している。これは不良の発生防止であり「**不良を作らない検査**」である。

5 故障の排除

"故障の排除"は,本来は『作業の改善』の項で説明すべきであるが,トヨタ生産方式では工程面の"ノン・ストック"と密接な関係があるので,本項で説明することにする。
トヨタ生産方式では「**止まらないラインは素晴らしいラインか,悪いラインかのどちらかである**」と考える。逆に言えば「ラインを止めるのは,改善を重ねて止めたくても止まらないラインにするためである」。

（1）目で見る管理（異常管理）

普通の生産方式では,「機械の故障が発生した場合,生産の流れが止まるから,適当なストックを持つことが必要である」と考えている。
ところが,トヨタ生産方式では"ノン・ストック"を志向するから,ストック

があってはならないのである。それなら"**機械の故障**"に対して，どのように考えるのであろうか？というと，「**人の作業や機械の作業に，"異常"**[注]**が発生すれば，作業や機械を止めてしまう**」と主張している。そして，「現場の作業者に対しては"**異常**"があったら，とにかく**機械やラインを止めよ**」と，徹底して教育している。その一方で，「監督者は，**機械やラインを止めてはならない**」と，強調している。つまり「作業者が止めることと，監督者が止めない努力を競争させている」のである。注）"異常"とは，主に「不良」と「設備故障」の2つを指す。

そして異常が起こった場合，直ちに，監督者に分かるように「**目で見る管理**」[注]いわゆる"**アンドン**"などによって，誰にでも分かるようにしている。この「目で見る管理」が，トヨタ生産方式の大きな特徴である。と説明されているが，本当にそうであろうか？
　確かに，「異常を，直ちに誰でも見えるようにすることは良いことである。しかし，"**その異常が発生したときに，どのような対策を講ずるか？**"が，更に重要である」と言える。そして対策は「暫定対策」と「恒久対策」の両方を行う。
　注）最近では「見える化」という言葉が使われているが同義語である。違いは「目で見る管理」が"異常"を中心に管理するのに対して，「見える化」はもっと広い意味で"問題点"を管理する場合に使われる。

（2）カウボーイは異常管理 [46]

「○○管理」と言う言葉はよく使われているが，「**管理の要諦**」とは何か。それは例えばわずかの人数のカウボーイが，何千頭という牛の大群を引き連れて，何百キロも離れた所へ届ける状態ではないか。平常の状態ではカウボーイは何もしない。しかし，牛の群れがコースを外れそうになると，先頭の牛のところへ馬を走らせて軌道修正する。また，何頭かの牛が群れからはみ出したら，その牛を群れに戻す。これは「**異常管理の典型**」である。
　要するに管理とは，うまく行っているところは見なくても良い。何か異常があれば，それを素早く察知して手を打つことが重要である。先の「**目で見る管理**」は，まさにこの"**異常**"を中心に管理するためであり，これをトヨタ生産方式では「**異常管理**」と呼んでいる。
　「**異常管理**」を行えば，管理能力や管理範囲が拡大した場合でも，一人の作業員が多くの自動機を受け持つことができるし，一人の組長や班長が何本ものライ

ンを見ることができる。また生産管理や購買の部品係は，取扱い部品点数が多くても対処できるのである。

　(注) 品質管理部・生産管理部・購買部などに人が大勢いる企業は，この「異常管理」ができていないためであろう。

<事例26> 品質を工程内で作り込むためにラインを止める（ニンベンのついた自働化）[47]

① **生産設備**には，異常を検出して**自動的に機械を止める装置**を組み込む。
② **作業者**には，ボタンを押したりアンドン・コードと呼ばれる紐を引っ張ったりして，**生産ライン全体を止める権限を与える**。「チームメンバー全員が規格外の製品を見つけるとラインを止める権限がある（つまり不良は「**現行犯逮捕**」して即対策する。一般の工場での1ヵ月後の不良対策会議は「**死亡診断書**」と同じで手遅れである）。こうして，チームメンバー全員に**品質の責任**を与えている。彼らは自分の**権限**と**責任**を感じ，自分達が**重要な役割を果たしている**ことを理解する」。このように「**ニンベンのついた自働化**」は，品質のつくり込みの基礎である。

　トヨタは**品質を源流で改善**すれば，下流でのコストが下げられることを発見した。「**ニンベンのついた自働化**」は，問題が発生すると自動的に停止する**人間のような知性をもった設備**という意味が込められている。ラインの次の工程に不良が流れるのを防止することは，後で製品を検査して不良を修理するよりずっと効率的でコストも安い。そうすることで**問題を顕在化**し，**それを解決**することでムダを排除し，**生産性を上げる**。

　トヨタ生産方式は，製品を**最初から正しく作る**ことの重要性を劇的に高める。仕掛り在庫が非常に少ない状況では，品質問題が発生しても頼りにできるバッファーはない。A工程で発生した問題は，すぐにB工程を止めてしまう。トヨタで働いていて怒られることが二つある。一つは**無断欠勤**すること。もう一つは不良を見つけても**アンドンの紐を引っ張らない**ことだ。

③ アンドンとは，設備が止まった時に**助け（人）を呼ぶための電燈信号**のことである。

　旗や光に音楽や警報音が伴い，品質問題の発生を知らせる。このような信号システムをアンドンと呼んでいる。トヨタの組立工場やエンジン工場のアンドンは，

「定位置ラインストップ・システム」と呼ばれる。これを図3-17に示す。

図3-17 手作業による組み立てラインのアンドン・システム

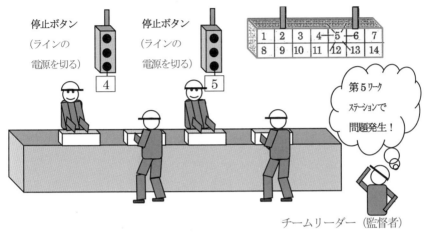

（出所）日本能率協会（1978）111頁，J. K. Liker（2004）（上）247頁

── **＜チームリーダーの役割＞** ──

　図3-17の第5ステーションの作業者がアンドン・ボタンを押すと，第5ステーションのアンドンが"**黄色**"に光るが，ラインは動き続ける。チームリーダーには，不良品が次のステーションに流れてアンドンが"**赤**"になり，そのラインの**セグメント**が停止するまでに行動する猶予が与えられている。
　この時間は組み立てラインでは15～30秒に過ぎない。チームリーダーは，アンドン・ボタンが押された場合，次のような標準対応処理を訓練されている。
　① 問題をその場で解決する。
　② （車が次のステーションに行く間に解決できると判断して）**ラインストップをキャンセル**する。
　③ （このセグメント）**ラインを停止**させる。
組み立てラインは，間に**小さなバッファー**（通常，車7～10台分）を持つ**セグメント**に分割されている。このバッファーのおかげで，あるセグメントが停止しても次のセグメントが止まるまで7～10分かかる。従って，工場全体が止まるという事態はほとんど起きない。

進化した**最新のアンドン技術**には次のようなものがある。
① 生産工具やロボットに多数のセンサーを組み込んで，不良品が見つかるとヘッドフォンをつけているチームリーダーに無線で電気信号を送る。
② 不良レポートがデジタルカメラ画像と共に，ブラックベリー(無線でメッセージを受け取ることができるPDA端末)をベルトにつけているチームリーダーに送られる。
③ その写真を工場の電子掲示板に転送すれば，作業者は大型画面で不良を見ることができ，再発防止の助けになる。

これらはアンドンの最新技術であるが，**問題を顕在化**し，**全員に見えるようにして，直ちに防止策を考える**という**基本原則**は変わらない。

（3）再発防止こそが重要である…盲腸は切ってしまう！[48]

一般には，異常が発生しても，応急処置（暫定対策）だけして仕事を継続させようとすることが多い。それでは折角の"目で見る管理"も大した効果を発揮できないだろう。トヨタ生産方式では，簡単に**"再発防止（恒久対策）をしなければならない"**としか説明していない。しかし，これは，

「盲腸にかかった場合に，水で冷やして痛みを散らしてしまうか？　それとも，一生再発しないように切開手術をして取り除いてしまうか？」というように，対応の仕方によってその後の状況は大きく異なることになる。トヨタ生産方式では，**"盲腸は切ってしまう！"**という，強い意味での**"再発防止"**を主張している。

―――――＜ラインを止めたくないから，ラインを止める！＞―――――

①「"目で見る管理"も必要であるが，もっと重要なことは**"徹底的な再発防止"**にこそ，本当の意義がある」。そして「トヨタ生産方式では，**機械やラインを"止めたいから止める"のではなく，"止めたくないから止める"のである**」ということを，よく噛みしめる必要がある。

②「イザとなれば，**機械やラインを止めてしまう！**」という**トップが強い決心**をしない内は，トヨタ生産方式を採用すべきではない。また**"ノン・ストック"**も考えることは出来ない。このような考え方が発展して，**"ニンベンのついた自働化"**が考えられたのである。

第10節　能力の弾力性[49]

「平準化生産」のための**能力の弾力性**については，第2章第3節で考察した。ここでは「工程の改善」のための能力の弾力性について考察する。

実際の需要が次のようになることを期待できない。

　① 1年間を平均して，毎月同じ量である。
　② 1月間を平均して，毎日同じ量である。

すなわち「**需要の量的な変動は，不可避である**」と考えざるを得ない。しかし，それでは生産現場が困ることになるので，「製品や中間仕掛品などの**ストック**によって，需要の変化の波を緩和する」というのが従来の生産管理の常識であった。

ところがトヨタ生産方式では，「"**つくり過ぎのムダ**"を徹底的に排除しよう」，「"**ノン・ストック**"生産方式を採用しよう」という事であり，「"**見込生産**"を否定して"**受注生産**"を志向しよう」という事であるから，従来とは全く違った立場の考え方である。この考え方を安易に志向すれば，「大きな"**工数のムダ**"が発生」するので危険である。

それではトヨタ生産方式では，どんな対応を考えているのであろうか？　基本的には，「**需要量の変動に対しては，能力の弾力性によって対応する**」という考え方である。

1　需要が増加する場合

(1) 長期的で，かつ見通しが可能な場合

ボーナス時期に沢山の需要があるというように，需要予測によって長期的に確実に需要が増加する場合には，次のような対策を採用する。

① 部品加工工程では，平常には"**多台持ち**"または"**多工程持ち**"によって，**機械の負荷は** 50％しか掛けないでおく。需要が増加すると臨時工を雇い，今までの「"**1人10台持ち**"から"**1人5台持ち**"にして，"**2倍の生産能力**"に増加させる」。

② ただし，「**新規採用の未熟練者でも，3日で1人前の出来高を発揮できる**」ような，取扱の容易な機械を自分達で考える。

③ 組立工程では，"**1人で1分のタクトタイムの作業**"を受け持っていたのを，臨時工を増員して"**1人で30秒のタクトタイムの作業**"を受け持つようにして，**2倍の生産量を消化できる**」ようにする。この場合も，臨時工でも簡単に仕事ができるように，作業方法を改善しておく。

（2）短期的な需要増加の場合

一方，短期的に需要が増加する場合には，次のような対策を採用する。
① 2交替制の場合は，「1直目の前と2直目の後にある"**各4時間**"を"**早出と残業**"により，50%まで生産能力の増加を図る」。
② 普通勤務の場合は，「**残業により能力の増加を図る**」。
③ 更に，「"**改善**"によって"**余力**"を作っておき，これを需要の増加に振り向ける」。
④ また，「"**間接人員**"に，臨時的に応援してもらう」こともある。

2 需要が減少する場合

この場合の対応は難しい。「トヨタ生産方式では"**つくり過ぎのムダ**"を最大の改善目標にしているため，"**ストック**"を作ることは許されない」ので，次のような対策を採用する。
① 部品加工工程の場合，1人当りの"**機械の持ち台数**"を多くする。
② 組立工程では，タクトタイムを長くして，"**作業人員**"を減らす。
③ 減らした人員は，次のような方策を採用する。
・普段は放置していた"**工場内の各所の水漏れを修理**"する。
・普段はできなかった"**機械の手入れや修理**"をする。
・"**段取り替えの練習**"をする。
④ 従来は，"**外製**"していた物を"**内製**"に変更する。
この場合"**経理屋的なセンス**"で計算すると，「**内製は加工費が高いから損だ**」という数字がでるかも知れないが，"**余った人の工数はタダである**"という見方に立てば，常に"**内製した方が有利である**"と考える必要がある。

● 小括　工程改善のまとめ

工程の内容は，「**加工，検査，運搬，停滞**」の4つの現象から成り立っている。そして，「"**加工**"のみが，付加価値を高める仕事」である。他の「"**運搬，停滞，検査**"は，付加価値を高める仕事ではなく，"**原価を高める仕事**"にすぎない」と考えて良い。

トヨタ生産方式では，"**徹底的なムダの排除**"を志向しているので，「**付加価値を高める仕事以外は，全て"ムダ"である**」と考えている。何としても「運搬，

停滞，検査」を排除しなければならない。そのためには，次のような改善を行うのである。

＜工程改善の４つのポイント＞

① **加工の改善**は，まず **VE** を行う。次に「**固有技術的（生産技術的）な改善**」と，分業を利用した "**IE 的（製造技術的）な改善**" を行う。

② **運搬の改善**は，"**レイアウトを改善して，ライン化を行う**" ことによって，運搬を排除する。どうしても運搬が必要な場合には効率的な運搬手段を採用する。

③ **停滞の改善**は，"**停滞の削減つまりノン・ストック**" である。そのために「工程待ちの改善」と「ロット待ちの改善」および「小ロット化」の３つを行う。工程待ちは，必要量に "**等量化**" すると共に "**同期化**" して排除する。ロット待ちは，"**１個（セット）流し**" にして排除する。少ロット化のためには，"**段取り時間**" を短縮する。

④ **検査の改善**は，"**不良を作らない検査**" と "**全数検査**" の採用を考える。そのための手段として "**ポカヨケ**" を採用することによって，"**不良＝０**" を目指す。また "**後工程はお客様**" という考え方に徹して「**自工程完結**」（4M＋1M）を採用し "**不良を発生させる条件を改善する**" ことにより不良の発生を防止する。

特に「"**停滞**"は，他の"加工，運搬，検査"の不備を補償するという性格を持っている」。例えば「機械が故障したり，不良が発生したり，運搬が遅れた場合でも，"**停滞つまりストック**" が緩衝作用を発揮して，生産の流れを混乱させない」ので，このストックを削除する。

従来の生産管理では，「ストックは生産の流れを円滑にする "**潤滑油の働き**" をするものである」として "**有用視**" されていた。一方，トヨタ生産方式では，この「ストックは有用である」という考え方を全面的に否定している。そして「**なぜ，ストックが必要なのか？**」に真正面から対決して「**ストックを必要とする，原点にあるものを改善する**」のである。

このトヨタ生産方式の考え方は，原点に "**つくり過ぎのムダの排除**" すなわち "**停滞の削減**" があり "**ノン・ストック**" がある。その意味で「トヨタ生産方式は，従来 "**生産管理の盲点**" であった "**停滞**" と，有用視されていた "**ストック**" を全面的に否定するという "**意識革命**" の上に立った**革新的な生産方式である**」と言える。それは次の５点に要約される。

＜トヨタ生産方式の５つのポイント＞

① "徹底的なムダの排除"により「**原価低減**」をはかる。
② "ジャスト・イン・タイムによるつくり過ぎのムダの排除すなわちノン・ストック"と"ニンベンのついた自働化により工数を低減して少人化"を実現する。これらが"ムダ排除の２本柱"である。その大前提が「**平準化生産**」である。
③ "ノン・ストック"のために「小ロット生産と等量化，同期化，１個流し生産」により"停滞を排除"して「リードタイムの圧倒的短縮」を実現させる。そのために"段取り替え時間を短縮"して"シングル段取り"を採用する。
④ 需要の本質は"**受注生産であり多品種少量的**"な性格を持つと考え，"ノン・ストック"という条件の中で，それを実現させるために従来は困難と考えられていた各種の問題点を，「**原点的志向で改善する**」。
⑤ 「"**必要量こそが生産量**"である」という考え方に徹して，"タクトタイム"で造る。

　これまで，「"ストックの排除"こそが，トヨタ生産方式の特徴である」と強調してきたが，「"**ストックの排除**"は最終目的ではない。その奥に存在する"**原価低減**"が真の目的である」。従って，「"**ストックの削減**"は"**原価低減**"のための手段にすぎない」のである。そして，"**必要量こそが生産量**"であるという考え方に徹しなければならない。

　以上，第３章では製造改善の観点から『工程の改善』について考察した。第４章では同じ製造改善の観点から『作業の改善』について考察する。

＜回転寿司が理想形？＞

　最近の「回転寿司店」がトヨタ生産方式の理想形の１つであろう。テーブル席に座ると，マグロ，エビ，ウニ，イクラなどのネタが「皿」に乗って順番に出てくる（**製品ミックス**）。お客はその中から食べたいネタを取って食べる。
　ベルト・コンベアのスピードは「**タクトタイム（サイクルタイム）**」で決めている。コンベアは「**動く製品ストア**」で，売れたネタが補充される。
　また，お客が食べたいネタを注文すると「特別な皿」に乗って出てくる。更に，食べた料金は「皿の色」で分かるので支払いは簡単である。

■ 補足6:「流れ線図」と「工程経路図」

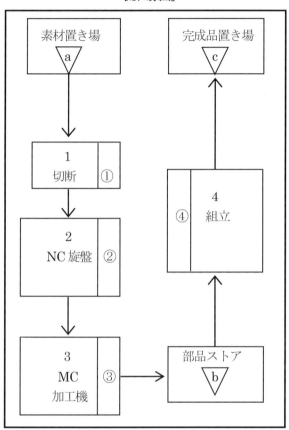

「流れ線図」

ここでは,物の流れを「加工,検査」の2つだけ,レイアウト図に書き込む。なぜならば,"製品の工程経路"に沿ったレイアウトに改善するためである。

「工程経路図」（分析表）

部品名＼工程	素材	1 切断	2 NC 加工	3 MC 加工	4 組立	完成	数量の和
部品 A	▽	●	●	●	●	▽	20
部品 B	▽	●	●		●	▽	15
部品 C	▽	●		●	●	▽	15
部品 D	▽	●	●		●	▽	15
・ ・							
合計 部品数	20	20	20	10	20	20	
加工時間（分/個）		5	20	10	20		

物の流れを「加工」のみ，分析表に書き込む。

■ **補足7：非原価主義……原価管理における基本的な考え方**[50]

　一般の企業では，ほとんどが"原価主義"を経営の基調として考えられている。すなわち，次の式を採用している。

　　　　　原価＋利益＝売り値

しかしトヨタ生産方式では，このような立場をとらない。「**売価はマーケットが決めるものである。**すなわち**消費者の選択によって決められる**ものである」。そこで，次の式を採用する。

　　　　　売り値－原価＝利益

　両方の式は「数学」では同じであるが，「考え方」に違いがある。

　このように，「利益の増大は"原価低減によってのみ得られる"」と考える。そうすると，「**企業が利益を確保するためには，"原価低減こそが至上命令である"**」ということになる。それなら何としても"徹底的なムダの排除"を考えなければならない。

　「**売り値は消費者が決定する。**従って**売り値－原価＝利益**，ならば，"**原価低減以外に利益が出るところはない**"」と考えるなら，何としても「**徹底的な原価低減…徹底的なムダの排除以外に，企業が生きて行く道はない**」と強い決意をす

ると共に，トヨタ自工のように「日常の"改善活動"と毎月の"進捗会議"による強い原価低減の追求」というような，厳しい経営姿勢が強調されることになる。

■ 補足8：つくり過ぎのムダとは？[51]

　トヨタ生産方式では，随所に"つくり過ぎのムダ"が強調されている。実は"つくり過ぎ"には，次の"2つの異なる性質のもの"が存在する。
　　① 多くつくり過ぎ
　　② 早くつくり過ぎ

　今，5,000個の特急の注文があったとする。期日までに余裕がないため，「もし，不良品が出たら困る」ので，「余裕を見て，5,100個（100個余分に）作ったところ，不良品は"30個"で済んだために"70個"は捨ててしまった」というような場合は"多くつくり過ぎた"ことになる。これに対して，「5,000個の注文の納期が12月20日であるのに，12月15日に完成した。ただし，数量は5,000個しか作らなかった」という場合は"多くつくり過ぎた"ではないが，「5日間"早くつくり過ぎた"」ことになる。

　トヨタ生産方式で"つくり過ぎのムダ"と強調しているのは，"多くつくり過ぎ"のことではなく，"早くつくり過ぎ"のことを指している。トヨタ生産方式では"多くつくり過ぎる"ことは論外であって，そんなことが絶対にあってはならない」と，当然のことと考えている。そこで当面の"早くつくり過ぎ"の問題を，いかにして低減させるかを考えているのである。トヨタでは，ストックが"3日分"であるのに対して，ライバルのS社では"20日分"のストックを持っている。S社の20日分のストックは決して"不必要な品物"ではなく，"そのうち使う品物"である筈である。しかしトヨタでは"多くのストック"を認めない。

　このように"つくり過ぎのムダ"には，①多くつくり過ぎと，②早くつくり過ぎの2つの性質のものがある。「トヨタ生産方式では，"早くつくり過ぎ"を問題にしている」ことを正しく理解しておく必要がある。

■ 補足9：段取り替え時間の短縮（段短の9つの定石）

1 段取り替え時間とは

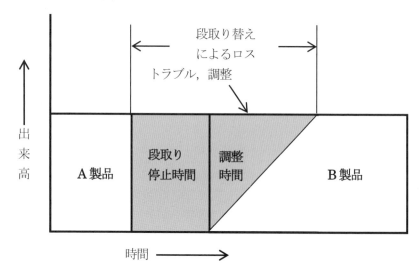

2 段取り替え時間の内訳

	内訳	定　義
総段取り替え時間	外段取り替え時間 （内段取り前に行う外段取り）	機械を停止させなくてもできる段取り替え作業時間
	内段取り替え時間	機械を停止させないとできない段取り替え作業時間
	調整時間	段取り替え後，品質の精度やトラブル処理のために機械が停止する時間
	外段取り替え時間 （内段取り・調整後に行う外段取り）	機械を停止させなくてもできる段取り替え作業の時間

3 段取り替え改善の手順

「段取り替え時間の短縮」は，トヨタ生産方式を成功させるために重要な手段である。これを効果的に進めるには，標準的な手順（これを**段取り替え改善の手順**という）に従って実施する必要がある。この手順は，わが国の実践の中から要約した標準的な進め方であり，基本的な定石である。

「段取り替え改善」（以下では**段短**と略す）は，通常 5～8 手順より構成されている。ここでは，最も詳しい **8 手順**を紹介する。この手順で「段短」を進めることが望ましい。

手順1．目的の明確化
手順2．現状分析
手順3．段取り作業の分類
手順4．目標の設定
手順5．ムダ取りの検討（9つの定石）
手順6．改善実施計画の作成
手順7．改善の実施
手順8．結果と効果の確認

次に，それぞれの手順について簡単に説明する。

手順1：目的の明確化

段取り改善の目的は様々であるが，大別すると次の3つに絞ることができる。

① 小ロット化による「リードタイムの短縮，仕掛り在庫の削減」
② 生産性向上による「生産数量（出来高）の向上」
③ 手作業時間の短縮による「多数台持ち」（多台持ち，多工程持ち）

これらのどれを目的にするかを明確にする。

手順2：現状分析

① 生産指標の把握
② 不稼働時間の把握
③ 段取り作業時間の把握
④ 現場観察（ストップウォッチと VTR の活用）

手順3：段取り作業の分類
① **準備作業**（金型・刃物，治具類，部品，仕様書・条件表などの**準備**）
② **交換作業**（金型・刃物，シューター，センサーなどの**取付け，取外し**）
③ **調整作業**（位置合わせ，条件設定，試し加工，測定・補正など）
④ **後始末作業**（金型・刃物，治具類，部品，仕様書・条件表などの**後始末**）
⑤ その他（**運搬，歩行**など）

集計結果を「パレート図」に表し，占有率が高い項目は更に細分化して問題点をまとめる。

手順4：目標の設定
まず目的を明確にして，具体的な改善目標値を決める。

手順5：ムダ取りの検討（9つの定石）
【定石1】「**段短**」は5つのステップで進める

ステップ1	内段取り，調整，外段取りを明確に**区別**する
ステップ2	内段取りを外段取りに**転化**する
ステップ3	**内段取りを短縮**する
ステップ4	**調整時間を短縮**する
ステップ5	**外段取りを短縮**する

【定石2】「**段短**」の基本は2S（整理・整頓）
【定石3】準備できるものは，前もってすべて準備せよ
【定石4】足は動かすな
【定石5】ボルトは徹底的にとれ
【定石6】ボルトは外すな
【定石7】調整はすべてムダである。めざせ一発良品
【定石8】どうしても残る調整は，すべてブロックゲージ化せよ
【定石9】標準の整備と訓練

手順6：改善実施計画の作成
　改善計画書を作成することにより全員が共通認識して改善活動ができる。

手順7：改善の実施
　改善計画書に基づき実施する。定期的に結果をチェック・フォローして，目標未達成の場合には「代替案を追加」する。

手順8：結果と効果の確認

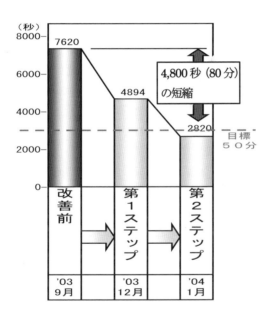

● 注 ─────────

〔24〕J.K.Liker（2004,（上）84－89頁）を要約し加筆した。
〔25〕新郷重夫（1980, 9－12頁）を要約した。
〔26〕新郷重夫（1980, 12－13頁）を要約し加筆。
〔27〕新郷重夫（1980, 38－40頁）を要約し加筆。
〔28〕新郷重夫（1980, 146頁）を要約し加筆。
〔29〕大野耐一（1978），97－99頁より原文のまま引用した。太字への修正は筆者。
〔30〕新郷重夫（1980, 147－152頁）を要約し加筆。
〔31〕新郷重夫（1980, 152－165頁）を要約し加筆。
〔32〕J.K.Liker（2004,（上）188－196頁）を要約し加筆。
〔33〕日本能率協会（1978, 140－141頁）を要約し加筆。
〔34〕『原価低減のためのトヨタ生産システム』より引用。
〔35〕新郷重夫（1980, 165－175頁）を要約し加筆。
〔36〕新郷重夫（1980, 167－170頁）より引用。
〔37〕新郷重夫（1980, 75頁, 171－174頁）より引用。
〔38〕新郷重夫（1980, 24－25頁, 179－185頁）を要約し加筆。
〔39〕新郷重夫（1980, 25－26頁）より引用。
〔40〕堀切俊雄（2016, 96－101頁）を要約。
〔41〕堀切俊雄（2016, 96－101頁）を要約し加筆。
〔42〕新郷重夫（1980, 26－27頁）より引用。
〔43〕新郷重夫（1980, 27－28頁）を要約。
〔44〕新郷重夫（1980, 35－38頁）を要約し加筆。
〔45〕専門用語の注記を参照下さい。
〔46〕日本能率協会（1978, 115－116頁）を要約し加筆。
〔47〕J.K.Liker（2004,（上）244－249頁）を要約し加筆。
〔48〕新郷重夫（1980, 107－109頁）を要約し加筆。
〔49〕新郷重夫（1980, 176－178頁）を要約。
〔50〕新郷重夫（1980, 109－111頁）を要約。
〔51〕新郷重夫（1980, 96－98頁）を要約。

● 注 ──────────── 専門用語の説明

[45] 工程能力指数（Cpk）：工程能力指数とは，定められた公差範囲内で製品を生産できる能力を表す指標である。この工程能力指数には「Cp」と「Cpk」の2種類がある。

① **Cp**：公差の幅（T）と実際のバラツキ幅（6σ）とを比較したもの。
T＝UML－LML。

$$Cp = \frac{UML - LML}{6\sigma}$$

UML：公差の上限値，LML：公差の下限値，
σ：バラツキの標準偏差

② **Cpk**：Cpに公差中央値Mと実測データ平均値$\bar{X}$とのカタヨリ（k）を考慮したもの。

$$Cpk = \frac{(UML - LML) \times (1-k)}{6\sigma}$$

M：公差の中央値，$\bar{X}$：データの平均値，
k：公差の中央値Mと平均値$\bar{X}$のカタヨリ

$$k = \frac{\left| M - \bar{X} \right|}{(UML - LML)/2}$$

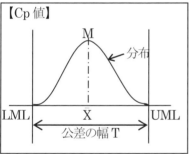

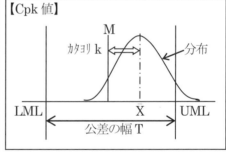

現実には，公差中央値Mとデータ平均値$\bar{X}$が一致しないことがあり，Cp値での判断には注意が必要である。そこでCpk値との併用が望ましい。

①式と②式から，Cpk値はCp値に(1-k)を掛けたことがわかる。したがって次の計算式を使ってもよい。
$$Cpk = Cp \times (1-k)$$

(出所) 山本秀幸 (2014), 257頁

③ 工程能力指数 Cp と標準偏差 σ の関係

　工程能力指数 Cp を計算することで，公差外の製品がどれ位の確率で発生するかを予測できる。例えば，Cp＝1.0 の場合，$Cp = \dfrac{UML - LML}{6\sigma}$ より，UML－LML（公差の幅）＝6σ（±3σ），Cp＝1.0 は±3σ と同じバラツキ状態を示し，このとき公差外の製品が発生する確率は「約0.3%」である。下の図表を参照。

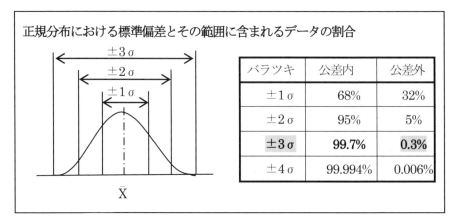

（出所）山本秀幸（2014），258 頁

第4章　作業の改善

　第4章では，新郷（1980）と大野（1978），日本能率協会（1978）およびLiker（2004）等の文献サーベイを通して「**作業の改善**」の要点を記述する。生産活動を支える機能として"工程"と共に，もう1つの柱が"作業"である。トヨタ生産方式では"作業の改善"を極めて重視しており，その考え方にはいくつかの特徴がある。そこで**第1節**では「作業の内容」，**第2節**では「標準作業」，**第3節**では「人と機械の仕事の分離」，**第4節**では「工数の低減」について詳しく考察する。**第5節**では「自動化後の改善」について，**第6節**では「ラインの出来高向上とTPM」について触れる。

第1節　作業の内容 [52]

　作業の内容は，次の3つに分類できる。すなわち①**準備・後始末作業**（段取り替え作業），②**主作業**，③**余裕**，である。次に，この3つの内容を説明する。

1　準備・後始末作業……段取り替え作業

　有用作業であると共に，1ロットの作業の前後に1回起こる作業で，いわゆる**"段取り替え作業"**である。従来は，「段取り替え時間が長いときは，ロット数を大きくすれば**工数低減**になる」と思って，**"大ロット"**の作業を行っていた。それは反面で**"仕掛り在庫"**というストックが多くなって不利な面が発生する。そこで，両者の調和点を考える**"経済ロット"**という考えが生まれた。

　これらの考えは根本的に，「段取り替え時間の圧倒的な短縮はできない」という前提に立っていた。それが**"シングル段取り"**の創案によって，その前提条件が崩れ去ってしまったため「経済ロット」の存在理由が消えてしまったのである。

　　（注）シングル段取りとは段取り替え時間が9分以下のこと。ゴルフのシングルプレー
　　　　ヤー（ハンデキャップ9以下）が語源。

　一般に，「シングル段取りによる段取り替え時間の短縮を，単に**"機械の稼働率の向上"**に利用しよう」と考える傾向がある。それは確かに『作業の改善』としては効果的であるが，それよりも『工程の改善』に活用した方が，大きな経営上の利点が得られることを忘れてはならない。つまり，「**"小ロット生産"**が可能になることから**"ストックを排除"**する」または「**"迅速な切り替え"**が可能になることから，**"受注生産"**への効果的な対応によって**"製品の在庫を排除"**する」のである。

このように"シングル段取り"の採用がトヨタ生産方式の**決定的な要件**になる。そして，「段取り替えの圧倒的な短縮，すなわち"シングル段取り"は，どのような考え方と技法が必要か？」は，前章の『工程の改善』で述べた通りである。

2 主作業

有用作業の中で，正規的に毎回繰り返される作業である。それは次の2つに分類できる。すなわち**主体作業**，**付随作業**である。以下では，それぞれについて説明する。

(1) **主体作業**…実際に"切削，成型，溶接など"を直接行う作業

ところで，**主体作業**だけが「**工程**」に対応して，実質的な機能を果たす作業である。従って，次の4つに分類できる。つまり「工程」の分類と同じである。

① **加工**…切削，成型，溶接などを直接行う作業
② **検査**…標準との比較を行う作業。例えば品物をゲージで判定する作業
③ **運搬**…品物の位置を変化させる作業
④ **停滞**…品物をジッと保持している作業

(2) **付随作業**…品物の"取付け，取外し，スイッチ操作など"を行う作業

このように付随作業は，主体作業を補助する作業である。

3 余裕…不規則的に発生する作業

余裕は次の2つに分類できる。すなわち**"人的余裕"**，**"非人的余裕"**である。

(1) **人的余裕**…人間の生理や心理に関して与えられる余裕である。

① **疲れ余裕**…疲労を回復するために与えられる余裕
② **用達余裕**…用便，水飲み，汗ふき，などに対して与えられる余裕

(2) **非人的余裕**…人間に関係なく仕事そのものに対して与えられる余裕である。

① **作業余裕**…作業そのものに対して与えられる余裕である。例えば，油を付ける，切り粉を払う，などに対する余裕
② **職場余裕**…一般の作業に共通的に与えられる余裕である。例えば，部品遅れ，機械故障，などに対する余裕

従って，『**作業の改善**』は，これら全ての項目に対して考える必要がある。

第2節 標準作業とは？
1 トヨタ生産方式と標準作業[53]

大野耐一氏は「トヨタ生産方式」(1978) で，次のように説明されている。

現場の人間は，標準作業を自らの手で書いてみなければならない。他にわからせるには，まず自らが十分に納得できるものでなければならないからである。

私どもは，設備の内容，機械の配置，加工方法の改善，自動化の工夫，治工具の改良，搬送方法の検討や仕掛品手持ちの適正化などによって，ムダの徹底的な排除を行ってきた。また，**バカヨケ（ポカヨケ）** による不良の再発防止など，現場における人間の知恵を付け加えることによって，効率の高い生産を維持してきた。それを縁の下の力持ちとなって支えてきたのが，**標準作業票**に他ならない。標準作業票において，肝要なのは効率的な生産を遂行するための諸条件を考慮して，**物と機械と人の働き**をもっとも有効に組合せることである。トヨタ自工では，この組合せの過程を「**作業の組合せ**」と呼び，この組合せの集約された結果を「**標準作業**」と考えている。

トヨタ自工の標準作業票は，徹底して原則が貫かれ，しかもトヨタ生産方式において「**目で見る管理**」の重要な役割を果たしている。トヨタ自工の**標準作業票**には，当然のことながら**標準作業の3要素**が明確に記載されている。

① **タクトタイム**
② **作業順序**
③ **標準手持ち**

・「**タクトタイム**」とは，1個あるいは1台を**何分何秒**で作らなければならないかという時間のことである。これは生産数量すなわち**必要数と稼働時間**によって決定される（**計算式は次の通り**）。このタクトタイム以下になるように，サイクルタイムを決める。

1日当たりの必要数＝1ヵ月の必要数÷1ヵ月の稼働日数
タクトタイム＝1日の稼働時間÷1日あたりの必要数

このようにしてサイクルタイムを決めても，作る人によって個人差が出てくる。「**時間は動作の影である**」と言われるが，遅いというのはほとんどの場合，動作・手順が違うことによって生じる。これをどう指導するかが現場の監督者（組長・班長）の腕である。

・「**作業順序**」とは，作業者が物を加工する場合に，物を運び，機械に取り付け，取り外しをして，時間の流れと共に作業してゆく順序のことである。**製品が流れていく工程の順序でないことに注意しておかなければならない。**

・「**標準手持ち**」とは，作業をしていくために，これだけは必要だという**工程内**

の仕掛品のことをいい，機械に取り付いている物も含めて言っている。

　標準手持ちは，一般には同じ機械配置であっても，作業を加工工程の順に沿って行う場合には，それぞれの機械に取り付いている物だけあればよく，**工程間には手持ちを必要としない**。しかし，**工程の進む逆の順序**で作業する場合には，各々の工程間に1個ずつ（2個付けのときは2個ずつ）**手持ちが必要**となる。トヨタ生産方式においては，「ジャスト・イン・タイム」に部品が到着しなければならないだけに，**標準手持ち**も一層厳密に設定しなければならない。

2　標準作業の作り方 [54]

これまでは「標準作業票」として一括して表現した。しかし，実際には「標準作業のつくり方」には次のものが必要である。

① **部品別能力表**[注]…工程順序・工程名称・機械番号・基本時間・刃具交換の時間・個数および加工能力を記入する。これが，「作業の組み合わせ」を行う場合の基準になる。注）「工程別能力表」と呼ぶことがある。

② **標準作業組合せ票**[注]…タクトタイム（サイクルタイム）の中で，1人1人の作業者が，どのような順序で作業するかを決める。注）IE の「人・機械分析」を進化させたものが，トヨタ生産方式の「標準作業組合せ票」である。

③ **作業要領書**…作業を行う場合，特に注意しなければならない事項で，「機械操作，刃具交換，段取り替え，部品の加工，組み付け」などの作業手順を決め，これを工程毎に示したものである。

④ **作業指導書**…作業を指導する者が，作業者に対して，標準作業を適格に指導するための基準である。ライン毎の生産数量に見合った1人分の作業内容と，安全・品質の急所を作業順に示してある。また，1人分の作業の機械配置を図示し，サイクルタイム，作業順序，標準手持ちを示し，このほかに品質チェック方法も示してある。

⑤ **標準作業票**…作業指導書の中の機械配置図を，A3の用紙に図示し，それに「タクトタイム，作業順序，標準手持ち，サイクルタイム，安全，品質チェック」の項目を記入し，ケースに入れて現場の機械加工ラインや組み付けラインに掲げてある。この「標準作業票」によって，監督者はこのように作業させているのだ，という意志を表している。

（本項の詳細は，章末の補足10を参照）

第3節　人と機械の仕事の分離（人より機械への転化）[55]

人間が行っている作業を，いかにして"機械に転化"するか？　これは重要な課題である。この「**人より機械への転化**」（"**手離れ化**"とも言う）には，次の2つの面がある。

　①"**人の手の働き**"を，いかに"機械に転化"するか。
　②"**人の頭脳の働き**"を，いかに"機械に転化"するか。

トヨタ生産方式では，いち早く"人の手の働きを機械化した"。その初期段階に"人の頭脳の働き"を付与して，「機械の独立性」を早期に達成したことに，大きな特徴がある。

この「人と機械の分離（人より機械への転化）の段階」を**表4-1**に示す。

表4-1　人と機械の分離（人より機械への転化）の段階

区分 / 段階	手の働き				頭脳の働き			
	主作業				（余裕）			
	主体作業		付随作業		普通の方式		トヨタ方式	
	切削	送り	取付取外	スイッチ操作	異常の検知	異常の処置	異常の検知	異常の処置
1　手作業	人	人	人	人	人	人	人	人
2　手送り自動切削	機械	人	人	人	人	人	人	人
3　自動送り自動切削	機械	機械	人	人	人	人	機械自動停止（多数台持ち）	人
4　半自動化	機械	機械	機械	機械	人	人	機械（多数台持ち）	人
5　プレ・オートメーション（ニンベンのついた自働化）	機械	機械	機械	機械	機械	人	機械（ニンベンのついた自働化）	人
6　正規のオートメーション	機械	機械	機械	機械	機械	機械	機械	機械

（出所）新郷重夫（1980），100頁

表4-1を使って，トヨタ生産方式の（切削加工の）「**機械化**」の段階を簡単に述べる。

第1段階手作業…手作業……人間が手で，品物を機械に取付け，取外し，刃物で削っている段階である。

第2段階手作業…手送り・自動切削……"削る"ことを**機械化**した。まだ，人間の手で品物を機械に取付け，取外し，始動（スイッチ操作），刃物を送っている段階である。

第3段階手作業…自動送り・自動切削……"削り"と"刃物の送り"を**機械化**した。まだ，人間が手で，品物を機械に取付け，取外し，始動を行っている段階である。この段階で"切削加工"は人の手から離れて機械化したが，人間は"機械の働きを100%信頼できないため，**監視作業**と称して加工を見守る"ことにした。

第4段階…半自動化（自動取付け，取外し，自動送り，自動切削）……機械への品物の"取付け""取外し""始動""刃物の送り""削り"が全て**機械**で行われる**段階**である。人間は，"異常の検知と処置"のみを行う。ところが，トヨタ生産方式では，この段階で「機械の"切削加工"を監視する必要があるのは，人間の"頭脳の働き"を機械に付け加えないからだ」と悟って，"機械に人間の知恵をつける"という"**異常検知機能**"を付加することによって「**機械を人間から完全に独立させよう**」と考えた。これが有名な「ニンベンのついた自働化」の誕生である。次の第5段階がそれである。

第5段階…加工および異常検知の自動化……機械への品物の"取付け""取外し""始動""刃物の送り""削り"が全て自動で行われ，かつ"異常検知"も**機械**が行う段階である。人間は，単に"異常の処置"のみを行う。この段階をプレ・オートメーション（Pre-Automation）と呼ぶ。トヨタ生産方式の"ニンベンのついた自動化"である。

第6段階…加工および異常検知，対応処置の自動化……この状態が"正規のオートメーション"（Normal-Automation）である。

第4節 工数の低減 [56]

トヨタ生産方式では，「作業の改善」の大きな目標として"**工数の低減**"を強調している。ここでは，「**人の生産性の向上**」を優先して「**機械の稼働率の向上**」は強調していないことに注意する必要がある。

その理由は、「人と機械に同じ時間のロスがあったとしても、原価的には"5：1"程度に人の割合が大きい」注との認識があるからである。また前述のように、**「機械の稼働率が低くても人間の工数（稼働率）の方を重点的に考えた方が、原価低減のために効果的である」**という認識がある。この認識を明確にしてトヨタ生産方式が主張する"工数低減"の意味を考えないと、誤った理解をする恐れがある。

注）財務会計では、決算書の当期の「労務費」と「設備の減価償却費」の割合である。詳細は章末の補足11を参照。一方、管理会計では、見積原価の「労務費率（マン・チャージ）」と「設備費率（マシン・チャージ）」の割合である。第1章補足3参照。

＜参考＞ 老いる企業の設備（日本経済新聞 より一部修正）

企業が持つ設備が「高齢化」している。新設してから経過した「設備年齢」を企業規模別にみると、足元で大企業では6.4年、中小企業では8.5年である。1990年度と比較すると、大企業は1.5倍、中小企業は2倍に延びている（下図を参照）。

（注）一般の企業では、設備の経済耐用年数を「専用設備は5年」、「汎用設備は8年」と定めている。

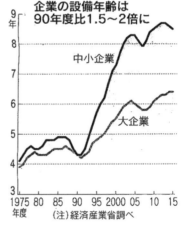

老朽化が進んだ背景には、バブル崩壊後の景気の悪化で、企業が長期にわたり設備投資を抑えてきたことがある。ここ数年の景気改善で設備投資は増加しており、老朽化も緩やかになっている。しかし企業は新規投資には慎重で、設備年齢の「若返り」につながっていない。

中小企業ではIT関連の投資も大企業より遅れている。設備投資額に占めるIT投資比率は、大企業では10％弱だが、中小企業では4％程度である。

特に中小企業は将来不安があるため投資には慎重だが、設備の老朽化やIT投資の抑制は、生産性や競争力の低下につながる。

従って、日本の経済成長を持続させるためには、企業が設備やIT（情報技術）への投資を増やして生産性を向上させる努力が不可欠である。

1　作業方法の改善 [57]

現在の我々の作業は，ほとんどが「人と機械の連合作業」である，と考えて良い．従って『作業の改善』は，次の3つの形で行うことになる．すなわち，**人の動作の改善**，**機械の動きの改善**，**人の動作の機械化**，である．次に，これらについて説明する．

（1）人の動作の改善

部品の配置の改善や，作業の順序の改善などは，"**動作分析的な改善**"である．一般的に，動作分析的な改善によって10～20％の時間短縮が可能であると言われている．この"人の動作の改善"を考えるとき，"**箱の機能**"の問題がある．

一般的に「"箱"は"運搬の便利さ"と"貯蔵の便利さ"は考えられているが，"加工の便利さ"については考えられていない」ことが多い．もしも"**加工のための便利さ**"を考えるならば，次の3つの条件が満足されていなければならない．

① きちんと，**品物が整列**している．
② 品物の**向きが一定**になっている．
③ いつも，**一定の手近な所**から取ることができる．

つまり各工程間で「仮置き・積み替え・移し替え・整列」をしなくて良い"箱"に統一すべきである．ところが一般の"箱"は次の2つの条件を優先して"**加工のための便利さ**"を考えていないことが多い．

① 一度に，沢山運ぶことができる．
② 沢山，貯蔵ができる．

この"箱"の問題は，"動作の改善"を考える場合に，検討しなければならない．

（2）機械の動きの改善（切削加工の場合）

「機械の動きの改善」には，次のような方法がある．
① **切削速度**を速くして，時間短縮を図る．
② **多軸の刃物**を使って同時切削を行い，時間短縮を図る．
③ **多頭の刃物台**を使って，刃物の切り替え時間を短縮する．
④「フライス加工」を「**マシニング加工**」に変えて能率を向上させる．

このように，工作方式や優秀な機械の採用によって，能率を向上させる方法である．

（3）人の動作の機械化（手離れ化）

人が機械に品物を取付け、取外していた作業を、「機械化」して自動取付け、取外しを行うとか、「自動給油装置」によって人の動作を省略するなどの方法である。

トヨタ生産方式では、「人の動作を徹底的に改善した後に、初めて機械化を考える必要がある」と強く主張している。なぜならば、「現在の動作を、そのまま機械化して"僅か10万円の投資で20%の能率向上"が図れたとしたら、誰もが"良い改善だ"と考えるだろう。しかし、品物の配置を考え、作業の順序を変える"動作の改善"だけで20%の能率向上ができるなら、その"10万円の投資はムダ"だったと考えなければならない」のである。

確かに、目前の"動作のムダ"を見逃して"何でも機械化すればよい"と考える技術者が多いのは事実である。

＜事例27＞ パーツ・フィーダーとパレットの改善[58]

① 「パーツ・フィーダーに品物を入れて流し、**自動供給に成功して能率が上がった**」と喜んでいる技術者がいた。一方、「**前工程の機械を近づけて、直接、品物が流れるようにしたので**、手作業でも同じ能率を上げることが出来た」。この結果、パーツ・フィーダーで**整列させる必要がなくなった**。

② 「多くの車種の部品を組み付けるので、パレットを回転テーブルに乗せて、必要な物がワン・タッチで正面に回ってくるように**機械化**しよう」と考えていたのを、「品物の使用頻度を考えて、部品の配列を改め、**頻度の多い部品を主体的に配列した**ために、**動作が楽**になって、**所要の能率向上が可能**になった」。

このように「**機械化を考える前に、現在の作業・動作を徹底的に改善する**」ことを常に忘れないことである。そして、「"作業改善"と"設備改善"を混同してはいけない。最初から設備改善をするとコストは安くならないで、逆に高くなる」のである。

2　省力化と省人化と少人化[59]

大野耐一氏の「トヨタ生産方式」（1978）には、次のような説明がある。

私どもの方では、「省力化」に対して「**省人化**」という言葉を使っていた。「省力化」という言葉は製造会社ではとかく間違って使いやすい。省力設備というと、

例えば**フォーク・リフト**とかブルドーザーなど，主に土建関係で使われる機械は確かに「省力化」に直結している。ところが，自動車工場にも見られることだが，問題は，**部分的な自動化，局部的な自動化**である。あるいくつかの動作を伴う作業のうち，最終の品物を入れる所だけ，楽をするために自動装置にしたりする。元の方は相変わらず手でやる。私はこういった省力化は絶対にいかんと言っている。ニンベンのついた「**自働化**」をとことんやってくれるなら結構だが，自分だけがもっと楽をしようとする類いのものでは，かえってコストがかかってしまうからである。トヨタ自工では「**少人化**」という言葉も使っている。聞きなれない言葉であろう。それもそのはずで「**省人化**」の省の字の下の「**目**」を抜いたのである。「省人化」とは人間を省いていくということから響きそのものは良くない。省人化とは，従来，10人でやっていた仕事を8人でやるようにして2人省くということである。一方の「**少人化**」とは，**生産量に対応して5人でも3人でもやれるようにする**ことで，定員化しないやり方である。第一，「省人化」というのは，経営者が初めは沢山の人を雇っておいて，不必要になったから，省いていこう，という意味にも取れる。**一方，「少人化」の方は初めから少人数でやる**という考え方である。

　これを読んで，どのように理解すれば良いだろうか？「トヨタ生産方式では，"仕事を楽にする省力化"はいけないことだ」と主張しているようにも受け止められるが，本意はそうではないだろう。我々が"省力化"という場合には，次の①～③のような"**質的な作業の省力化**"を考えて"楽に仕事をしよう"として機械化することを否定する訳ではないだろう。
　① **あまりにも重い**ので，人間では抱えることが出来ないから，機械化しよう。
　② **重い荷物を，長い距離運搬**するのは，大変だから機械化しよう。
　③ あまり大きな力は必要ないが，**不自然な姿勢で力を使う**ので，"ギックリ腰"のような**職業病**を発生するので，機械化しよう。
　一方で，もう1つの"**量的な作業の省力化**"の場合にはどうだろうか？例えば，
　④ 人が作業すると**長い時間**がかかるので，機械化して時間を短縮しよう。
その結果，「時間は30％短縮されたが，"**手待ち**"が増えただけで少しも"**人は減らない**"という場合」である。このような場合に，生産技術の人が「机上の計算では，"工数が節約され 30％時間短縮になる"」と，"**計算上の数値**"だけを強調して"**省力化された**"と言っても，現実に"**人が減らなければ無意味である**"と

主張しているのである。

　また機械化には，次の2種類がある。
① **主体作業**（切削，成型など）のように，"**付加価値を高める作業**"の**機械化**は，積極的に利益に結びつく可能性が高い。
② **付随作業**（品物の取付け，取外し，スイッチ操作など）の**機械化**は，直接"付加価値を高める作業"ではない。つまり"**原価を高める作業**"なので，消極的な改善でしかない。
　従って，②の付随作業は機械化する前に，まず"積極的な改善"を優先して行う必要がある，と主張しているのであろう。

―――― ＜機械化しても，人が減らなければ原価低減にはならない！＞ ――――

トヨタ生産方式でも，重量物の運搬にフォーク・リフトが使われている。ベルト・コンベアやチェーン・コンベアも利用されている。トヨタの主張の要点は，次の4つである。
① **効果的**な"**省力化**"を行う必要がある。
② 初めは**ムダな人間**を抱えておいて"省人化"を行うことは，いけないことである。
③ 初めから"**少人化**"によって，生産の変化に対応する必要がある。
④ 机上の計算だけでの"工数低減"は無意味である。実際に**人が減らなければ原価低減にはならない**[60]。

3　手待ちと余裕の統合[61]
（1）人と機械を分離する
　どこの工場でも「手待ちはムダである」と考えている。ところがトヨタ生産方式では，「人と機械を完全に分離している」ので，他の工場とは"**手待ち**"と"**余裕**"の考え方が違うのである。
＜考え方＞
①「機械が，自動で加工している場合」に，人が側で**監視**していることは"**手待ち**"と考える。
② プレスの"**安全第一工程**"のように，「本来，ワン・タッチでプレス機械は

動くのに、"安全のため"と称して、プレスの作動時間の間、人が**スイッチを押し続ける**ことも"**手待ち**"と考える。機械はワン・タッチで起動させて、安全は別の面で対策すればよい」と考える。
③「切削油をつけることや、切り粉払い、のような**作業余裕は、人の仕事から排除する**」ことを考える。
④「**疲れ余裕**」とか、**職場余裕**の"部品遅れ"や"機械故障による遅れ"などは、正規のサイクルタイムの中に入れない」ことにしている。

　　<対応>
　"疲れ余裕"については、まとめて"**休憩時間**"として午前、午後の中間に与えている。一方、**職場余裕**の"部品遅れ"や"機械故障による遅れ"に対しては、"**ラインを止める、機械を止める**"ことにより**問題を顕在化**させる。そして「**再発防止**」のために**根本的な対策**を考えるのである。これらの「**手待ち、余裕時間**」を集めて"**少人化**"に結びつけなければ、**原価低減には寄与しない**」ことになる。

<事例28>　切削作業での手待ちの活用[62]
　"**手待ちのムダ**"とは、機械が自動で加工しているときに、人が機械の側に立って監視しているとか、作業をしたくても機械が加工していて手が出せないために生じるムダのことである。また前工程から"部品"が届かずに作業ができない場合にも"**手待ちのムダ**"が発生する。今、次頁の図4-1のように、X、Y、Zの各機械を作業者A、B、Cが担当している。このような場合には機械が加工している間、各作業者はぼんやり立っているだけで、作業をしたくても出来ない。つまり"**手待ちのムダ**"が発生している訳である。

　そこで、"**手待ちのムダ**"を排除するために、「**作業者Aに3台の機械の自動送りを順番に操作してもらう**」ことにする。まず作業者Aは機械Xに材料を取り付け、起動スイッチを押してから機械Yに移動する。次に機械Yに材料をセットし起動してから、機械Zに移動する。そして機械Zに材料をセットし起動してから、機械Xに戻る。作業者Aが機械Xに戻ったとき、機械Xは加工を完了しているので、作業者Aはすぐ作業ができる。
　このように"**手待ちのムダ**"を排除することにより「**作業者を2人減らす**」ことができる。

211

図4−1　切削作業での手待ちの活用

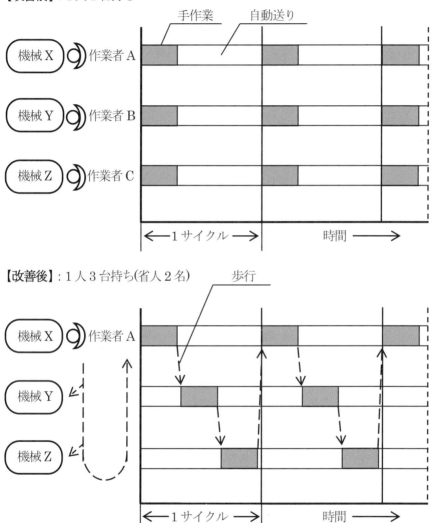

（出所）日本能率協会（1978, 34頁）より一部修正

<応用事例29>　「手作業時間と自動送り時間」の比率が異なる場合

図4−2 比率が異なる場合の受け持ち台数

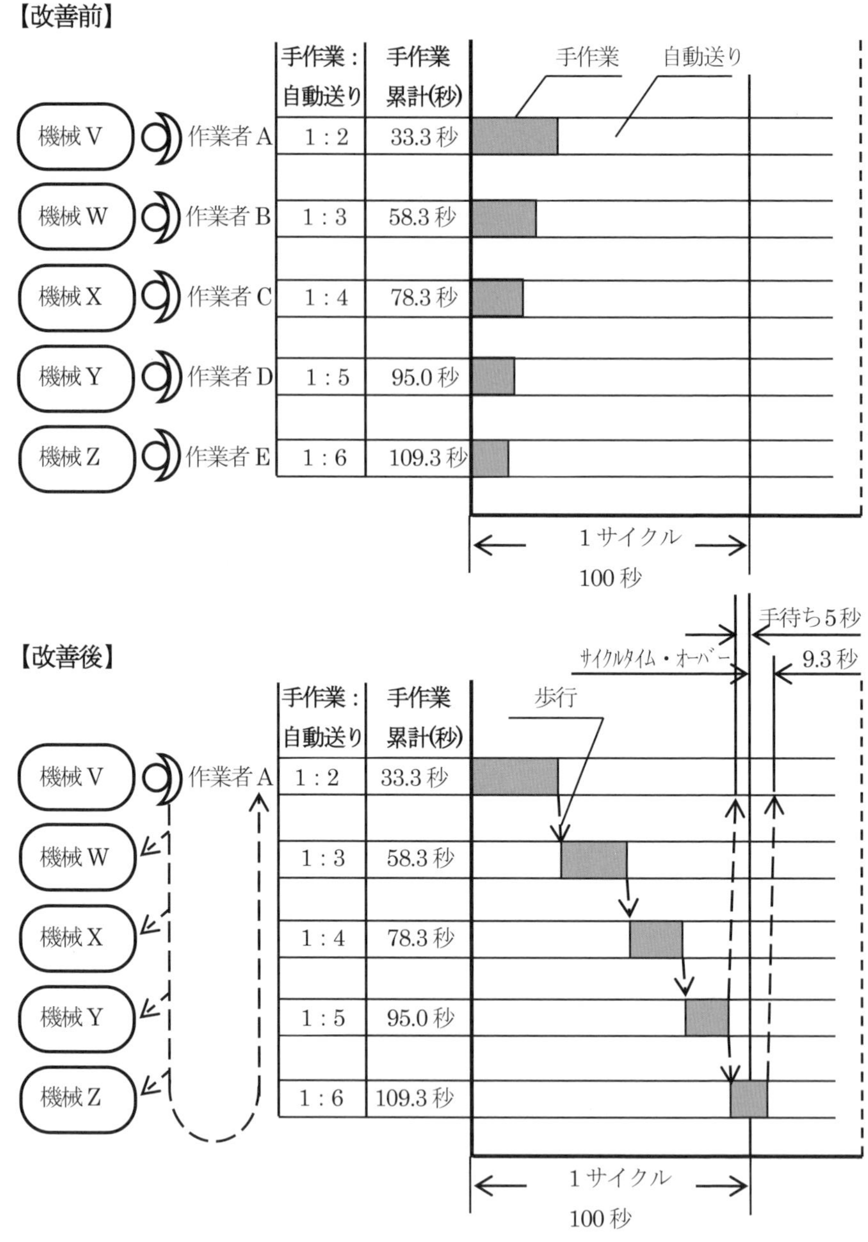

【改善前】

	手作業：自動送り	手作業累計(秒)
機械V　作業者A	1：2	33.3秒
機械W　作業者B	1：3	58.3秒
機械X　作業者C	1：4	78.3秒
機械Y　作業者D	1：5	95.0秒
機械Z　作業者E	1：6	109.3秒

手作業／自動送り
1サイクル 100秒

【改善後】

	手作業：自動送り	手作業累計(秒)
機械V　作業者A	1：2	33.3秒
機械W	1：3	58.3秒
機械X	1：4	78.3秒
機械Y	1：5	95.0秒
機械Z	1：6	109.3秒

歩行
サイクルタイム・オーバー　手待ち5秒　9.3秒
1サイクル 100秒

人の生産性の向上は、「受け持ち台数」で決まる。そこで次に、手作業時間と自動送り時間の「比率」が異なる場合の「受け持ち台数」について考えてみよう。

前頁の図4-2より「3台持ち以下」では「手待ち」が多すぎるため論外である。「4台持ち」にすると「5秒手待ち」が生じる。また「5台持ち」にすると「9.3秒サイクルタイム」がオーバーする。この対策としては、手作業時間が最も長い機械Vの「33.3秒を24秒」に短縮して、手作業時間累計（秒）＝1サイクル（100秒）にすることを考える。その結果、「5台持ち」が可能になり「4名省人」できる。これは「多台持ち」でも「多工程持ち」でも同じである。

（2）「手作業時間と自動送り時間の比率」と「多数台持ちの原則」

上で述べたように人の生産性の向上は、「受け持ち台数」で決まる。手作業時間と自動送り時間の「比率」が同じでも異なっていても「比率」で決まることが分かったと思う。そこで「多数台持ち」の原則をまとめると次のようになる。

手作業時間：自動送り時間

1 : 1	この時は「1+1=2台持ち」、マンチャージは1/2
1 : 2	この時は「1+2=3台持ち」、マンチャージは1/3
1 : n	一般化すると「1+n台持ち」、マンチャージは1/1+n

ということは、例えば「20台～30台持ち」でも可能になる。つまり「**受け持ち台数を増やす**」ためには、この比率を大きくすれば良い。そのためには次の2つの改善が重要である。すなわち「**段取り替え時間の短縮**」と「**手作業時間の短縮**」である。「段取り替え時間の短縮」については、第3章第8節で述べている。「**手作業時間を短縮**」するためには、①まず「**ムダ取り**」である。②次に「**手作業の自動化（手離れ化）**」である。

　　（注）自動化とシングル段取りについては、本節の8項「プレ・オートメーションへの展開」と9項「シングル段取りの採用」でも触れる。

（3）手作業の自動化には順序がある（切削加工の例）

切削の手作業には次の4種類がある。①**運搬**（設備間の移動、仮置き・移し替え・整列など）、②**材料の取付け・取外し**、③**刃物の交換**、④**検査**である。これらの手作業を「**自動化（手離れ化）**」するためには、次の①～⑤の順序がやり易い。すなわち、①運搬の自動化、②取外し（脱）の自動化、③取付け（着）の自

動化，④刃物交換の自動化，⑤検査の自動化，の順序である。

　この中で①**運搬**の自動化と②の**取外し**の自動化（脱）だけが進んだラインを「**着・着ライン**」と呼ぶ。まだ材料の**取付け**（着）は位置決めが必要なため手作業として残っているからである。次に③材料の**取付け**（着）を自動化する（例えば，オートパレット・チェンジャーを採用する）。更に④**刃物交換**を自動化する（例えば，オートツール・チェンジャーを採用する）。しかし，その前に「**刃物寿命**」を伸ばして「**刃物交換時間を短縮**」する方が現実的である。

　最後に最も難しい⑤**検査**を自動化する。なぜならば「**寸法検査の自動化**」と「**外観検査の自動化**」が必要なためである。"寸法検査の自動化"には，まず「**通り・止まり・隙間ゲージ**」などの治具検査を活用する。次に寸法公差が厳しい箇所は切削機に「**自動測定・自動補正**」機能を採用する。更に「**ポカヨケ**」を適用する。そして"外観検査の自動化"には「**限度見本**」を作製して「**カメラを使った画像検査**」を採用する。この画像検査は寸法検査にも有効である。

　一方，「自動送り時間」が長過ぎてサイクルタイム・オーバーになる場合には，「切削条件」を見直して「**自動送り時間を短縮**」する（特に，刃物移動などのアイドル時間を短縮する）。アイドル時間とは"**切り粉**"が出ていないムダな時間のことである。

（4）**人・機械分析**

　IE では，このような分析手法を「**人・機械分析**」と呼んでいる。次頁の図 4-3 に「人・機械分析」の一例を示す。

＜人・機械分析とは＞

　人・機械分析[注] とは，人の作業手順と機械の稼動状態とを関連させて分析する手法である。すなわち，1 人の作業者または数人の作業者が 1 台または数台の機械を使用しているとき，作業者および機械の作業ステップの相互関係を図示する手法である。

注）トヨタ生産方式の「標準作業組合せ票」は，この IE の「人・機械分析」を進化させたものである。（章末の補足 10-表 2 を参照）

図4−3 切削工程での「人・機械分析」図表

【改善前】作業者Aと機械X，作業者Bと機械Y

	人の作業（取付け，取外し）		機械の稼働（自動送り）
	材料の運搬		検査

作業者Aと機械X

作業内容	人	機械	時間（分）
材料を取付け 起動			
手待ち			1 2
材料を取外し，新たに取付け			
手待ち			3 4
材料を取外し，新たに取付け			
手待ち			5 6

1サイクル2分

作業者Bと機械Y

作業内容	人	機械	時間（分）
材料をXからYに運ぶ（4個に1回）			1
材料を取付け 起動			2
手待ち			
材料を取外し検査して，新たに取付け			3
手待ち			4
材料を取外し検査して，新たに取付け			5
手待ち			6

1サイクル2分

（出所）　日本能率協会　中村茂弘氏の分析例より一部修正

【改善後】作業者Aと機械X・機械Y

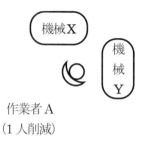

作業者A
(1人削減)

作業者Aと機械X・機械Y

作業内容	人	機械X	機械Y	時間(分)
機械Xに材料を取付け起動				
機械Yに材料を取付け起動				1
手待ち				2
機械Xから材料を取外して，新たに取付け				
機械Yから材料を取外し検査して，新たに取付け				3
手待ち				4
機械Xから材料を取外して，新たに取付け				
機械Yから材料を取外し検査して，新たに取付け				5
手待ち				6

1サイクル2分

(出所) 日本能率協会 中村茂弘氏の分析例より一部修正

<事例30> プレス作業での手待ちの活用…安全確保の手段[63]

どこの工場でも，プレスのスイッチは"**安全第一工程**"と称して，「プレスの作動中は，両手でスイッチを押し続けないと，機械が止まってしまう」ようにしている。これによって"**安全を確保**"している。ところが，トヨタ生産方式では，この「両手でスイッチを押し続けることは"**手待ち**"である」と主張している。つまり，「プレスは，片手でワン・タッチ方式でも作動する機械である。そこで"**安全を確保する**"ためには，もっと**別の方法**を考えればよい」のである。この事例を，図4－4に示す。

図4－4 プレスのリモート・コントロール

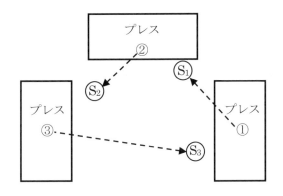

(出所) 新郷重夫（1980），118頁より一部修正

まず作業者はプレス①に材料を取付けてプレス②に移る。そのときプレス②の前のスイッチS_1をポンと押してプレス①を起動する。次にプレス②に材料をセットしてプレス③に移る。そのときプレス③の前のスイッチS_2をポンと押してプレス②を起動する。そしてプレス③に材料をセットしてプレス①に移る。そのときプレス①の前のスイッチS_3をポンと押してプレス③を起動する。

このようにトヨタ生産方式では，「隣の機械の離れたところにあるスイッチを，片手でワン・タッチ起動を行う」やり方を採用している。そうすれば，「ワン・タッチで起動させても，安全が確保されることになる。更にプレスの場合には，約50％の生産性向上ができる」のである。

この場合，第3者が機械の作動範囲に手を入れないように防護装置（光電管）を設ける。

（5）現状を否定せよ！

「我々が，現状を肯定する限り，改善は永久にできない！」。以下の2つの事例のように，"仕方がない"，"当たり前だ"と考えずに**現状を否定**する。また「**問題がない**」と思っていることから"**問題を見つける**"」という積極的な態度が重要である。その意味で「"ムダを省く"より先に"ムダは見つける"ものである」と言える。

＜事例31＞　プレス品のスクラップに潤滑油を塗るのはムダ！[64]

T工業では，「プレスの順送り型で，フープ材にフェルトのロールで油を塗っている」。この目的は？「"絞り加工"の場合，潤滑が必要なため」である（この事例は他社でも多い）。しかし"なぜ，スクラップになる部分"にも油を塗る」のだろうか？「フェルトのロールで油を塗るので"仕方がない"」と考えがちである。

「この"仕方がない"が問題で，"スクラップに油を塗ることはムダである"と考えれば，何か別の方法を考える」ことになる。

後日，「プレスの上型と下型に油を吹き付けることによって，"スクラップに油を塗る"ことを排除した」のである。これも普段は「何とも思っていない」ことの中から「積極的にムダを見つけた」事例である。

＜事例32＞　各工程で起動スイッチを押すのはムダ！[65]

H工業では，「1人で14台の切削機械を，多工程持ちで作業していた」が，「各工程で，スイッチを押して起動させていた」。これを改めて，「①～⑦は，8台目の機械の所にある起動ボタンをワン・タッチで押せば，①～⑦までの機械が一斉に動く」，「⑧～⑭は，1台目の機械の所にある起動ボタンをワン・タッチで押せば，⑧～⑭までの機械が一斉に動く」というようにして，「従来の1サイクルの所要時間35秒を，4秒短縮できた」。

これも「機械は"1台ずつ起動させなければならない"」という常識を打ち破って，「次のサイクルまでの間に，機械を動かして加工を終わっていれば良い」と，発想を転換した事例である。

（6）離れ小島を作ってはならない！

トヨタ生産方式では「**離れ小島**"を作ってはならない」と強調している。すなわち「作業者が，ポツン，ポツンと配置されていては，お互いに助け合うこと

はできない。仕事の組み合わせを工夫して，**助け合いができるような作業配置**にすれば，"少人化"に結びつけられる。生産現場に**生きた流れを作る**と，"**離れ小島**"**は生まれてこない**」と述べている。

トヨタ生産方式では，「人と機械が分離」しているので，次のように「物の流れと人の流れを分離」して考えてもよい。

① **機械**は"**物の工程の流れ**"に沿って配置する。
② "人の流れ"は機械から独立して，"物の流れ"に沿う必要はない。むしろ機械の自動加工時間を考えて，**作業者の効率を高くする作業順序**で良い。

従って，"V型，L型，U型など"，人の動きを最も効率的にするように「**物の流れと人の動きの双方を考慮した総合的な配置**」を考える必要がある。しかし，「助け合いが可能になるように，**人を内側**に配置して，**機械は外側**に配置する」ように考えている。このように，「"人を必要とする作業を集約する"ことによって，"**手待ちや余裕を統合**"して，従来は"5人作業であったのを，1人減らして4人に少人化"する」ことが，"離れ小島を作らない"最大の目的である。

このように，作業改善によって余力を作り，この**余力を統合**して"少人化"に結びつけることは，トヨタ生産方式での生産性向上のための重要な手法の1つである。

（7）陸上式リレー

これは『工程の改善』の項でも述べたが，作業者の動作にバラツキがある場合，トヨタ生産方式では「**相互助け合い方式**」を採用している。例えば「**組立作業のような連合作業の場合，隣同士の作業者間で，"助け合い"をする**」のである。そして「チーム・プレーの場合，バトンタッチを行うのに，"**水泳式リレー**"と"**陸上式リレー**"とがある。水泳式リレーでは，いくら速い選手がいても，壁にタッチしないと，次の選手はスタートできない。一方，陸上式リレーでは，"リレー・ゾーン"があって，**前の選手が速ければ，リレー・ゾーンの最後でバトンタッチする。反対に，後の選手が速ければ，リレー・ゾーンの最初でバトンタッチする**。このように"**助け合い**"を行うことができる」のである。

一般の工場では，「A作業者とB作業者の間に品物を"1個～数個"置いて，
・Aの仕事が早くすめば，前から送られてきた余分の品物の加工を行う。

・Aの仕事が遅れると，Bは中間にある品物を加工するから，Aの仕事が遅れても，流れを混乱させる心配がない。

というように，例えば**"組立ラインにある品物は，組立作業者のn倍ある"**。つまり，中間にクッションを置いていることが多い」。

ところがトヨタ生産方式では，「組立ラインの中で，**人の手がかかっていない品物は全て"ストック"である**」と称して，余分な品物を認めない。そのために各人は，「前後の工程の作業を習得する」ことを要求されている。そしてチーム・プレーによって，「前工程の仕事が遅れた場合は，次の工程の作業者が助ける」ことになっている。

反対に「早く仕事が終われば，**"手待ち"の状態で待つ**ことを要求されている」。そこで監督者は，新しい仕事の配分を考えるのである。これも**"目で見る管理"**の1つであると言われている。

4 工数低減の進め方 [66]

まず現場をよく知ることが大切である。現場作業の中身を正しく認識してムダを知り，カンバン方式により**"つくり過ぎのムダ"**を抑え，作業のムダを**"手待ち"**としてハッキリ分かるような**"目で見る管理"**ができると，次のように「**工数低減**」が非常にやりやすくなる。

① ムダを省く
② 作業を再配分する
③ 人を減らす

「工数低減の進め方」としては，第1に「**現場作業の分析**」から始める必要がある。どんな現場でも細かく観察すれば，次のように作業を分けることができる。

① ムダ…作業をする上で必要でないもの。すぐに省けるもの。
② 付加価値のない作業…付加価値はないが，今の作業条件の下では，やらなければならないもの。
③ 付加価値を高める正味作業…加工（変形・変質・組付けなど）することである。

以下に，「作業改善」の進め方・手順を簡潔に説明する。

（1）ムダを省く…これを次頁の図4-5に示す。「付加価値を高める正味作業の比率」は低い。

図4-5 現場作業の分析

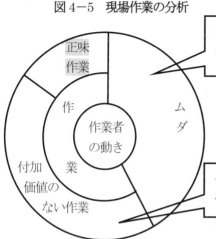

(出所) 大野耐一 (1978), 102頁
　　　　日本能率協会 (1978), 179頁

(2) 作業を再配分する

作業の再配分は，サイクルタイムの中で「正味作業」と「今は省けない作業」だけを，作業者に順に与えていく。「切削加工の例」を図4-6に示す。

図4-6 ラインバランス分析[注]と作業の再配分

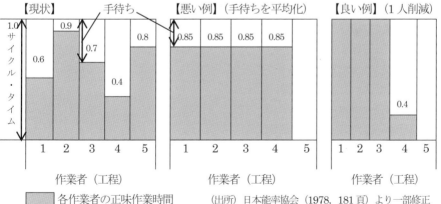

各作業者の正味作業時間　　(出所) 日本能率協会 (1978, 181頁) より一部修正

注）ラインバランス分析とは，「ネック工程」を見つけて改善する手法である。この典型が作業の再配分による省人である。章末の補足13-2項を参照。

（3）人を減らす

前頁の図4-6の例では，5人でやっていた手作業のムダを省いた結果，3.4人でできるようになった。次に0.4人分の手作業を省く改善をする。例えば「シューターやコロコン」を使って運搬・歩行時間を短縮する。「小さなパレット」を手元に置くなど，お金のかからない案を考える。更に省人するためには「作業改善から設備改善」（手離れ化）を考える。

5　7つのムダの排除 [67]

トヨタ生産方式では，次のように"7つのムダ"を定義している。

① つくり過ぎのムダ

材料や部品をまとめて買うと安い。製品や部品をまとめて作ると安い。設備や人を遊ばせたくないので見込み生産する。リードタイムが長い部品を納期に間に合わせるために見込み発注する。このように理由は様々であるが，「**つくり過ぎ**」は必ず「**在庫**」となって**計り知れないムダ**を発生させる。

② 手待ちのムダ

人（作業）と機械（加工）の時間がアンバランスな場合に，「**手待ち**」が発生する。また指示待ち・材料待ち・部品待ち（欠品）などによっても，「**手待ち**」が発生する。

③ 運搬のムダ

工程が分断した「**横割生産**」の場合には，材料・製品・部品を次の工程に「**運搬**」しなければならない。工程間の運搬の他に，仮置き・積み替え・移し替え・整列，なども「**運搬**」である。

④ 加工そのもののムダ

過剰品質（精度）・過剰設備・過剰な加工条件（削り代，研磨代，エアーカット量，ストローク）・遅い速度など，「**付加価値を生まないムダな加工**」のことである。

⑤ 在庫のムダ （**仕掛り**：工程間の半製品在庫，を含む）

生産技術的には，「工程間の能力」がアンバランスな場合に，「**在庫**」が発生する。生産管理的には，「機械故障や不良」が発生した場合に，後工程が止ま

らないようにクッションとして「在庫」を持つ。また「安心感」のために「在庫」を持つ。在庫は多くのムダを覆い隠してしまい，改善が進まないため**原価低減**ができない。
⑥ 動作のムダ
　歩行距離・戻り作業・振り向き作業・取る作業など「**動線**」が悪いために時間がかかる「**不必要な動き**」，「**付加価値を生まない動き**」，「**遅速な動き**」のことである。動いているので働いていると錯覚する。
　　　　ムダ＝動き－働き
⑦ 不良を作るムダ
　不良品を作れば手直しのムダが発生する。同時に，「**時間・コスト・信用**」を失う。

　7つのムダの「改善事例」は多くの文献で紹介されているので省略する。ここでは「工程と作業」について"生産の構造"と対比して説明する。
(1) 工程で発生するムダ
　a．加工…製品を削るスピードを上げる合理化よりも，ナゼ，このような製品を作るのか？　ナゼ，このような加工方法を採用するのか？　というように「**VE的な改善**を，まず第1に行う必要がある。……【④ 加工そのもののムダ】
　b．検査…"不良を見つける検査"ではなく，絶対に"**不良を作らない検査**"に徹すべきである。そして"抜き取り検査"ではなく，手数のかからない"**全数検査**"を行う必要がある。そのためには「①**順次点検**，②**自主検査**，③**源流管理**」の採用と，このための"**ポカヨケ**"の採用が効果的である。……【⑦ 不良を作るムダ】
　c．運搬…運搬は"付加価値を高める行為"ではないので，まず"**レイアウトの改善**"をして，運ばなくても良いようにすることが第1である。次に"**運搬手段の合理化**"を考える。……【③ 運搬のムダ】
　d．停滞…従来は，ストックは生産の不安定を緩衝する機能を重視して，有用であると認められていた。しかし，これは明らかに**ムダ**であり，ストックに付随するムダを加算すると大きな損失になる。従って，生産の不安定要素を改善することによって，"**ストックを排除**"する必要がある。
　　また，ストックを許容するもう1つの理由に"**段取り替え時間が長いこと**"

が挙げられていたが，"**シングル段取り**"の採用によって，これを排除することが出来る。更に，工程間の「**等量化と同期化**」を図ることによって，"**工程待ち**"を減少または，排除することが出来る。そして「**1個流し作業**」の採用によって"**ロット待ち**"を排除できる。ただし「工程間の運搬回数が増える」ので，「**レイアウトの改善**」が不可欠である。このようにして，第1目標の"**つくり過ぎのムダ**"が排除できる。

　　……【 ① つくり過ぎのムダ 】

e．**停滞と在庫**…製品の在庫は，「**受注工期（D）：生産工期（P）**」の関係に左右される。もし「受注工期＜生産工期」の関係ならば，「**見込み生産**」を採用せざるを得ない。しかし，我々が「**受注生産**」を志向するなら，受注工期を長くすることは出来ないので「**生産工期の圧倒的な短縮**」が必要になる。そのためには「**等量化，同期化，1個流し作業**」を採用して"**停滞を排除**"する必要がある。また「**小ロット生産の採用**」は効果的である。そのためには"**シングル段取りの採用**"が必要である。更に"**シングル段取り**"は，「**需要の変動に迅速に対応できる**」ので「**製品在庫の低減**」に大きな効果を発揮する。……【 ⑤ 在庫のムダ 】

(2) 作業で発生するムダ

　a．**準備，後始末作業（段取り替え作業）**

　　「**段取り替え時間**」が長いと，「**人や機械の稼働率**」を低下させる。そして，「**工数低減**」のためには「**大ロット生産**」をせざるを得なくなる。その結果，「**不要のストック**」を発生させてしまう。そこで，「**段取り替えの改善**」によって「**不要のストック**」と共に「**不要の手待ち**」を排除する。……【 ① つくり過ぎのムダ 】……【 ② 手待ちのムダ 】……【 ⑤ 在庫のムダ 】

　b．**主作業**

　　まず作業者の「**動作を徹底的に改善**」して，より効果的な「**標準作業**」を設定する必要がある。我々は"時間"に目を奪われがちであるが「**時間は動作の影**」でしかない。従って「**動作の改善が第1**」である。まず"**動作の改善**"をしてから"**設備の改善**"をしないと，"**ムダな作業の機械化**"になる恐れがある。また多くの場合，"**部品箱**"が"**運搬の便利さ**"と"**貯蔵の便利さ**"だけを考えている。もっと「**加工のための便利な道具**」としての機能を考える必要がある。例えば，次のように考える。

- チャンと区分され，整頓されている。
- 表裏が，一定にそろっている。
- 1個ずつ，手元に流れてくる。

と共に，次のような"動く部品箱"を考える。
- 回転式部品箱にして，必要な部品だけが近くに位置するようにする。
- 必要な部品だけが，必要なときに，1個だけ手元に近よってくる。

要は，「**必要な部品が，必要なときに，"1個だけ"手元にあればよい**」と徹底して考える必要がある。……【 ⑥ 動作のムダ 】

c．余裕

工程の流れを「**等量化と同期化**」するとか，作業者に対する「**負荷と能力**」のバランスを考えるとか，余力（遊び）の統合がやり易い「**配置や作業の組合せ**」を考えて"手待ちを排除"する必要がある。この場合，一般的に"機械の稼働率"よりも"人の手待ち"の改善を重視する。……【 ② 手待ちのムダ 】

以上のことを，表4-2にまとめる。

表4-2　7つのムダが発生する工程・作業

7つのムダ	ムダが発生する	
	工程	作業
①つくり過ぎのムダ	停滞	段取り
②手待ちのムダ	──	段取り・余裕
③運搬のムダ	運搬	──
④加工そのもののムダ	加工	
⑤在庫のムダ	停滞	段取り
⑥動作のムダ	──	主作業
⑦不良を作るムダ	検査	──

7つのムダに，次の2つのムダを加えて「9つのムダ」と言うことがある。
⑧ 管理のムダ（①〜⑦までの7つのムダを，管理するために発生するムダ）
⑨ 従業員の創意工夫を利用しないムダ

<事例33> トヨタでも大失敗した「つくり過ぎのムダ」[68]

トヨタでも2008年9月に発生したリーマン・ショックの前には,「売れる台数だけつくる」という大原則を踏み外して大打撃を受けた。最大の誘因は,トヨタの目の前に「世界一のシェア」があったことだ。当時は売上が伸びていたので,販売台数を伸ばすためにカナダやアメリカなど海外工場の設備を増強し,設備能力をフル回転させた。100%で十分なのに120%まで車の生産台数を伸ばしたのだ。その結果,リーマン・ショック後には80%に落ちて過剰在庫になってしまった。具体的には,連結売上が2008年3月期には26兆2892億円だったが,1年後の2009年3月期には20兆5295億円と21.9%ダウンした。更に,営業利益は2兆2703億円の黒字から,4610億円の赤字に転落したのだ。

2009年6月には,渡辺捷昭社長から創業家の豊田章男社長にバトンタッチされた。その時,豊田章男社長は「トヨタはTPSの原点に立ち返る」と発表した。それは「**売れる分しか作らない**」(ムダなものは作らない) という決意表明だった。

6 多数台持ち作業の採用…機械の稼働率は低くても良い![69]

"**多数台持ち**"は,「1台の機械の自動切削時間中に,作業者が他の機械の品物を取付け・取外しを行うようにして,"**1人で数台の機械を受け持つ**"やり方である。このように数台の機械を受け持つので,「作業者が数台の機械を一巡して,最初の機械に戻ったとき"すでに加工が終わっている"という状態が発生する。それでは"**機械の稼働率が悪くなる**"と言うのであれば,作業者の持ち台数を減らせばよい。しかし今度は,"**作業者に手待ちが発生する**"」ことになる。このような場合,トヨタ生産方式では,「作業者の"**手待ち**"を無くすことを優先して,"**機械の稼働率の低下**"を容認する」のである。その理由は次の2つである。

① 機械設備は,償却すればいつかはタダになるが,人には永久に賃金を支払わなければならない。しかも,それは年々増大する。

② 人と機械の"**1時間当たりのロス**"を比較すると,原価的には"**5:1**"程度である(注)。注) 章末の補足11を参照。

(1) 多工程持ちと多台持ち

最近トヨタ生産方式では,"**多工程持ち**"が強く主張されている。"**多工程持ち**"とは,「工程の流れに沿って,多数台持ち作業を行うことである」と言える。一

方，"多台持ち"とは，「工程の流れに関係なく，多くの機械を受け持つことである」と言える。つまり，多数台持ち作業には，次の2つの形式がある。
　① 縦の多数台持ち作業…**多工程持ち**…人は「多能工」にする。
　② 横の多数台持ち作業…**多台持ち**……人は「単能工」でよい。
"多工程持ち"のメリットを挙げるとすれば，次の2点である。
　① 工程の**"流れを速くする"**ことに有効である。
　② 作業者の**"生産性を向上させる"**ことに効果的である。

次頁の図4-7に示すように，機械の正味加工時間が次の通りだとする。
　・第1工程1個あたり30秒，第2工程1個あたり40秒，第3工程1個あたり25秒。

この場合，各工程に1人ずつ作業者をあてた場合，「**最長時間**の"40秒に1個"すなわち，"1時間に90個"しか生産されない」ことになる。なぜならば，最もサイクルタイムが長い第2工程に「右へならえ」してしまうためである。従って，「**1時間に1人当たり平均30個の出来高**」になる。

　これを「"多工程持ち"にして，1人で"①～②～③工程"をすべて受け持つ」ことにして，「2人の並行作業（**うさぎ追い**）で，順次"**多工程持ち**"」にすれば，次のような効果がある。
　・1人で行えば「30＋40＋25＝95秒」に1個，加工できる。
　・2人で行えば「95秒÷2人＝47.5秒」に1個，加工できる。
　・2人で行えば「1時間に76個」加工できる。
　・2人で行えば「1人当たり1時間に38個」加工できる。

　従って，3人の"1人1台持ち作業"に比べると，2人の"**多工程持ち作業**"の**生産性は27%向上する**（38÷30＝1.27）。このように「各工程の正味加工時間にバラツキがあるときに"多工程持ち"を行えば，そのバラツキを吸収する性質がある」と言える。
　増産時には3人の並行作業（うさぎ追い）で行えば，「38個×3人＝114個」加工できる。

<事例34> 個別作業（1台持ち）と多工程持ち[70]

図4-7 多工程持ちによる能率向上（うさぎ追い）

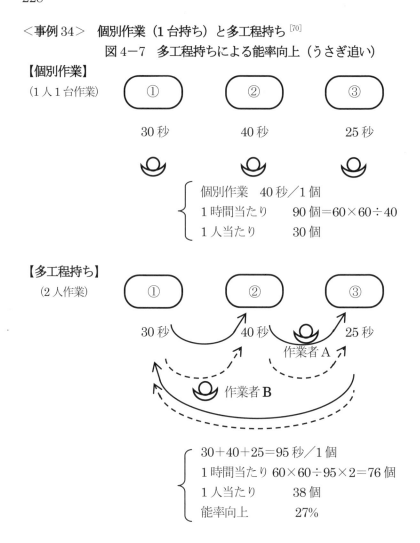

(出所) 新郷重夫(1980), 232頁

このように、**プレス工程**で、「第1工程＝孔あけ、第2工程＝絞り、第3工程＝曲げ」というように、各工程の加工時間が異なるような場合には、"**多工程持ち**" は極めて効果的である。

<事例35> プレス作業の多工程持ち[71]…「人間トランスファー」

S金属工業のプレス作業では，「4人で各1台のプレスを受け持ち，4工程を流しながら作業をしていた。しかし，各工程の加工時間が同一にならないので，各工程間にストックが発生していた。作業者はストックの品物を取り上げプレスで成型する。この間は"安全第一工程"で，両手でスイッチを押し続ける。そして成型が終わると横のシュートで次の工程に送る」というやり方をしていた。今度は，「2人で"多工程持ち"にして，①〜②〜③〜④と各機械で順次作業を行い，しかも，"プレスは適切な安全装置"を考えて，ワン・タッチで起動する」ように改めた結果，

・従来のやり方……4人で，日産550個…1人当たり137.5個／日
・多工程持ちでは…2人で，日産500個…1人当たり250個／日

という実績だった。実に"82％"の生産性向上を達成した（250÷137.5＝1.82）のである。これは単に「工程間の加工時間のバランスを吸収した」のみならず，「従来，ストック置場から取り上げて，また製品を横に置くという動作を排除して，"前工程の品物"を左手で持って，製品を右手で型から除いたら，左手で型の中に入れる」ようにして，「置場から取る，置場に置く，というムダな動作（**仮置きのムダ**）を排除した」ことと，「安全第一工程のために，スイッチを押し続ける"**手待ち時間**"を排除した」ことが大きく影響したのである注)。

注）筆者らは，これを「**人間トランスファー**」と呼んでいる。

事例35のように"**多工程持ち**"は，次の2つの面で大きく生産性を向上させることができる。
　① 工程間の"加工時間のバラツキ"を吸収する。
　② 工程間の"仮置きのムダ"を排除する。

更に，"多工程持ち"を「工程の流れと逆の順序で作業を行う"**逆順流れ多工程持ち**"を行うと，"正順流れ多工程持ち"よりも"仮置きのムダ"の排除を容易にする場合がある。

このように，「"**多工程持ち**"は，"1日の出来高は減少する"場合もあるが，"**人の生産性は必ず向上する**"」。従って，工場は絶対に「**人の生産性の向上**」によってのみ利益が増大するのである。もし1日の出来高を確保する必要があれば"1時間，残業すればよい"だろう。それよりも「**残った2人の作業者が他の品目を"多工程持ち"で4台のプレスを使って生産する**」ことが出来るので，工場の"全

体の出来高（生産高）を増加できる"ことになる。このような考え方が，工場の"**全体の利益を増大させる**"のである。

＜ライン化が難しいときは，"多台持ちで少人化"する＞

上では，「縦の多数台持ち作業，すなわち"**多工程持ち**"が極めて効果的である」と強調したが，それは，「横の多数台持ち作業，すなわち"**多台持ち**"を否定することではない」。"**工程の流れがない単独作業**"の場合には，「1台の機械の自動切削時間中に，他の機械の品物を取付け・取外しをする」ことにより"**少人化**"することは，依然として**原価低減**に有効な方法である。

（2）多台持ち作業と多工程持ち作業の比較

一般の作業は，次のように区分することができる。

① 加工が終わった品物を取外す……人の時間
② 取外した品物を台に置く………… 〃
③ 次の品物を取付ける……………… 〃
④ スイッチを操作する……………… 〃
⑤ 自動で加工を行う…………………機械の時間
⑥ 加工が終わって，暫く待つ……… 〃

以上の手順の中で，「"**機械の時間**"が長くて"**人の時間**"が短ければ，"1人の受け持ち台数"は多くなる」ことになる。一方で，「機械の加工能力が高くても，**必要生産数を賄うために，100％の稼働時間を必要としない**，のであれば"⑥の機械の待ち時間"を増やすことによって，"1人の受け持ち台数"を増加させる」ことができる。反対に，「①，②，③，④の"**人の時間**"を短縮することができれば，"1人の受け持ち台数"を増加させる」ことができる。このように「多数台持ち作業は"**人の時間と機械の時間**"の比率によって"**1人の受け持ち台数**"が**左右される**」のである。この場合，「多台持ち」と「多工程持ち」では，次のような差がある。

- **多台持ち作業**…"②取外した品物を台に置く"という作業が必要になる。
- **多工程持ち作業**…"①加工が終わった品物を取外して，そのまま次工程の加工が終わった品物を取外す"と共に，"③次の品物を機械に取付ける"というように"②取外した品物を台に置く"という作業を省略することができる可能性がある。

このように"仮置きのムダの排除"という点で「多台持ち」よりも「**多工程持ちの利点**」が存在する。その結果「工程間の流れ」が速くなる。そして上で説明したように，多数台持ち作業には「"人の時間"と"機械の時間"の比率」に大きく左右される。一般的には「**1人1台持ちの個別作業**」に比べて，次のような生産性向上が期待できる。

　① 多台持ち作業………人の生産性向上が2倍～20倍，期待できる。
　② 多工程持ち作業……人の生産性向上が3倍～30倍，期待できる。

　従って作業の性質に応じて，**多台持ち**にするか**多工程持ち**にするかを考える必要がある。この「多台持ちと多工程持ち」の利点と欠点を**表4-3**に示す。

表4-3　「多台持ちと多工程持ち」の利点と欠点

項目　　区分	利点					欠点		人の生産性向上
	自動加工時間の活用	各工程所要時間のバラツキによる手待ち	工程間の仮置き	工程間の流れの速さ	品質	機械の稼働率の低下	工程間の人の歩きによるロス	
多台持ち	活用できる	吸収の可能性がある	仮置きあり	変わらない	変わらない	低下する	発生する	2倍～20倍
多工程持ち	活用できる	大いに吸収できる	仮置きなし	速くなる	向上する	低下する	発生する	3倍～30倍

　　（出所）新郷重夫（1980），237頁より一部修正

（注）表の数値は目安である。なぜならば，「受け持ち台数」が多くなればなるほど「人の生産性は向上」するが，「機械の稼働率が低下」するからである。原価的には，労務費率（マンチャージ）＝設備費率（マシンチャージ）が，分岐点になる。

7　ニンベンのついた自働化[72]

　トヨタ生産方式の特徴の大きな柱は，「ニンベンのついた自働化である」と強調されていることが多いが，実は，トヨタ生産方式の特徴は次の2つである。

　① 在庫の排除（ノン・ストック）
　② 工数低減

従って，「ニンベンのついた自働化」は，工数低減の1つの手段である。その中でも"**高次の手段**"として強調されている，と考える方が妥当であろう。そして人類は「人の"手の働き"を工具にし，機械に移転させた」のである。すなわち

「切削加工（主体作業）の機械化や，更には品物の取付け，取外し，スイッチ操作など（付随作業）の機械化へと進歩して行った」のである。このような「主体作業と付随作業の機械化だけでは，いかに高度に行われても，所詮は"**手の働き**"**の機械化**に止まっており，単なる"**機械化**"でしかない」のである。ところがトヨタ生産方式では，いち早く「"主体作業のみの機械化"の段階で"**人間の頭脳の働き**"すなわち"**異常の検知機能**"を機械に付与した。これで初めて"**自働化**"**の名に値する**ことになった」のである。それは更に「付随作業の機械化と相俟って，機械が人から独立することが可能になり，"**ニンベンのついた自働化**"となって，**画期的な工数低減**に到達した」と考えられる。

8 プレ・オートメーションへの展開 [73]

プレ・オートメーションとは，"正規のオートメーション"の1つ手前の自動化である。"正規のオートメーション"は，装置そのものが"**異常の発見**"と"**対応処置**"を共に行うことが絶対条件である。一方，"プレ・オートメーション"は，「異常の発見」と「対策」を分離して，「**異常の発見**"は"**装置自体が行う**"が，その"**対応処置**"は"**人が行う**"」のである。この典型がトヨタ生産方式の「**ニンベンのついた自働化**」である。

プレ・オートメーションは，次のような構成になる。
　① 主体作業（切削，成型など）の自動化
　② 付随作業（取付け，取外し，スイッチ操作など）の自動化　　｝　手の働きの
　③ 作業余裕（切削油の注油，切り粉の排除など）の自動化　　　　　機械化
　④ 職場余裕（材料供給，製品貯蔵など）の自動化
　⑤ **異常検知の自動化**（主体作業，付随作業，作業余裕，
　　　職場余裕の全部に対して付与する必要がある）…………**頭脳の働きの機械化**
　⑥ **対応処置を考えることと，実行は人間が行う**

従って「作業全体の自動化を考えている」のである。更に"異常検知の機能"についても，次のように2種類がある。このように「1つの体系化されたシステム」として発展している。

　① **S型検知**…異常の**原因**を検知する…例えば，「塗料の吐出量」を検知する。
　② **R型検知**…異常の**結果**を検知する…例えば，「塗料の色の調子」を検知する。

このような考え方によれば極めて容易に，かつ**安価なオートメーションが適用**できる。しかも完全なオートメーションの**90%程度の効果**を上げることができる。

N社では，すでに「**段取り替えの自働化**（異常検知を含めて）」まで発展した実例（ガータースプリング）が見られる。更にプレ・オートメーション化が進んで，人の費用（マンチャージ）＜機械の費用（マシンチャージ）になった場合には，「**機械の生産性の向上**」を行うことは言うまでもない。また近い将来の"正規のオートメーション"でも"1個流し"の方が自動化しやすい。

＜事例36＞プレス工場のシングル段取りとプレ・オートメーション[74]

A電器のプレス工場では，「500トン・プレス5台のプレ・オートメーション化」を行い，全生産量の43％を生産している」。それは製品を「A，B，C，D，E，F，G」と生産する訳であるが，次のように「**シングル段取りと，プレ・オートメーションの利点を利用している**」。

① C製品は，昼休みにかかるがプレ・オートメーションにより無人で連続して生産する。
② G製品は，退場時にフープ材の80％を生産しているときでも，これを"シングル段取り"によってH製品と取替え，これを退場後プレ・オートメーションにより，無人で3～4時間生産する。Hは小物部品で，1巻のフープ材から運転時間が長いものを選んでおく。
③ 翌朝，再びHからGに段取り替えを行い，残りの20％を生産する。

このために「大量の製品貯蔵装置を設置した」が，その投資額は「5台分で600万円」で済んだ。これだけの生産を新しい設備で行うとしたら「6,000万円の機械の増設が必要」で，更に「5人の作業者が必要」であった。このように，「**プレ・オートメーションにより無人で生産された製品の原価は，普通の1/2で済んだ**」のである。

9　シングル段取りの採用[75]

シングル段取りは，本来は『**作業の改善**』である。それは「人や機械の稼働率の向上に大きく貢献することになる」からである。確かに"稼働率の向上"としては効果的である。しかし，前述のようにトヨタ生産方式では『**工程の改善**』に活用した方が，大きな経営上の利点が得られることを忘れてはならない。具体的には，次の2点である。

① 小ロット生産が可能になる。
② 需要の変化への対応が早くなる。

すなわち「**製品のストック，工程間のストック**」を低減することに，大きな価値を認めている。そこで，先に『**工程の改善**』に活用した方が良いわけである。

そして"シングル段取り"は「分単位の段取り替え」から「**秒単位の段取り替え，すなわち"ワン・タッチ段取り"**」に展開して行くであろう。すでに，その実例が多く見られる。

10　カンバン導入の前提条件とカンバンのルール[76]

カンバン制度については多くの文献で紹介されているので，詳細は省略する。
ここでは「カンバン導入の前提条件」と「カンバンのルール」を説明する。

図4-8は，部品メーカーから組立ラインで使う部品が補充されるシステムを図示したものである。プッシュシステムであろうがプルシステムであろうが，在庫はムダである。つまりカンバンとは無くそうと努力するもので，作ろうと努力するものではない。「**本当の問題は，"カンバンの枚数"を減らし，これによって"在庫バッファー"を減らし，完全になくす方法を常に"学習する組織"をどのようにつくり上げるかということだ**」。

＜事例37＞　カンバンによるプル（後引き）

図4-8　内部のプルと外部のプル（後引き）

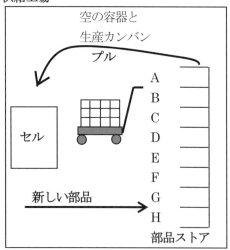

（出所）J. K. Liker（2004，（上）211頁）より一部修正

(1) カンバン導入の前提条件

カンバン導入の前提条件には，次の7つがある。

① 流れるラインであること…工程経路分析により類似品を「共通ライン」にすること。
② 生産の小ロット化ができること…「段取り替え時間の短縮」を行うこと。
③ 生産の平準化ができること…「計画からの平準化」を行うこと。具体的には「ネック工程」の平準化生産計画を立て，他の工程は「ネック工程」より早く作らないこと。
④ 運搬サイクルの短縮・均一化がされていること…「何個で"等量化"するか，何時間で"同期化"するか」を決めること。
⑤ 生産に継続性があること…継続性がない製品・部品は**「通しカンバン」**[注]を活用する。注) 限定カンバン，押込みカンバンとも言う。
⑥ 所番地が設定されていること…「ストア」(部品置き場)を設けて，どこに，何を，何個，置くか決める。
⑦ 荷姿・容器が設定されていること…容器・台車は小さくする。収容数は少なくする。

(2) カンバンのルール [77]

カンバンのルールには，次の6つがある。

① **「カンバン」は外れただけ，後工程が前工程へ引き取りに行く**…トヨタ生産方式のルール
② **前工程は「カンバン」が外れたものを外れただけ外れた順に作る**…同上
③ **「カンバン」がないときは，作らない，運ばない**…カンバン制度のルール
④ **「カンバン」は必ず現物に付けておく**…同上
⑤ **100%，良品でなければならない**…トヨタ生産方式のルール
⑥ **「カンバン」の枚数を減らしていく**…トヨタ生産方式とカンバン制度のルール

大野耐一氏の「トヨタ生産方式」(1978)には，「"**トヨタ生産方式**"は"**製造の方式**"であり"**カンバン制度**"は，その"**運用の手段にすぎない**"」と明言している。上の"カンバンのルール"は，この両者が一体となっているので，以下に，区分して説明する。

① 「カンバン」は外れただけ，後工程が前工程へ引き取りに行く……「引き取り情報」または「運搬指示情報」。もしカンバンが外れないでも取りに行くと，不要のストックが出来てしまう。また，トヨタ生産方式は受注生産を志向するので，"売れたものだけ作る"という考え方である。それで当然，"後工程が引き取る"ことになる。従って，これは「**トヨタ生産方式のルール**」である。

② 前工程は"カンバン"が外れたものを外れただけ，外れた順に作る……「**生産指示情報**」。"カンバン"で全体の流動数を限定して，"つくり過ぎのムダ"をさせないようにしているので，"カンバン"を無視して作ってはいけない。また，"工程間のストック"を最小限に抑えているので，外れた順に作らないと"欠品"になる恐れがある。従って，これも「**トヨタ生産方式のルール**」であり，"目で見る管理"としてカンバンの運用を規定している。

③ 「カンバン」がないときは，運ばない，作らない……「つくり過ぎ」と「**運びすぎ**」の防止。このルールを守らないと"トヨタ生産方式"は根底から崩れてしまう。従って，これは"ノン・ストック生産"を行うために最も重要な「**カンバン制度のルール**」である。

④ 「カンバン」は必ず現物に付けておく……「**現品票**」として必要な品物の証明書。"カンバン"が現品と遊離していたのでは制度は成立しない。従って，これも重要な「**カンバン制度のルール**」である。

⑤ **100%，良品でなければならない**……「**不良品防止**」のため，不良品を出した工程が痛みを感じるシステム。これは"トヨタ生産方式"が，ストックを最小限に圧縮しており，それに相当する"カンバン枚数"しか設定していないために，不良品を出した工程が痛みを感じる。従って，これは「**トヨタ生産方式のルール**」である。

⑥ 「カンバン」の枚数を減らしていく……「**問題点の顕在化**」と「**在庫管理**」の道具。"カンバン"によって何を作るべきかを管理して，在庫を適正な数量に抑える。従って，これは「**カンバン制度のルール**」である。ただし"カンバンの枚数を減らす"ことは"ストックを減らすこと"である。それによって"問題点を顕在化"して，改善を積極的に行わせると言う意味で，これは「**トヨタ生産方式のルール**」でもある。

上では"カンバン制度"と"トヨタ生産方式"を区分して説明した。この2つを明確に区分して理解しないと，間違った方策を採用した対策になる恐れがある。

第5節　自動化後の改善

ある程度まで自動化が進んだら，そのあとの改善はどのようにすれば良いだろうか。基本的には作業の改善と同じである。すなわち，「人」が行っていた作業を「ロボットや機械」が行っていると考えればよい。

「**工数低減の進め方**」としては，第1に「**現場作業の分析**」から始める必要がある。どんな現場でも細かく観察すれば，次のように「機械の動き」を分けることができる。

① **ムダ**・・・加工をする上で必要でないもの。すぐに省けるもの。
② **付加価値のない作動**・・・付加価値はないが，今の加工条件の下では，やらなければならないもの。
③ **付加価値を高める正味加工**・・・加工（変形・変質・組付けなど）することである。

以下に，「**切削加工改善**」の進め方・手順を簡潔に説明する。

1　ムダを省く

これを**図4-9**に示す。「**付加価値を高める正味加工の比率**」は低い。

図4-9　切削加工の分析

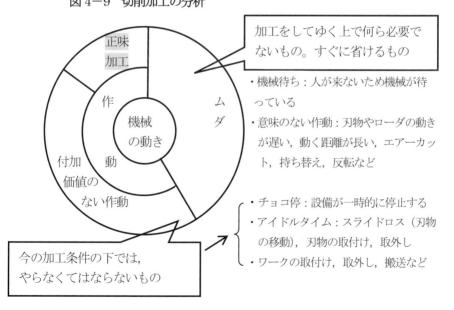

2　工程設計を変更する

　工程設計（加工レイアウト）の変更は，機械の動きの中で「正味加工」と「今は省けない作動」だけを機械に与えていく。「切削加工の例」を図4－10に示す。

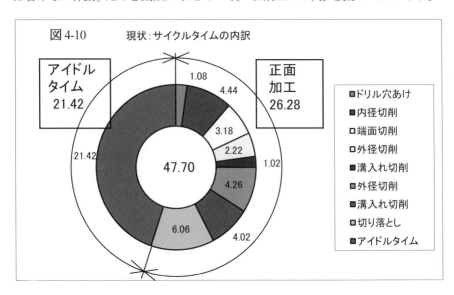

　今は，①ドリル穴あけ～⑧切り落としまでを「正面加工」している。一方，⑨ドリル穴あけ～⑩端面加工～⑪内径切削までを「背面加工」している。切削加工時間CTは47.7秒である。この内訳は，アイドルタイムが21.42秒，正面加工26.28秒である。なお背面加工11.4秒は正面加工と同時加工している。

この事例の**工程設計**（加工レイアウト）の「改善着眼点」は，次の2点である。
　①「アイドルタイム」を短縮する。具体的には，端面加工と外径加工を同じ刃物で加工して工程数を減らす。
　②「正面加工」と「背面加工」の時間バランスを近づける。具体的には，正面加工で行っている溝入れ切削0.017分（1.02秒）と0.067分（4.02秒）および外径0.071分（4.26秒）を「背面加工」に変更する。この結果，正面加工の「アイドルタイム」を同時に短縮できる。
　①～②を，次頁の図4－11に示す。

3 加工条件を変更する

正面加工と背面加工の「工程順」と「切削加工条件」を，図4-11に示す。

図4-11 「正面加工」と「背面加工」の工程順と切削加工条件

工程順	切削工程	切削長さmm	送り量	必要回転数	主軸回転数	組合せ	時間
1	ドリル穴明	6.30	0.150	42	2276	1 ●	0.018
2	内径切削	6.30	0.040	158	2124	2 ●	0.074
3	端面切削	7.25	0.050	145	2731	3 ●	0.053
4	外径切削	4.00	0.040	100	2731	4 ●	0.037
5	溝入切削	1.40	0.030	47	2731	5 ●	0.017
6	外径切削	5.80	0.030	193	2731	6 ●	0.071
7	溝入切削	5.50	0.030	183	2731	7 ●	0.067
8	切り落し	8.25	0.030	275	2731	8 ●	0.101
9	ドリル穴明	3.50	0.200	17	2276	1	0.007
10	端面切削	3.75	0.050	75	2731	2	0.027
11	内径切削	3.50	0.030	117	2124	6	0.055
スライドロス							0.264
材料出し							0.010
原点復帰							0.083
合計				1143			0.795

工程1〜8:正面加工，工程9〜11:背面加工

CT:47.7秒

「着眼点1」：アイドルタイムを短縮する（例：工程数を減らす）
「着眼点2」：正面加工と背面加工のバランスをとる（例：正面を背面に移す）
「着眼点3」：送り量を増やす（例：切り落しの表面粗さを粗くする）
「着眼点4」：切削速度を速くする（例：バイトを超硬コーティングに変更する）
「着眼点5」：切削回数（パス回数）を減らす（例：内外と端面のパス回数を減らす）

図4-11の時間は分単位なので，0.795分＝47.7秒である。**加工条件**の「改善着眼点」は，次の3点である。

③「切り落し」の表面粗さを粗くして「送り量」を増やす。なぜならば，切り落し後に背面加工で「端面切削」（仕上げ加工）を行うからである。
④「切削速度」（主軸回転数）を速くする。具体的には，超硬バイトを超硬コーティング・バイトに変更する。
⑤「切削回数」（パス回数）を減らす…内径と端面のパス回数を減らす。

4 改善のまとめ

上記の改善着眼点を基に，改善した結果を図4-12に示す。

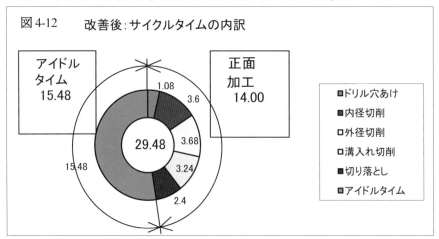

改善前の切削加工時間CTは47.7秒が，改善後は29.48秒に（△18.22秒，38%）短縮した。内訳は，「アイドルタイム」が21.42秒から15.48秒（△5.94秒，28%）に，「正面加工」が26.28秒から14秒に（△12.28秒，47%）短縮した。

また，小改善を積み重ねて「手作業のムダを省いた」ことにより，「持ち台数」を6台から11台にアップできた。その結果，加工費率（マン・マシンチャージ）は16.95円/分から13.71円/分に低減した。従って，加工費は13.48円/個から6.74円/個に（△6.74円/個，50%）半減した。

以上の改善により，人と機械を増やさずに「受注の50%増加」に対応できた。

第6節 ラインの出来高向上とTPM（設備のメンテナンス）

1 ラインの出来高向上の優先順位

組立ラインでも部品の加工ラインでも，ある程度までラインの自動化が進んだら，設備のメンテナンスが重要になる。例えば，ラインの生産性の指標である「1日の出来高」は，次の数式で簡単に計算できる。

1日の出来高（個）＝1日の稼働時間×出来高水準（%）／サイクルタイムCT（分）

（注）出来高水準とは，1日の稼働時間に対する生産実績（出来高）の割合（%）である。
計算式は次の通り。この計算式は"小ロット流し"と"1個流し"の両方に使える。

出来高水準＝（サイクルタイムCT（分）×回転数（回）／1日の稼働時間）×100%

例えば，1日の稼働時間を960分，出来高水準を90%，サイクルタイムCTを1分とすれば，1日の出来高は次のようになる。

$$\boxed{1日の出来高（個）=960分×90\%／1分}=\boxed{864個}$$

今，1日の必要数が912個だとすると，48個不足する。このとき，1日の出来高（個）を上げる方法には，次の2つの方法がある。
① 分母の「サイクルタイムCT（分）」を短縮する（1分 → 0.95分）。
② 分子の「出来高水準（%）」を向上する（90% → 95%）。

このどちらを優先すべきだろうか？ 答えは後者である。すなわち，ラインの「出来高水準の向上」を優先すべきである。なぜならば，ラインの停止回数が多く，停止時間が長ければ「出来高水準」は低下する。その結果，「原価」だけではなく「品質」にも悪い影響がでる。つまり出来高水準[注]は，そのラインの**"完成度（実力）"**を示す指標である。そこで重要になるのが設備のメンテナンスで，現場の全従業員が設備を自ら清掃，点検，保全するTPM（全員参加の予防保全）活動を行う必要がある。注）本節6項の「可動率」（べきどうりつ）と同義語である。

2 TPMとは

TPMとは，Total Productive Maintenance（トータル・プロダクティブ・メンテナンス）の略称で，「**生産効率を極限まで高めるための全社的生産革新活動**」である。換言すれば，「**設備のライフサイクル全体を対象に，生産効率を阻害するロスの発生を未然に防止することを目指して，人・設備・企業の体質改善をはかる総合的な活動**」である。

TPM活動の基本は，現場の小集団での設備を対象とした改善活動で，「全員参加のTPMにより，徹底した故障ゼロの設備管理，生産性向上とコスト低減を総合的に実現する活動」である。

3 TPS（トヨタ生産方式）とTPMの関係

TPSとTPMは密接な関係がある。自動化・FA（Factory Automation：ファクトリー・オートメーション）[注]が進んだ今日では，「**必要なものを，必要なときに，必要なだけ**」生産するというJIT生産を実現するためには，「**設備の故障・チョコ停・不良をゼロ**」にしなければならない。また多品種少量生産のために「**段取り替え時間**」を極小にしなければならない。これらを可能にするのがTPMである。従って，TPSの完全な実現を支えるのがTPMであると言える。

注）コンピュータ制御技術を用いて，工場の生産工程の自動化を図るシステムのこと。

4 TPMの定義とTPMの8本柱
(1) TPMの定義
a．初期のTPMの定義（生産部門のTPM）

> ① TPMとは，設備効率を最高にすること（総合的効率化）を目標にして，
> ② 設備の一生涯を対象としたPMのトータル・システムを確立し，
> ③ 設備の計画部門・使用部門・保全部門などのあらゆる部門にわたって，
> ④ トップから第一線作業員にいたるまで全員が参加し，
> ⑤ 動機づけ管理，すなわち小集団活動によりPMを推進する　ことをいう。

b．現在のTPMの定義（全社的TPM）

> ① TPMとは，生産システム効率化の極限追及（総合的効率化）をする企業体質づくりを目標にして，
> ② 生産システムのライフサイクル全体を対象とした「災害ゼロ，不良ゼロ，故障ゼロ」等，あらゆるロスを未然防止する仕組みを現場・現物で構築し，
> ③ 生産部門をはじめ，開発・営業・管理などのあらゆる部門にわたって，
> ④ トップから第一線作業員にいたるまで全員が参加し，
> ⑤ 重複小集団活動により，ロス・ゼロを達成する　ことをいう。

(2) TPMの8本柱と活動内容 [78]

　TPMの導入と展開は，社内での具体的な「体制づくり・仕組みづくり」の活動である。TPM活動は「8つの活動（8本柱）」から成り立ち，TPMの導入から成果の定着まで段階を踏んで進める。活動は文字通り「人が動き，組織が動く」ことである。「今までこうだったから」ではなく，「これからこうやっていくのだ！」という全社的なコンセンサスが必要になる。そのためには，TPMを導入するまでの準備段階に十分な時間をかけることが大切である。特に幹部層への事前教育，推進体制の整備，目標や活動スケジュールの設定などを準備しておけば，実際の現場でも「柱」が有効に機能しやすくなる。これを表4-4に示す。

表4-4　TPMの8本柱と活動内容

8本柱（TPMの主要活動）	活動内容
1. 生産システム効率化の「個別改善」	対象職場，ライン，単体設備のロス分析により改善テーマに取り組む。「テーマ選定→現状把握→目標設定→要因解析→対象の立案と実施→効果の確認→標準化と管理→反省と今後の計画」のストーリーに従って改善を展開する
2. オペレーターの「自主保全」体制づくり	設備がある現場において，作業者1人ひとりが「自分の設備は自分で守る」ことを目的として，自分の設備の日常点検・給油・部品交換・修理・異常の早期発見，精度チェックなどを行う。 設備のない部門，手作業の部門においても，職場環境の整備，業務・作業のムリ・ムダ・ムラをポイントに不具合点を改善する
3. 保全部門の「計画保全」体制づくり	専門保全として故障低減，部品寿命延長に取り組み，予備品管理，保全費管理，さらには予知保全体制の確立などを行う
4.「製品・設備開発管理」体制づくり	さまざまな改善情報のフィード・バックによる作りやすい製品開発や，信頼性・安全性・操作性・保全性の高い設備づくりを行う
5.「品質保全」体制づくり	不良の出ない条件設定とその維持管理によって，不良ゼロ・クレームゼロを目指す活動である。従来のようにできた製品の検査強化により流出防止を図る品質保証ではなく，工程・設備で品質を造り込み不良の発生防止を図る
6.「教育・訓練」の体制づくり	仕事を進める上でその職場に必要な知識・技能を整理し，スキルの評価と向上を図っていく
7.「管理・間接」部門の効率化体制づくり	事務所の5Sや事務工数の削減など事務の効率化活動さらには購買，物流在庫ロス削減，営業の売上拡大など効率化と価値創造の活動を展開する
8.「安全・衛生・環境」の管理体制づくり	生産性に優れた工場でも，災害があり，環境が良くない工場は良い工場とはいえない。「災害ゼロ，公害ゼロ」が従来からTPMでは強調され，さらには「廃却ゴミゼロ」など環境にやさしい生産活動にも展開していく

5　TPSとTPMの共通理念

　ここで強調したいことは，TPSとTPMには共通した「**基本理念**」があることである。これを**表4-5**に示す。

表 4-5 TPS と TPM の共通理念

基本理念	TPS	TPM
1. 経営に直結する全社的な製造技術	「儲ける IE」	「儲ける TPM」
2. 徹底したムダの排除	①つくり過ぎのムダ ②手待ちのムダ ③運搬のムダ ④加工そのもののムダ ⑤在庫のムダ ⑥動作のムダ ⑦不良をつくるムダ	①故障ロス ②段取り・調整ロス ③刃具ロス ④立ち上がりロス ⑤**チョコ停**・空転ロス ⑥速度低下ロス ⑦不良・手直しロス
3. 未然防止	①ポカヨケ ②治療より予防	①保全予防 (MP) ②予防保全 (PM) ③改良保全 (CM)
4. 現場・現物主義	①カンバン ②目で見る管理＝アンドン	①設備そのものを"あるべき姿"に ②目で見る管理＝エフ ③TPM 活動板
5. 参画経営・人間尊重	①多工程持ち ②生産システム構築に参画 ③働きがい	①自主保全 ②災害ゼロ・故障ゼロ・不良ゼロ ③明るい職場づくり

この中で，最も厄介なのは「**チョコ停**」で，すぐに復旧できる故障のことである。この小さな積み重ねが「**自動化設備の生産性**」を大きく阻害する。

自動化設備は止めない限り生産する素晴らしい設備だが，「**可動率**（べきどうりつ）」を計算して設備の実力を知った上で，「**ロス**」している原因と対策を検討して，生産性を向上する必要がある。

6 自動化設備の稼働率と可動率

自動化設備の生産性を考えるときに必要な「**稼働率と可動率**」の違いについて説明する。自動化設備の実力は，「**稼働率**」ではなく「**可動率**（べきどうりつ）」で計算すべきである。以下では「稼働率」と「可動率」の計算を比較してみよう。

今，必要数（注文数）が 10 個，定時間（8 時間）内の生産数が 7 個，この設備の 1 個あたり所要時間（サイクルタイム CT）を 1 時間と仮定する。

$$\boxed{稼働率 =(必要数 \div 定時間内の生産数) \times 100\%}$$

稼働率＝（10/7）×100％＝ 143％

稼働率の式で分かることは，設備の実力ではなく現状の忙しさである。つまり，1日8時間の143％＝11.4時間（3.4時間の残業）が必要なことは分かるが，設備の実力は分からない。

$$\boxed{可動率 =(1個の所要時間 \times 必要数 \div 実績所要時間) \times 100\%}$$

可動率＝（1×10÷11.4）×100％＝ 88％

実績所要時間は，稼働率の計算より11.4時間である。**可動率**の式から設備の実力は88％であることが分かる。残りの12％は「**チョコ停**」などの理由でロスしていることになる。この12％の原因と対策が「**生産性を向上**」させることになる。

＜TPMの生い立ちと目的＞

　TPMが誕生して56年になる。1961年にPM（予防保全）を導入した日本電装（現：デンソー）が生産部門を巻き込んで，全員参加のTPMとして大きな成果を上げた。1980年代には自動車業界で急速に普及した。その後，半導体や装置産業に広がり，現在では食品産業などあらゆる業種に導入されている。

　活動の目的は，災害ゼロ・不良ゼロ・故障ゼロなど，効率を阻害するあらゆるロス・ムダを徹底的に排除し，生産効率を極限まで高めていくことである。同時に，この活動を通して，そこに働く人たちの考え方，行動を変えていくことも狙っている。

● **小括　作業改善のまとめ**

　トヨタ生産方式では"工数の低減"が大きな目標である。そのために準備・後始末作業に対しては「段取り替え時間の圧倒的な短縮」すなわち"シングル段取りの採用"が決定的な意味を持つ。また主作業に対しては「人と機械」が連合して作業を行っているのを，"機械を人から完全に独立させた"いわゆる"人と機械の分離"に大きな特徴がある。つまり「セル生産ライン」（縦流れ生産ライン）の下で人は「多工程持ち・多能工」によって「少人化」を行い"原価低減"する。その究極の姿が"ニンベンのついた自働化"である。

1　作業改善の特徴
　① 準備・後始末作業（段取り替え作業）…"シングル段取り"または"ワン・タッチ段取り"を採用する。
　② 主作業（主体作業＋付随作業）
　　・多台持ち作業，特に"多工程持ち"を採用する。
　　・"ニンベンのついた自働化"を採用する。
　③ 余裕……"離れ小島の解消"など，余裕の統合によって"少人化"を実現する。
　④ 工数低減が最大の目標なので，"省力化"ではなく"少人化"を進める。
2　作業改善の考え方
　① 段取り替え時間の短縮
　　段取り替え時間，そのものを圧倒的に短縮する"シングル段取り"や"ワン・タッチ段取り"を採用する。
　② 標準作業による"1個流し"の採用
　　前工程から"1個流し"作業をすることによって，簡単に自動取り付けができるようにする。また自動取り出しをして後工程に向きの調整が不要な送り方をする。そうすると，後工程でも簡単に自動取付けができる。
　③ 徹底したムダの排除
　　・トヨタ生産方式では，機械が自動加工しているときに，人が側で監視していることは"手待ち"と考えて，これを排除する。
　　・プレスのスイッチ操作は"安全第一工程"と称して，「両手でスイッチを押し続けることは"手待ち"である」と主張して，代替え案を考える。
　④ 手離れ化
　　・スイッチ操作でも取付け完了と同時に，自動的に切削が開始されるようにして，人手を完全に省いてしまう。
　　・含油メタル（軸受け）の採用によって，潤滑油の供給を不要にする。
　　・切削油については，無給油切削を考える。またはマジック・カット[注]の採用を考える。
　　　　注）噴霧上の油を刃物に吹き付けることにより，刃物の寿命を延ばすこと。
　　・切粉を強制排出して機械の外に送り出し処理が容易にできるようにする。
　　・材料の自動切り替装置や製品パレットの自動入替装置によって，長時間，無人運転が出来るようにする。

・中間工程では，前後工程を連結することによって，材料や半製品を最少にして，特別な貯蔵装置を不要にする。

⑤ 「機械の稼働率」よりも「人の稼働率」を優先する
・「作業者の"手待ち"を無くすことを優先して，"機械の稼働率の低下"を容認する」。その理由は次の２つである。
・「機械設備は，償却すればいつかはタダになるが，人には永久に賃金を支払わなければならない。しかも，それは年々増大する」。
・「人と機械の"１時間当たりのロスを比較すると，原価的には普通５：１程度である」。

⑥ 「多台持ち」よりも「多工程持ち」を優先する
・多台持ち作業…加工が終わった品物を取外して"取外した品物を台に置く"という作業が必要になる。
・多工程持ち作業…"取外した品物を台に置く"という作業を省略できるため，"仮置きのムダの排除"という点で"多台持ち"よりも"多工程持ちの利点"が存在する。従って，「１個流し」作業に適している。

⑦ 再発防止を徹底する
「異常（設備故障や不良）」が発生したら設備を止めて「再発を防止」する。このような"原点的な志向"に基づいた"積極的な改善"を徹底して行う。つまり"現状を否定"する，"マンネリを打破"する，"諦めない"ことが重要である。

以上，第４章では製造改善の観点から『作業の改善』について考察した。第５章では重回帰式を活用した『多品種少量生産における部品の原価低減と見積基準および標準工数』について述べる。

■ 補足１０：『標準作業の作成要領』（基本）
標準作業を作成することは，①タクトタイム（サイクルタイム），②作業順序，③標準手持ち，を決定することである。下記にその手順を示す。
【手順１】「加工工程の順序付け」を行う（図１．参照）
部品別に加工工程の順序付けを行い，加工工程には１．２．３…と番号をつける。

【手順2】「部品別能力表」注)を作成する（表1．参照）
　　注）「工程別能力表」と呼ぶことがある。
(1) 工　　順：加工工程の順序番号と同じ
(2) 工程名称：部品が加工されていく工程の名称を記入する。
　　ⅰ）加工においては、同一工程で機械が2台以上ある時は別々に記入する。
　　ⅱ）1台の機械が2個取、3個取の場合は、それも記入する。
　　ⅲ）ある頻度をもち、定期的に行う作業。例えば切粉払い、品質チェックも
　　　　頻度と一緒に記入する。･･･10サイクルに1回＝（1／10）
(3) 機　　番：機械番号を記入する。
(4) 基本時間
　　ⅰ）手作業時間：作業者が機械(工程)に行う手作業の時間を測定し記入する。
　　　　なお「歩行時間」は含まない。
　　ⅱ）自動送り時間：機械がワークを加工するのに要する時間を測定し記入
　　　　する。
　　ⅲ）完 成 時 間：ある機械(工程)で、1個(2個取の時は2個)の部品を完成さ
　　　　せるのに必要な時間で、一般に、完成時間＝手作業時間＋自動送り時間　と
　　　　する。ある頻度をもつ作業」はワーク1個当りの手作業時間を記入する。･･･
　　　　例：品質(寸法・外観)チェック
(5) 刃具
　　ⅰ）刃具交換個数：刃具、砥石ごとに記入する。
　　ⅱ）刃具交換時間：　　　　　〃
(6) 加工能力：1日の定時間内でできる個数
　　加工能力＝（稼働時間）／（ワーク1個当りの完成時間＋ワーク1個当り
　　　　　　　　の刃具交換時間）　（小数点以下は切捨てる）

図1．加工工程の順序付け
　加工工程の順序
　品番：17111－24060

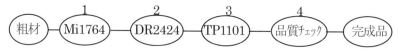

表1．部品別能力表（例）

課長	工長	部 品 別 能 力 表	品番	17111－24060	型式	KE	所属	氏名
							582	鈴木
			品名	インテークマニホールド	個数	1	542	佐藤

(1) 工順	(2) 工程名称	(3) 機番	(4) 基本時間			(5) 刃具		(6) 加工能力 (2013)	備考
			手作業時間	自動送時間	完成時間	交換個数	交換時間		
1	ブースター取付面削り	Mi 1764	分 秒 3	分 秒 25	分 秒 28	100	1'00"	2013	3" ⊢⊣ 25" ⊢－⊣
2	ブースター穴，穴明	DR 2424	3	21	24	1000	30"	2397	3" ⊢⊣ 21" ⊢－⊣
3	ブースター穴ねじ立て	TP 1101	3	11	14	1000	30"	4105	3" ⊢⊣ 11" ⊢－⊣
4	品質チェック(1/1)(ネジ径を測定)	―	5	―	5	―	―	11520	
			14						

加工能力＝2直 57600 秒／(28"＋0.6")＝2013 個。
最少工程の加工能力が，そのラインの加工能力になる。

【手順3】「標準作業組合せ票」を作成する（表2．参照）
(1) 作 業 順：手作業を行っていく順序を 1．2．3．…と数字で表わす。
(2) 作業内容：機番と手作業の内容を表わす。
(3) 時　　間：部品別能力表の手作業・自動送り時間を記入する。

(4) 作業時間：実線……手作業時間を表わす。
　　　　　　　破線……自動送り時間　〃
　　　　　　　波線……歩行時間　　　〃
(5) タクトタイム：(1日の稼働時間)／(1日の必要数)

<作業順序の決定>
　ステップ1．(4)作業時間の時間軸にタクトタイムの時間を赤線で引く。
　ステップ2．1人当りの工程範囲を決める。
　　　　　　赤線で示したタクトタイムに，ほぼ等しくなる様な手作業時の合計を部品別能力表から順に求めて，ほぼ1人当りの工程を決める。
　　　　　　なお「歩行時間」も加わるので，若干の余裕を持たせる。
　ステップ3．(2)作業内容の欄に，それぞれの手作業の内容を1行ずつまとめて記入する。
　ステップ4．(3)時間の欄に各時間を記入する。(単位：秒)
　ステップ5．最初の作業を決め，手作業時間，自動送り時間を時間軸に書く。
　　　　　　自動送り時間がタクトタイム(サイクルタイム)を越える場合は，越えた分をスタート(0")の位置から引く。
　　　　　　　注1) サイクルタイム＜タクトタイムの場合は，タクトタイムの線まで引き，越えた分をスタート(0")の位置から引く。
　　　　　　　注2) サイクルタイム＞タクトタイムの場合は，サイクルタイムの線まで引き，越えた分をスタート(0")の位置から引く。この時，手作業時間と自動送り時間はぶつからないこと。
　　　　　　　　例　2．Mi1764　　3．DR2424
　ステップ6．2番目の作業を決める。
　　　　　　通常は下の欄の作業が2番目となるが，作業が変わり，歩行が必要な時は～～（波線）にて時間軸に示す。
　ステップ6を繰り返して作業順序を決めていく。
　　　　　　ただし，同一工程に2台の機械がある場合や2個取の機械あるいは共用工程を持つ機械は，作業者が機械の自動送り時間で「手待ち」にならない様に，作業順序を考えてみる。
　ステップ7．作業の組合せが成立するか調べる。
　　　　　　自動送り時間がタクトタイム(サイクルタイム)を越える場合は，

越える分をスタート(0")の時点から引き直すが，これが同じ作業の手付時間(手作業時間)にぶつかれば，この作業組合せは成立せず，作業を選び直す必要がある。

ステップ8. 予定した作業とタクトタイム(サイクルタイム)との関係をみる。予定した作業を終えたら最初の作業の欄へ戻す。「歩行時間」が必要な時は〜〜（波線）にて示す。

ステップ9. **適正作業量かどうかを見る。・・・これが重要！**
ステップ8で戻った点が赤線と合致すれば適正な組合せと言える。赤線の手前で作業が終わる様であれば，「作業量が少ない」のであるから他の作業ができないか検討する。もし赤線からはみ出している場合は「作業量が多い」。そのままにしていると定時で終わらず残業や欠品になるから，はみ出した分だけ短縮できないか個々の作業を見直す。

ステップ10. 作業順を記入する。
組合せができたら図示したものに基づいて，(1)作業順の欄に番号を打つ。

(6) 分解番号：標準作業組合せ票および後で述べる標準作業票は，作業者ごとに作成される故，1部品が完成されるまでに，何人もの作業者にまたがる時がある。この時の為に「分解番号」を記入する。

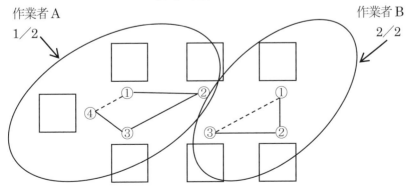

表2．標準作業組合せ票（例）

品番	17111－24060	標準作業組合せ票 ―― 手作業 ---- 自動送 ～～～ 歩　行	必要数	1920個／日	分解番号	(6)1/1	所属	上郷機械部
品名	インテークマニホールド		(5)タクトタイム	30″				

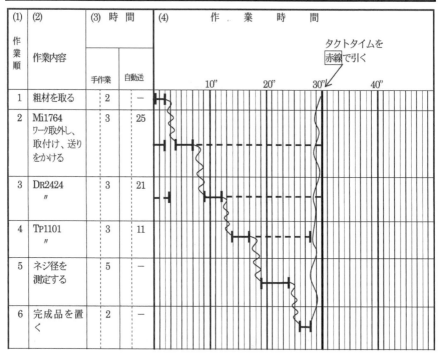

【手順4】「標準作業票」を作成する（図2．参照）
(1) 作業内容：標準作業組合せ票の最初の作業と最後の作業を記入する。
(2) 作業順序：機械配置図に，「標準作業組合せ票」に示された作業順序に従い，番号付けを行い，これを実線で結ぶ。最後の作業から最初の作業の戻りは破線で示す。
(3) 品質チェック：品質チェックが必要な機械（工程）には ◇ 印を記入する。
(4) 安全注意：安全注意が必要な機械（工程）には ✚ 印を記入する。

(5) 標準手持：作業順序通り作業を行っていく上で，どうしても必要な手持ちを標準手持ちという。機械(工程)に置かれる位置へ●印で記入する。
(6) 標準手持数：(2)作業順序の機械配置図に示された標準手持ちの数を示すが，数を少なく出来ないか，作業順序を見直す場合がある。
(7) タクトタイム：「標準作業組合せ票」にて算出したタクトタイムを明示する。
(8) サイクルタイム：作業順序通り行った場合の作業時間を記入する。

図2．標準作業票 (例)

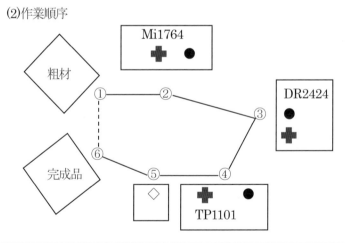

■ 補足１１：人の費用と機械の費用

本章の第４節で，一般の工場では「人と機械の費用の比率」は原価的には"5対1"程度であると述べた。これを分かりやすくするために，企業が新たに「人と機械」を入れた場合を比較してみよう。

① 「**人の費用**」：企業が新たに人を１人雇用して，10年間に支払う費用

初年度の人件費（給与＋諸経費）500万円，人件費の上昇率を年2%として複利計算する。

【人件費の計算式】 $B = A \times (1+r)^n$

　　A：初年度の人件費 500万円
　　r：人件費の上昇率 2%
　　B：n年後の人件費

② 「**機械の費用**」：企業が新たに機械を１台購入して，10年間で償却する費用

$B = A \times r \times n$

　　A：取得価格 1000万円
　　n：耐用年数（償却年数）10年
　　r：償却率（定額法）0.1
　　B：n年後の償却費……n年間の償却費累計

人と機械の費用 （単位：万円）

	1年目	2年目	3年目	4年目	5年目	6年目	7年目	8年目	9年目	10年目	合計	平均
人件費	500	510	520	531	541	552	563	572	586	598	5475	548
機械の償却費 B	100	200	300	400	500	600	700	800	900	1000		100
機械の残存簿価	900	800	700	600	500	400	300	200	100	0*		

＊厳密には，10年後の機械の残存簿価は「１円」である。

表で「人件費と機械の残存簿価」を比較すると，1年目は500万円対900万円である。従って，その比率は1対1.8で機械の方が高い。これが5年目には約1.1対1となり人の費用の方が高くなる。10年目には機械の費用は0になる。10

年間の平均は約5.5対1である。

一方，毎年の「人件費と機械の償却費」の比率は500対100（5対1）である。

上では，「1人の人件費」と「1台の機械費用」を比較した。次に，上の条件で「1人5台持ち」の場合を比較してみよう。

人と機械の費用　　　　　　　　　　　　　　　　　　（単位：万円）

	1年目	2年目	3年目	4年目	5年目	6年目	7年目	8年目	9年目	10年目	合計	平均
人件費	500	510	520	531	541	552	563	572	586	598	5475	548
機械の償却費 B	500	1000	1500	2000	2500	3000	3500	4000	4500	5000		500
機械の残存簿価	4500	4000	3500	3000	2500	2000	1500	1000	500	0*		

＊ 厳密には，10年後の機械の残存簿価は「5円」（1円/台×5台）である。

表で「人件費と機械の残存簿価」」を比較すると，1年目は500万円対4500万円である。従って，その比率は1対9で機械の方が高い。これが9年目には約1.2対1となり人の費用の方が高くなる。10年目には機械の費用は0になる。10年間の平均は約1.1対1である。

一方，毎年の「人件費と機械の償却費」の比率は500対500（1対1）である。

以上のことから，上の条件の下では「1人年間500万円×10年間の費用」と「機械5000万円の費用」は，ほぼ等しいと言える。

＜人の生産性を機械の生産性よりも優先する！＞

このように人と機械の費用が原価的には"5対1"程度の割合だから，どんどん「設備投資」をするのだろうか。そうではない。その前に"徹底したムダの排除"によって省人→少人をすべきだと主張しているのである。そして「ニンベンのついた自働化」により"人と機械の仕事"を分離して，**人の生産性を機械の生産性よりも優先**して向上する。これがトヨタ流の"工数低減"による「原価低減」である。

■ 補足12：「少人化」を実現するための諸要素
　　　図4-13　「少人化」を実現するための諸要素

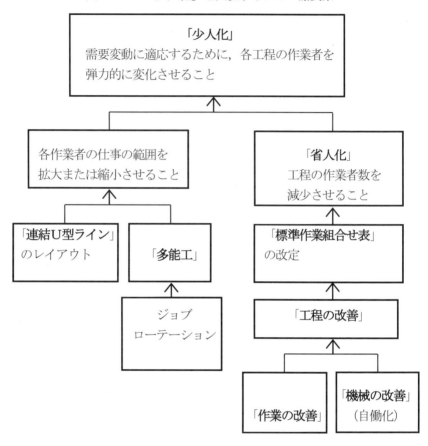

（出所）門田安弘 著『トヨタシステム』講談社　1989年

■ 補足13：IE手法 [79]

　VE手法と同様に広く活用されている改善手法がIE手法である。IE手法は沢山あるが、ここでは良く活用されている**5手法**を紹介する。

1 作業分析[80]
(1) 定義：作業分析とは

> 作業分析とは，主体となる作業者の行動を中心として，プロセスまたは手続きに生ずるすべての作業・移動・検査・手待ちの基本現象を記号で表現し，かつ所要時間・移動距離など分析に必要な情報をも調査する手法である。

(2) いろいろな作業場面
① 1人の作業者
② 1人の作業者と1台の機械
③ 1人の作業者と2台以上の機械
④ 2人以上の作業者
⑤ 2人以上の作業者と1台の機械
⑥ 2人以上の作業者と2台以上の機械
⑦ 連続自動機械

(3) 作業分析の狙い
① 作業改善
② 作業の標準化

1-1 複式活動分析
(1) 定義：複式活動分析とは

> 複式活動分析とは，1人あるいは何人かの作業者が，1台あるいは何台かの機械を用いて作業している状態や，何人かの作業者が機械の有無にかかわらず，協調して作業している状態を分析・記録する方法である。

この場合，2つ以上の活動について，各作業ステップの「順序」だけでなく，各作業ステップの「時間的な関係（同時性）」を表すことができ，各要素の「アイドル部分」を把握することができる。これらの「アイドル部分」を除去または減少させるために，作業手順，配置あるいは作業分担の変更が行われる。

(2) 使用記号

記号	名称	人の活動を表す場合	機械の活動を表す場合
▨	作業	一定の場所で何か仕事をすること。他の機械への歩行を含む。	機械が対象物を加工していること。
☐	あそび	手待ちで何もしていないか，無意味な移動をしていること。	機械が停止または空転して，何もしていないこと。

(3) 複式活動分析の狙い

① 人の遊び時間の減少による「作業サイクルタイムの短縮」
② 人の余力（遊び）活用による「受け持ち機械台数の増加」
③ 人の余力（遊び）活用による「作業分担の適正化」
④ 機械の遊び時間の減少による「作業サイクルタイムの短縮」
⑤ 機械の加工時間（サイクルタイムオーバー）の減少による「サイクルタイムの短縮」
⑥ 機械の改善，自動化の資料
⑦ 作業方法の標準化および教育訓練

(4) 人・機械分析

この代表的な手法が「人・機械分析」である。すでに第4章第4節3-(4)項で述べているので参照願いたい。

1-2 作業者工程分析
(1) 定義：作業者工程分析とは

> 作業者工程分析とは，1人の作業者が行う一連の作業を分析する手法である。これによって「各作業のステップ」と，その内容に関連する「移動や手待ち」などの発生状況を捉える。

（2）使用記号

一般記号	ASMEの記号	区　分	記号の説明
○	○	作　業 （加工および操作）	意識的にある物の物理的または化学的な性質を変えたり，他の物と組み合わせたり，分解したり，その場で材料を揃えたりすること。
□	□	検　査	他との差異を調べたり，量的または質的な特性を調べること。
○	⇨	移　動	物を持ち，または空手で一つの場所から他の場所に動くこと。移動が加工の一部として行われたり，作業者がその場で行える物の移動は含まない。
▽	D	手待ち	遊休，手待ち，または無意味な移動

（3）事例

理髪作業の作業者工程分析表

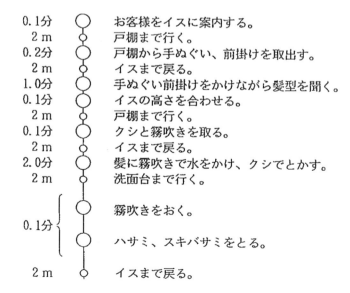

```
0.1分      お客様をイスに案内する。
2 m        戸棚まで行く。
0.2分      戸棚から手ぬぐい、前掛けを取出す。
2 m        イスまで戻る。
1.0分      手ぬぐい前掛けをかけながら髪型を聞く。
0.1分      イスの高さを合わせる。
2 m        戸棚まで行く。
0.1分      クシと霧吹きを取る。
2 m        イスまで戻る。
2.0分      髪に霧吹きで水をかけ、クシでとかす。
2 m        洗面台まで行く。
           霧吹きをおく。
0.1分{
           ハサミ、スキバサミをとる。
2 m        イスまで戻る。
```

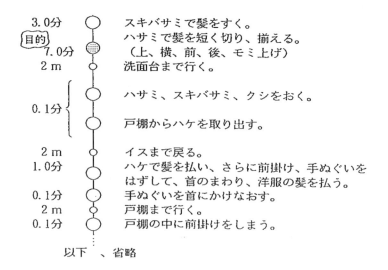

2 ラインバランス分析[81]

(1) 定義：ラインバランス分析とは

> ラインバランス分析とは，「ネック工程」の時間を短縮して各工程の時間を均一にしたり，工程数を少なくすることを検討する手法である。

(2) ラインバランス分析結果の見方

a.「ラインバランス効率」（バランス・ロス率）による見方

工場の基準値や類似工程との「ラインバランス効率」などを目安にして，比較検討する。

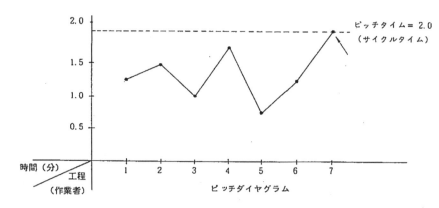

b．ピッチダイヤグラムによる見方
次の図に示した番号①～⑦に沿って，比較検討する。
① 「ネック工程」はどれか。
② 「ネック工程」（最も遅い作業時間の工程）と「次のネック工程」との時間の差の大きさは何分か，その差の割合は何％か。
③ 「最短時間の工程」はどれか。
④ 「最短時間の工程」と「ネック工程」との時間の差の大きさは何分か，その差の割合は何％か。
⑤ 「棒グラフ」の凹凸の状態は，はげしいか。
⑥ 「棒グラフ」の凹凸の状態は，平坦か。
⑦ 「トップ工程」（最初の工程）が「ネック工程」になっていないか。

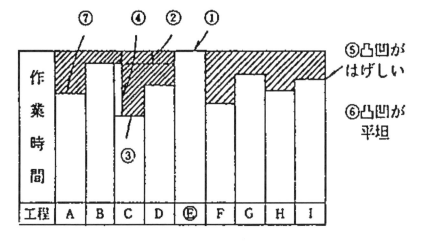

3　時間研究[82]

（1）定義：時間研究とは

> 時間研究とは，作業の経過時間をストップ・ウォッチやVTR（ビデオ・テープ・レコーダー）を用いて測定する方法である。最近は，両方を併用することが多い。

（2）事例：検査のために万年筆にインクを入れる作業

時間研究用紙（裏面）「検査のため，万年筆にインクを入れる」

要素 \ 回数	単位：1/100分（上段：個別）（下段：読み）										合計回数	平均	記事（改善着眼など）
	1	2	3	4	5	6	7	8	9	10			
1 検査ずみの万年筆をペン置き台に置き，次の万年筆をとる	3 3	3 59	3 13	3 72	3 34	3 89	3 45	3 402	3 56	3 17	30 10	3.0	
2 インクを入れる用意をする	18 21	19 78	20 33	17 89	19 53	18 307	19 64	18 20	20 76	17 34	185 10	18.5	
3 インクを入れる	20 41	18 96	19 52	21 210	19 72	20 27	30 84	19 39	22 98	21 55	199 10	19.9	
4 ペン先を洗い，キャップをはめる	15 56	14 110	17 69	21 ⑪	14 86	15 42	15 99	14 53	16 514	13 68	133 9	14.8	⑪は不注意で部品を落としたことによる
5													
6													
7 サイクルタイム	56	54	59	62	55	56	57	54	61	54		56.2	
8													
9													
10													
													（整理欄）
例外①													
②													
③													

4 ワークサンプリング [83]

（1）定義：ワークサンプリングとは

> ワークサンプリングとは，「人」または「機械」が行っている仕事を，種類別，量的に把握する方法である。

(2) 事例：ヤスリでの仕上げ作業

観測項目 \ 観測月日	1 5/12	2 5/13	3 5/14	4 5/15	5 5/16	計	%
1 バ リ 取 り	115	113	104	106	108	546	45.5
2 エ ア ー 吹 き	4	6	8	4	6	28	2.3
3 部品の小出し	22	18	31	21	22	114	9.5
4 数量チェック 日 報 記 入	8	2	12	13	7	42	3.4
5 ヤスリの手入れ	10	9	13	4	8	44	3.7
6 作業台の掃除	2	4	1	1	5	13	1.1
7 カゴの用意	15	11	8	12	11	57	4.8
8 部品の用意	8	8	6	10	9	41	3.4
9 仕上品の運搬	16	12	12	15	7	62	5.2
10 手 休 め	24	33	24	29	33	143	11.9
11 仕事の指示待ち	7	11	9	11	10	48	4.0
12 離 席	4	10	6	4	8	32	2.7
13 離 席（用 達）	(4)	(10)	(6)	(4)	(8)	(32)	(2.7)
14 離 席（打合せ）							(0)
15 離 席（不 明）							(0)
16 そ の 他	5	3	6	10	6	30	2.5
17							
合 計	240	240	240	240	240	1200	100

(3) ワークサンプリング結果の見方

① 「標準の稼働率」との差を見る。
② 「非稼働」を内容別にパレート分析し，改善すべき対象を絞る。

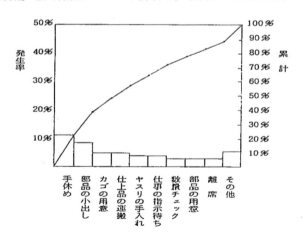

（4）ワークサンプリングの使い方

ワークサンプリングの使い方には，次の5つがある。
① 「稼働率」が低い原因を把握し，改善する。
② 「作業量」の適正化をはかる。
③ 「設備の持ち台数」を検討する。
④ 「設備管理」の改善をはかる。
⑤ 「標準時間の設定」するための余裕率を求める。

5 標準時間 [84]

（1）定義：ここでは2つの定義を紹介する。

① ASME（American Society of Mechanical Engineers：アメリカ機械技術者協会）の定義

> 標準時間とは，資格ある作業者が，有能な監督の下で，普通の速さで働き，かつ，正常な疲れと遅れを体験して，指定されて方法に従って，明確に決められた品質と一定の仕事量を行うために，必要な時間であるとして決定された時間をいう。

② REFA（Reichsausschuss fur Arbeitszeitermittelung：ドイツ作業時間設定全国委員会）の定義

> 標準時間とは，与えられた仕事を正常能率で成し遂げるのに必要な時間をいう。ただし，設備，工具は正しい状態にあり，品質は指定され，作業指示は正しく与えられているものとする。

（2）標準時間はなぜ必要か

【基本】：時間には3つある。この時間のギャップを埋める。

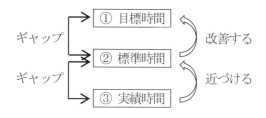

【応用】
① 作業方法の比較，選択をする。
② 作業のバランスをとる。
③ 1人の受け持ち機械台数を決める。
④ 生産計画を立てる上の情報を得る。
⑤ 原価を見積る。
⑥ 作業能率評価，必要人員の決定をする。

(3) 標準時間の構成

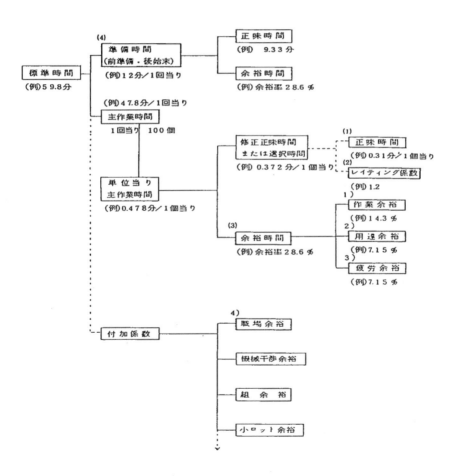

● 注 ────────

〔52〕新郷重夫（1980, 211−213 頁）を要約した。
〔53〕大野耐一（1978, 41−44 頁）を要約。
〔54〕日本能率協会（1978, 154−164 頁）を要約。
〔55〕新郷重夫（1980, 99−101 頁）を要約。
〔56〕新郷重夫（1980, 221−240 頁）を要約し加筆した。
〔57〕新郷重夫（1980, 222−224 頁）を要約。
〔58〕新郷重夫（1980, 223−224 頁）より引用した。
〔59〕大野耐一（1978），120−122 頁，新郷重夫（1980, 224−228 頁）を要約。太字への修正は筆者。
〔60〕新郷重夫（1980, 225−228 頁）より引用。
〔61〕新郷重夫（1980, 228 頁）を要約し加筆。
〔62〕日本能率協会（1978, 33−35 頁）を要約し加筆。
〔63〕新郷重夫（1980, 117 頁）より引用。
〔64〕新郷重夫（1980, 119 頁）より引用。
〔65〕新郷重夫（1980, 119−120 頁）より引用。
〔66〕日本能率協会（1978, 178−182 頁）を要約。
〔67〕新郷重夫（1980, 273−277 頁）を要約。
〔68〕堀切俊雄（2016, 187−188 頁）より引用。
〔69〕新郷重夫（1980, 231−237 頁）を要約。
〔70〕新郷重夫（1980, 232 頁）より引用。
〔71〕新郷重夫（1980, 233−235 頁）より引用。
〔72〕新郷重夫（1980, 237−238 頁）を要約。
〔73〕新郷重夫（1980, 239−240 頁）を要約し加筆。
〔74〕新郷重夫（1980, 84 頁）より引用。
〔75〕新郷重夫（1980, 240 頁）を要約。
〔76〕J. K. Liker（2004,（上）211−213 頁）を要約し加筆。
〔77〕新郷重夫（1980, 277−280 頁）を要約。
〔78〕日本能率協会コンサルティング『すぐわかる TPM 入門』を要約。
〔79〕産業能率大学（1995）を要約。
〔80〕産業能率大学（1995, 33−57 頁）を要約。
〔81〕産業能率大学（1995, 111−118 頁）を要約。

〔82〕産業能率大学（1995, 74－90頁）を要約。
〔83〕産業能率大学（1995, 91－105頁）を要約。
〔84〕産業能率大学（1995, 119－125頁）を要約。

第5章 多品種少量生産における部品の原価低減と見積基準および標準工数

本章では，多品種少量生産における部品の「原価低減」と「見積基準」および「標準工数」について述べる。これらは重回帰式を活用したものである。**第1節**では，部品の「原価低減の改善テーマの選び方」を述べる。**第2節**では「コストモデル式の作成方法」を，**第3節**では「その活用方法」について詳述する。これはコストモデル式を活用して"割高・割安品目"を発見し，内製化の目標コストや最適生産地および製法などを決める方法である。**第4節**では「部品の見積基準」について簡便で迅速な方法を提案する。**第5節**では，部品の平準化生産計画（負荷積み・負荷調整）に必要な「部品の標準時間（工数）の求め方」を紹介する。

第1節　原価低減の改善テーマの選び方 [85]

企業が原価低減を行う場合，「変動費」を低減したいのか「固定費」を低減したいのか，その両方なのかを最初に決めなければならない。そこで，まず「CVP図表（損益分岐点図表）」を作成する必要がある。

1　CVP図表

CVP図表（損益分岐図表）とは：横軸に売上高（営業量）を，縦軸に収益・費用を取り，これに売上高線および総費用線を書き込んだものである。(CVP: cost, volume, profit)これを図5-1に示す。損益分岐点では，次のような関係が成立している。　売上高＝総費用（つまり利益＝0，損失＝0）

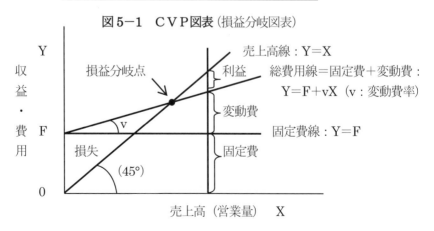

図5-1　CVP図表（損益分岐図表）

2 固定費と変動費の分解

① **固定費**：営業量が変化しても，それに比例的に変動しない費用
　　　（例：設備費）
② **変動費**：営業量が変化すると，それに比例的に変動する費用
　　　（例：材料費）
③ **準固定費**：ある生産量までは一定で，その数量になるとジャンプする固定費　（例：人件費）
④ **準変動費**：生産量が「０」の時に，ある一定の固定費が発生していて，生産量が「０」より多くなると，それに比例的に変動する費用
　　　（例：水道料，電気料）

これらを図5-2に示す。

図5-2　固定費・変動費・準固定費・準変動費

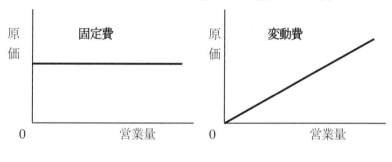

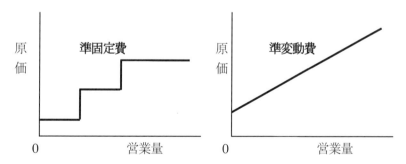

3　TCD活動と損益分岐点分析の関係

損益分岐点を下げるためのTCD（Total Cost Down：全社的原価低減）活動には，①主に固定費・準固定費を低減する「TPS（Toyota Production System）活

動」と，②主に変動費・準変動費を低減する「TVE (Total Value Engineering) 活動」がある。具体的には，「TPS活動」は，工程・作業・動作などを対象に取り上げ，**生産性の向上**によって原価を低減する。また「TVE活動」は，製品・材料・部品・金型・設備などを対象に取り上げ，それらを改善（設計VE，製造VE，購買VE，内製化など）して原価を低減する。

以上が，筆者達が実践している「損益分岐点を下げる活動」の概要である。このような考え方・アプローチの仕方は，「少品種大量生産」の原価低減と「多品種少量生産」の原価低減のどちらに対しても有用であると考える。ここでのTPSとTVEは製造段階において，それぞれ固定費と変動費を低減するものである。

次に，改善対象と改善活動（技法）との関係，改善の着手順位について述べる。

（1）改善対象と改善活動（技法）の関係

改善にはレベルがある。筆者達の改善対象と改善活動の関係を**図5-3**に示す。大切なことは，改善対象に適した改善技法を選ぶことである（この逆であってはならない）。

図5-3 改善対象と改善活動（技法）の関係

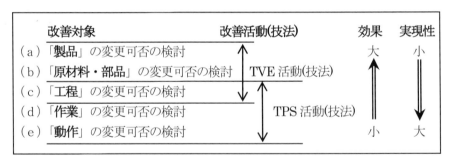

(出所) 山本秀幸 (2014)，105頁

（2）改善の着手順位

改善テーマは対象＋狙いである。改善のマトリックスを，次頁の**表5-1**に示す。この表を参考にしながら改善テーマに適した改善技法（ツール）を選ぶ。

①〜⑳は改善の着手順位である。

表5-1 改善のマトリックス

対象＼狙い	無くす (排除)	減らす (簡素化)	兼ねる (結合)	変える (交換)
(a) 製品	①	②	③	④
(b) 原材料・部品	⑤	⑥	⑦	⑧
(c) 工程	⑨	⑩	⑪	⑫
(d) 作業	⑬	⑭	⑮	⑯
(e) 動作	⑰	⑱	⑲	⑳

VE：不必要機能は「無くす (N)」,「減らす (H)」,必要機能は「兼ねる (K)」,「変える (K)」
IE：排除する (Eliminate), 結合する (Combine), 交換する (Rearrange), 簡素化する (Simplify)　　(出所) 山本秀幸 (2014), 105頁

(3)「少品種大量生産」の改善テーマの選び方

「少品種大量生産」では，改善の対象テーマを選ぶことは難しくない。ABC分析を行って「代表品目」を選べばよい。ABC分析の一例を表5-2に示す。

表5-2 部品別の購入額　　　　　　　　(単位：千円)

部品名	購入額 (千円)	構成比率 (%)	累計比率 (%)	区分
イ	400	40.0	40.0	A品目群
ハ	200	20.0	60.0	A品目群
ト	100	10.0	70.0	A品目群
ヘ	80	8.0	78.0	B品目群
ホ	70	7.0	85.0	B品目群
リ	60	6.0	91.0	B品目群
ニ	30	3.0	94.0	C品目群
チ	30	3.0	97.0	C品目群
ロ	20	2.0	99.0	C品目群
ヌ	10	1.0	100.0	C品目群
計	1,000	100.0		

(出所) 山本秀幸 (2014年), 133頁

図5-4にABC分析図表を示した。これは表5-2をグラフにしたものである。

TVE活動では，ABC分析によって上位のA群やB群の中から「代表的」な製品や原材料・部品を対象テーマに選ぶ。一方，TPS活動では，同様にABC分析によって上位のA群やB群の中から「代表的」な工程や作業・動作を対象テーマに選ぶ。図5-4の「**斜線部**」が"代表品目"である。まず代表品目を改善してから，次に類似品目に「横展開」する。

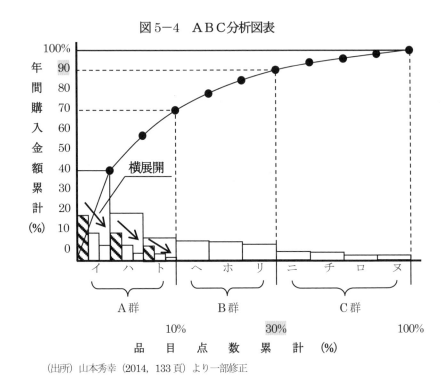

図5-4　ABC分析図表

（出所）山本秀幸（2014, 133頁）より一部修正

ABC分析の一般的傾向は，次の頁の**表5-3**のようになる。すなわち，A群とB群の品目点数累計は30％であるが，購入金額累計は90％である。一方，C群の品目点数は70％であるが，購入金額は10％に過ぎない。

従って，改善の対象テーマを選ぶときは，A群とB群に「重点志向」することによって，"小さな投入努力で大きな効果"を得ることが望ましい。

表5-3 ABC分析の一般的傾向

	購入額(%)	購入額累計(%)	品目数(%)	品目数累計(%)
A品目群	70	70	10	10
B品目群	20	90	20	30
C品目群	10	100	70	100

(出所) 山本秀幸 (2014)，134頁

(4) 「多品種少量生産」の改善テーマの選び方

　一方，「多品種少量生産」の場合には，改善の対象テーマを選ぶことが少し難しいので工夫が必要である。TVE活動でもTPS活動でも，同様にABC分析によって上位のA群やB群の中から製品や原材料・部品および工程や作業・動作を対象テーマに選べばよい。しかし，「多品種少量」であるが故に品目を"絞り込む"必要がある。そこで，代表的な品種ごとに"品目群"として絞り込むのである。前頁の図5-4の「**斜線部**」は"代表品目群"である。まず代表品目群を改善してから，次に類似品目群に「横展開」するのである。

　つまり，改善の対象テーマの選び方の違いは，「少品種大量生産」では"代表品目"を選ぶ。一方，「多品種少量生産」では"代表品目群"[注]を選ぶ。違いはそれだけである。注) 代表品目群の中から更に"代表品目"を選ぶこともある。

(5) 「コストダウン余地」の発見・発掘

　「コストダウン余地」を発見・発掘するためには，どのような方法が有効だと言えるのだろうか？「少品種大量生産」では，①競争見積り，②「物」のコストテーブル，③「機能レベル」のコストテーブル（コストモデル式），などが多く活用されている。一方，「多品種少量生産」の場合には，「多品種」であるが故に①と②は難しい。なぜならば，時間がかかり過ぎるからである。従って，③を活用することが望ましい。そこで，次節では「多品種少量生産」に有用な重回帰式による「コストモデル式」を紹介することにする。

第2節　コストモデル式の作成方法 [86]

本節では，ビジネス分野で活用されている重回帰式による「コストモデル式」を取上げる。一般論として開発設計の初期・中期（概算見積）では「機能レベル」のコストテーブル（コストモデル式）が有効であり，後期（詳細見積）では「物」のコストテーブルが有効であると言われている。

なお重回帰分式によるコストモデル式の作成と活用については，前著『**勝ち組部品メーカーのコストダウン**』（2014）で詳述しているので参照願いたい。ここでは要点だけを述べることにする。

1　モデルの定式化 [87]

ここで例として，ある地域の「**日本酒に対する需要についての経済理論**」を考えよう。この場合の経済理論としては，日本酒の需要量(Q)はその地域の所得(Y)，日本酒の価格(P_1)，その競争財である洋酒の価格(P_2)によって決定されるという法則を想定する。

このような理論を，数式を用いた経済モデルとして表現すると次のようになる。

$$Q = a + b_1 Y + b_2 P_1 + b_3 P_2$$

　　　Q：日本酒の需要量，Y：所得，P_1：日本酒の価格，P_2：洋酒の価格

ここで，a，b_1，b_2，b_3 は未知の定数（**係数**）である。このように，具体的な関数を仮定することを，**モデルを定式化する**（または単純に**定式化する**）と言う。これらの**係数**についての条件を**符号条件**と言う。この場合，**符号条件**の**経済理論上の仮説**は次の通りである。

$b_1(+)$，$b_2(-)$，$b_3(+)$，従って上の式の**係数の符号**は次の様になる。

$$Q = a + b_1 Y - b_2 P_1 + b_3 P_2$$

この**符号条件**は，所得(Y)の上昇は日本酒の需要量(Q)を増やし，日本酒の価格(P_1)の上昇はその需要量を減らし，洋酒の価格(P_2)の上昇は日本酒の需要量(Q)を増すことを意味している。

なお**定数項** a についての**符号条件**は，経済理論において何も仮説が与えられていないので，不明である。

2　コストモデル式の作成手順

ここでは部品の「機能レベル」のコストテーブル，すなわちコストモデル式の作成方法について述べる。実績値による「コストモデル式」は次の3手順で作成する。

手順1. 類似品の情報を収集する

類似品を多く集め,それぞれの図面などにより設計特性値・加工特性・生産量等を類似品ごとに多く収集する。その際,同じ母集団から標本抽出することが大切である。仮に,母集団が異なる場合には,その理由を明確にしておく。

手順2. 類似品の正常な原価実績を収集する

古い原価実績や低操業時の原価実績は修正する。すなわち,労務費・材料価格・その他の原価に対して,物価変動等を加味して原価実績を修正する。この修正作業を行わないとデータの質が低下する。

手順3. 類似品のグループごとに設計特性値・加工特性・生産数量等を説明
　　　　変数とし,正常な原価実績を被説明変数とした重回帰式を作成する

重回帰式の作成では,「変数選択」が重要である。これには次の3つの方法がある。①**変数減少法**,②**変数増加法**,③**変数増減法**。一般的には,③が多く使われている。ただし,①〜③で求めた重回帰式は,必ずしも一致するとは限らない。

3　標本数（データ数）

（1）標本数（データ数）が少ない場合

標本数（データ数）が少ないと良いコストモデル式（重回帰式）が得られない。それは次のような理由による。

① 説明変数の数 $X_1 \sim X_n$ が制限される。

　重回帰式で分析可能な最小標本数:n＞K（＝1＋説明変数の数)

② 多重共線性の症状が発生すると,更に説明変数の数 $X_1 \sim X_n$ が少なくなる。

③ 外れ値（異常値）が含まれていると,この悪影響が出る。

（2）標本数（データ数）が多すぎる場合

標本数（データ数）が多すぎても良いコストモデル式（重回帰式）が得られない。それは標本（データ）の質が低下するためである。標本数が多すぎると,外れ値（異常値）が含まれやすい。従って,古い原価実績や低操業時の原価実績は修正するのが原則である。すなわち,材料費・労務費・その他の原価に対して,物価変動等を加味して原価実績を修正する。この修正作業を行わないとデータの質が低下する。

しかし,このデータ修正は現実的には難しい。なぜならば,材料費に「変動相場制」を採用している企業が少ないためである。すなわち,材料の値上がりを企

業努力で吸収している。一方、労務費は生産性の向上などの企業努力で吸収している。このように企業は材料費・労務費の変動分を売価に転化できていない。これが日本の商慣習の実態である。（参考：時系列分析では、「ある年」の物価指数や数量指数で他の年をウェイト付けする方法がある。）

（3）データの質を上げる工夫

データの質を上げるためには、工夫が必要である。筆者の経験では次の3つの方法が効果的である。①「ヒストグラム」[88]を作成して外れ値（異常値）を削除する。②理由が明確な異常値には「ダミー変数」[89]を使う。③「ABC分析」を行い、データのメンテナンスが不備なために質が低いC群のデータを削除する。

（4）ABC分析

「ヒストグラム」と「ダミー変数」の活用方法は、統計学では良く知られている。そこで、ここでは「ABC分析」の活用方法について述べる。

図5-5 ABC分析図表

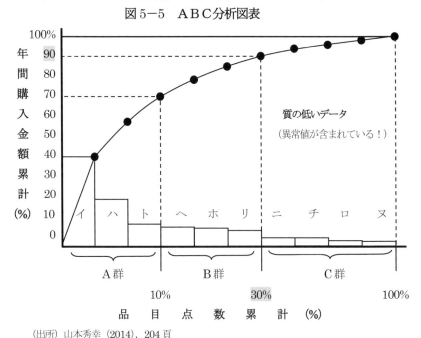

（出所）山本秀幸（2014），204頁

ABC 分析により C 群を削除するとデータの質が向上するのはなぜだろうか。それは価格 Y と購入数 X（または生産数 X）の異常値を共に削除できるからである。前述の**表5-2**の購入額＝価格 Y×購入数 X で表される。従って，価格 Y と購入数 X の両方が正常な部品は，質の高いデータと言える。一方，価格 Y と購入数 X の片方または両方が異常な部品は，**質の低いデータ**と言えるのである。

　前頁の**図5-5**に ABC 分析図表を示した。これは前の**表5-2**をグラフにしたものである。

　データが多すぎると上述のようにメンテナンスが不備な「異常値」が含まれてしまう。その結果，データの質が低下する。そこで ABC 分析を行って C 群を削除することにより，データの質を向上させる必要がある。筆者の経験では，このように理由が不合理または不明確な異常値が含まれている場合には，ABC 分析が有効である。例えば，C 群には「補修パーツ」や「数が少ない量産品」が含まれてしまうために，データの質が低下してしまう。そこで，これら 2 つのケースについて詳しく説明する。

　まず，「補修パーツ」について述べる。以前は量産していた部品がモデル・チェンジになって，今は補修パーツになっているとしよう。購入数 X は激減している。しかし，価格 Y は見直されないで量産時のままか，見直されたとしても若干高いだけである。

　次に，「数が少ない量産品」について述べる。購入数 X が少ないと，売り手も買い手も十分に精査しないで価格 Y を決める傾向がある。更に，購入数 X が増減した場合でも，価格 Y のメンテナンスは行われないのが実態である。その結果，価格 Y は割高または割安になってしまう。これらは購入額が少ないが故に C 群に見られる特徴である。

　以上のように，これら 2 つのケースでは，購入数 X が増減しても価格 Y は変わらない。その結果，決定係数 R^2 が低下してしまう。これを実例で説明する。次頁の 2 つの散布図，**図5-6(1)**と**図5-6(2)**は，自動車のブレーキに使われているある機能部品を比較したものである。

図 5−6(1)　ある機能部品(n=33)　　図 5−6(2)　ある機能部品(n=16)

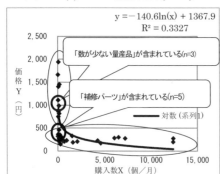
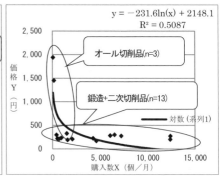

(出所) 山本秀幸 (2014), 135 頁

　図 5-6(1)の ABC 群の品目点数累計は 100%で, 購入金額累計も 100%である。決定係数 R^2 は 0.3327 で低い。一方, 図 5-6(2)は C 群(n=17)を削除したもので, A 群と B 群の品目点数累計は 48.5%で, 購入金額累計は 95%である。決定係数 R^2 は 0.5087 で高い。両者の R^2 の差は明らかである。なお, 図 5-6(2)から「製法ダミー」を使えることがわかる (オール切削品: D=1, 鍛造＋二次切削品: D=0 とする)。ここでは, ABC 分析の活用方法について詳しく述べた。

　上記 2 つのケースを明確に区分できれば, ABC 分析の C 群を削除せずに「補修品ダミー」や「少数品ダミー」をダミー変数として活用できる。実はこれが, 筆者が購入数 X をコストモデル式の説明変数に加える理由の一つである。詳しく調査したところ, C 群 (n=17) には「数が少ない量産品 (オール切削) が 3」,「補修パーツ (鍛造＋二次切削) が 5」含まれていることがわかった。

4　良いコストモデル式とは

　良いコストモデル式とは次の 4 つの条件を満たす式である。①係数の符号条件が理論に合致している。②決定係数 R^2 が高い。③t 値が有意である。④残差に問題がない。ただし, これらの条件は, コストモデル式 (推定した重回帰式) の結果の良否を判断する一応の目安であり, 絶対条件ではない。次に, ①〜④について述べる。

① 符号条件

　ここでは, ある製品の価格を被説明変数とする。この価格を他の設計特性値・

加工特性・生産数量など8つの説明変数を使って，説明する回帰式を考え，これをコストモデル式にしたい。

$$Y = a + b*X_1 + c*X_2 + d*X_3 + e*X_4 + f*X_5 + g*X_6 + h*X_7 + i*X_8$$

この回帰係数 b～i に期待される符号条件の**経済理論上の仮説**を設定する。回帰式を推定した結果から，理論が仮定していた**符号条件**を満たしているかを判断する。**符号条件**を満たしていれば，原則として理論は受け入れられ，数量化されたコストモデル式が完成する。

② 決定係数 R^2 のあてはまり

決定係数 R^2 の「あてはまり」については，一般的な基準はない。ただし，傾向として時系列データは決定係数が高く，クロスセクション・データでは低くなる。時系列データでもトレンド付き[90]の場合は非常に高くなる。大雑把な**目安**は以下の通りである。

時系列分析：トレンド付きの場合 $R^2 = 0.9$ 以上，
　　　　　　：トレンドなしの場合 $R^2 = 0.4 \sim 0.8$

クロスセクション分析：$R^2 = 0.3 \sim 0.6$

これを大きく上回っている場合には「あてはまりが良い」，逆に大きく下回っている場合には「あてはまりが悪い」と言ってよい。ただし，これはあくまでも**目安**である。

それでは**コストモデル式**の場合，決定係数 R^2 の「あてはまり」の基準は，どれ位を**目標**にすべきであろうか。筆者の経験では，決定係数 R^2 と自由度修正済み決定係数 $\bar{R}^2$ は共に「0.9以上」を目標にすべきであると考える。

③ t 検定

・説明変数の t 検定（変数選択の方法としての t 検定）

ここでは，Excel（エクセル）の回帰分析ソフトを使う。その場合，説明変数の係数 β が有意かどうかの仮説検定には「**t 検定**」を行う。とくに重要なことは，係数 β の傾きが「0」か否かを検定することである。

・定数項（切片）の t 検定

定数項（切片）についても，t 値を使って「t 検定」ができる。ただし，定数項が「0」かどうかに何か経済的な意味がある場合に t 検定を行う。通常は，定数項が「0」でも「0」でなくても良いことが多いので無視している。従って通常は，t 検定は不要である。

④ 残差の検討

コストモデル式の良否を上述の3つの条件, すなわち①係数の符号条件が理論に合致している, ②決定係数 R^2 が高い, ③t値が有意である。これらを見て回帰モデル式の良否が決められるとは限らない。そこで④残差（観測値 Y と理論値 Y^ の差）[91] のパターンから「**回帰モデルの仮定**」が満たされているかどうかを検討する必要がある。回帰モデルの仮定とは, 次の3点である。

- **線形性**：回帰関数は線形である。
- **均一分散性**：残差の分散は一定である。
- **独立性**：残差は独立である（とくに異常値がない）。

残差の検討は, 「重要な説明変数」を見逃していないかどうか, 「回帰モデルの仮定」が有効かどうかを示すのに有用である。これらをアイスクリーム会社の例で示す。被説明変数を売上 Y として, 2つの説明変数（気温と価格）で回帰した後, 残差の検討を行った結果, 「重要な説明変数」が欠落していることに気付いた。これを図5-7に示す。

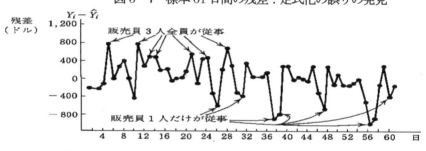

図5-7　標本61日間の残差：定式化の誤りの発見

(出所) E. Mansfield (2006), 143頁

つまり, 残差が大きく「正」である日は販売員が3人の日であり, 一方, 残差が大きく「負」である日は販売員が1人の日であったことに気がついた（これを「**定式化の誤り**」と呼ぶ）。そこで「販売員の数」を説明変数に追加して, その回帰係数が有意であるかどうかを確認するのである。このように, 残差はモデルの「定式化の誤り」の発見に有用である。

また残差の検討は, 回帰の誤差項（母集団の誤差）の標準偏差が説明変数の値にかかわらず同じであるという仮定, つまり上記の②**均一分散性**からの逸脱を見つけることができる。その結果を図5-8に示す。明らかに, 残差の標準偏差は気温の上昇に伴い大きくなる傾向がある。

図5-8 残差と気温の散布図：均一分散からの逸脱

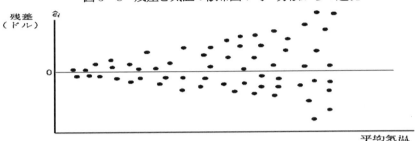

（出所）E. Mansfield (2006), 144頁

このようにモデルの仮定からの逸脱への対処法はどうすれば良いか。上記の①**線形関数**であるという仮定が線形ではなく「曲線」であったとすると，1つの可能性は「対数変換」である。別の可能性は「2次式」である。従って散布図を調べて，2変数の関係が「非線形」となっているかを見つけることである。また，上記の③**独立性**（とくに異常値）の発見にも残差の散布図は有用である。分析の途中で，ある程度高い決定係数R^2の回帰モデルが得られたら，「残差を徹底的に検討・研究する」必要がある。その結果，新しい「説明変数やダミー変数」を発見することが出来るからである。

ここで，ノーベル賞受賞者のポール・A・サミュエルソンの言葉を紹介する。"科学的予測者に対し『常に残差を研究せよ』と私は言う"。

5 変数選択
(1) 変数選択の方法

コストモデル式では，「変数選択」が重要なポイントである。「変数選択」には前述のように，次の3つの方法がある。

① **変数減少法**：考えられる変数をすべて入れて，t値が有意でない変数を順に落としていく方法。
② **変数増加法**：理論上または散布図で見て，入れた方がよいと思われる変数を順に付け加えていく方法。ただし，①と②で求めた重回帰式は一致するとは限らない。
③ **変数増減法**：①と②を併用する方法（原則として変数を1つずつ順に増減する）。一般的に，この方法が最も多く用いられている。

（2）活用目的に合った変数選択

コストモデル式には良い式はあっても「正解」はない。なぜならば，その式の活用目的に応じて**変数選択**し，データを収集するからである。通常は，価格Yに影響を与える変数候補として $X_1 \sim X_n$ を選ぶ。分析結果から影響度の高い変数のコストを改善する。

しかし，活用目的が明確な場合には，その変数を候補に加えておく必要がある。例えば，A社とB社の「価格差の改善」が目的ならば，これら2社をダミー変数として追加する。重回帰分析の結果，決定係数 R^2 が高く，係数の符号条件が理論に合致しても，t値が有意でなければ，2社の価格差が「有意」とは言えないと判定する。このような場合，「価格差」の有無を知るためにはどうすれば良いだろうか。まず，「多重共線性」の症状かどうかを確認する。問題がなければ，2社のダミー変数を残すことである。

変数選択で重要なことは，理論的には決定係数 R^2 が高い（残差2乗和 ΣU_i^2 が最小になる）回帰モデルの方がよいが，実践的には**活用目的に合った説明変数**を具備した回帰モデルの方が望ましい。

6　ダミー変数（Dummy variable）

ダミー変数は回帰分析における特殊な変数（0か1）である。ダミー変数をどこに入れるかは，簡単には決められない。基本的な考え方・方法は次の通りである。これは時系列データとクロスセクション・データでは，少し異なる。

（1）理論的または経験的に変わったことが分かっている場合

コストモデル式では，物価変動等の「時期」の変化による影響を修正したデータを使うのが原則である。しかし，このデータ修正が現実的には難しいことはすでに述べた。そこで，理由が明確な異常値（外れ値）に**ダミー変数**を使う。

上の変数選択で述べたA社とB社の「**価格差の改善**」が目的ならば，同じ製品や部品の場合には簡単に価格差が分かるが，2社のデータが類似品の場合には単純に比較できない。このようなときに，2社のデータに**ダミー変数**を使うのである。そうすると，2社の「価格差」が分かる。これは効果的である。

分析の結果，**変数の係数**に有意な「価格差」があった場合には，その理由を明確にすることが大切である。つまり，2社間の価格差の「**原因の明確化**」である。例えば①製法が違う，②検査方法が違う（人か機械か），③勤務形態が違う（1直か，2直か，3直か），④生産場所・生産地が違う（社内か社外か，国内か海外か），

⑤マンチャージが違う（1人当りの機械の持ち台数が違う），⑥マシンチャージが違う（年間稼働時間が違う），⑦直間比率が違う，などの明確化である。これらの「差の改善」が「価格差の改善」に繋がるのである。

（2）基準がなくて統計的に判断する場合
上記のような基準がない場合は，次のステップで行うのが実践的である。
① グラフや散布図（標本データの散布図，残差の散布図）を見て視覚的に判断する。
② 暫定的にダミー変数を決めダミー変数が「有意」になれば，とりあえず良しとする。
③ その後に，理論的な説明を加える。

ただし，これは褒められた方法ではない。この場合でもなぜそのデータをダミー変数として選んだのか事後的にでも「理論的な説明」がなければならない（つまり，③が必須である）。出来れば(1)のように事前に理論的・経験的な根拠がある方が望ましい。

上記のように，(1)事前に，または(2)事後に「理論的な説明」ができなければ，**ダミー変数**を使ってはいけない。それを許せば決定係数R^2はいくらでも上がる。

7　多重共線性（Multi-collinearity　マルチ・コ・リニアリティー）
コストモデル式を作成するときには，多重共線性に注意する必要がある。多重共線性の典型的な症状は，①係数の符号が理論に合致しない（理論とは逆になる），②決定係数R^2は高いのにt値が低い，などである。従って，この**対処法**を十分に理解しておくことが大切である。多重共線性の原因は，説明変数間に「**強い相関**」が見られることである。そこで，あらかじめ「**相関分析**」を行って，説明変数間の相関係数の有意性を確認することが望ましい。また「**散布図**」を作成して，各説明変数の間の線形関係や分布を確認する必要がある。

第3節　コストモデル式の活用方法 [92]
本節では**コストモデル式の活用方法**について述べる。コストモデル式の**活用目的**は，コスト理論に基づいて作成したコストモデル式を統計的に推定・検定し「**政策手段・意思決定に活用すること**」である。またコストモデル式は，「コストを査定」するツールよりも「コストを改善」するツールとして活用した方が有効で

ある。なぜならば,コスト査定は一回であるのに対して,コスト改善には終りがないからである。

コストモデル式は,その活用目的に応じて「変数選択」をする。**主な活用目的**は次の通りである。①内製化の目標コストを決める。②最適生産地を決める。③製法を決める。④設計仕様を見直す,などである。これら4つがオーソドックスな活用方法である。ここでは,**グローバル化への対応**のために実践的に活用した事例を4つ紹介する。第1と第4は「内製化の目標コスト」を決めた事例を紹介する。第2は「最適生産地」を,第3は「製法」を決めた事例を紹介する。

1　内製化の目標コストを決めた事例（その1）

第1に内製化の目標コストを決めた事例を1点紹介する。

これは,日本・中国・アセアン諸国で購入しているプリンター用芯金（切削部品）のうち日本で購入している部品のコストモデル式である。これらをベトナムで自社生産（内製化）したい。つまり,付加価値を社内に取り込むことによって,日系顧客の要求品質・価格を満足させたい。この時に,各国の購買部署から価格情報を入手した結果,日本で購入している部品は82品目,中国で購入している部品は283品目,マレーシアで購入している部品は20品目だった。これはベトナムでの「**内製化の目標コスト**」を決めた事例である。

（1）プリンター芯金モデル（切削部品）

① 重回帰式

$\hat{Y} = 15.157 + 0.473 * X_1 + 0.195 * X_2 - 0.000065 * X_3 + 17.121 * X_4 + 2.340 * X_5$

t値→(5.774) (6.898) (15.639) (−3.074) (6.772) (1.168)

$R^2 = 0.9919$ ($\bar{R}^2 = 0.9885$), n=18　　　P-値→　(0.265)

$\hat{Y}$:購入価格（円）, X_1:両端軸長さ, X_2:完成重量, X_3:生産個数, X_4:用途（高級1,標準0）, X_5:企業規模

【t検定】:自由度m=12(標本n数18−パラメータK数6)のt値の5%水準は,t分布表より|2.179|,10%水準は|1.782|,20%水準は|1.356|である。従って,変数X_1,X_2,X_3,X_4のt値が5%水準で有意,X_5は20%水準にやや足りない（厳密には,P-値より26.5%で有意）。

日本で購入している部品のデータは 82 品目と多過ぎたため，データの質が低下してしまった。そこで ABC 分析により C 群を削除して A 群と B 群のデータ 23 品目に絞った。この 23 品目（28%）で総購入金額の 80% を占めている（図 5-9 参照）。なお ABC 分析についてはすでに述べている（本章第 1 節(3)項を参照）。さらに設計特性や加工特性が不明な 5 品目を削除して，最終的には 18 品目のデータで重回帰分析を行った。

図 5-9　日本国内の購入金額（2007 年度の月平均）

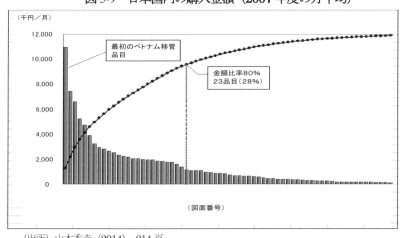

（出所）山本秀幸（2014），214 頁

日本で購入している部品のベトナムでの「**内製化の目標コスト**」は，コストモデル式の理論値よりも 50% 安く設定した。つまり，コストハーフに挑戦した。この目標コストは，中国で購入している部品より約 20%，マレーシアで購入している部品より約 30% 安いレベルである。この目標を 1 年後に達成した。

2　最適生産地を決めた事例

第 2 に最適生産地を決めた事例を紹介する。最適生産地には「社内か社外か」，「国内か海外か」の 2 通り考えられるがここでは後者を取り上げる。

（1）ROD モデル（プレス＋切削部品）

これは，日本とタイで生産している自動車用のアクチェータ（actuator）に使う組立部品である。その中でコストウェートが高い部品 ROD（棒）のコストモデル式である。

$$Y\hat{} = -407.79 - 0.0036 * X_1 + 43.539 * X_2 + 25.211 * X_3 + 24.689 * X_4$$
t値→ (−2.241)(−1.290)　　(2.633)　　　(2.678)　　　(1.186)
$$+ 1.831 * X_5 + 54.777 * X_6$$
　　(5.131)　　(3.161)

$R^2 = 0.9390$　$(\bar{R}^2 = 0.9057)$, n=18

$Y\hat{}$：購入価格（円），X_1：生産数量，X_2：外径，X_3：カシメ切削代，X_4：カシメ長さ，X_5：クランク量2，X_6：生産国（日本1，タイ0）

【t検定】：自由度m=11（n数18−K数7）のt値の5％水準は，t分布表より|2.201|，10％水準は|1.796|，20％水準は|1.363|である。従って，変数 X_2, X_3, X_5, X_6 のt値が5％水準で有意，X_1, X_4 は20％水準にやや足りない。

変数 X_6 の係数は+54.777である。これは日本がタイよりも54.777円高いことを意味している。この結果から，この組立部品は全てタイ生産に切り替えた。これは，「**最適生産地を決定する**」判断データとして使った事例である。

データは日本部品が15品目，タイ部品が12と多過ぎたため，データの質が低下した。そこでABC分析によりA群とB群のデータ18品目（日本9，タイ9）に絞って重回帰分析を行った。なお，18品目（67％）で総購入金額の90％を占めている（図5-10参照）。分析結果から生産国が日本とタイでは価格差が大きいことが証明された（図5-11，図5-12参照）。

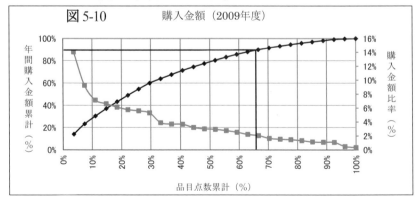

図5-10　購入金額（2009年度）

（出所）山本秀幸（2014），215頁

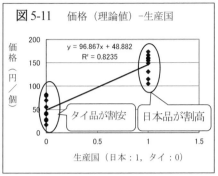
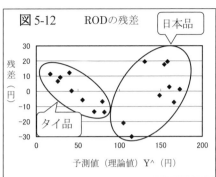

(出所) 山本秀幸 (2014), 215 頁

(2) FS モデル (鋳物部品)

これは, 日本と韓国から購入している建設機械用シールに使う鋳物部品である。

① 単回帰式

$$Y\hat{} = -717.276 + 12.127 * X \quad R^2 = 0.8538 \; (\bar{R}^2 = 0.8491)$$

t 値 → (−3.492) (13.455)   n=33

$Y\hat{}$: 購入価格 (円), X : 内径 (mm)

決定係数 $R^2 = 0.8538$ と $\bar{R}^2 = 0.8491$ の「あてはまり」は良い。内径 X の係数の t 値は 0.1% 水準で有意である。これをコストモデル式に採用しても良いだろうか。答えは「ノー」である。この単回帰式の欠点は, 定数項 −717.276 ÷ 係数 12.127 = 59.147 より, 内径 X が 59.147mm 以下の小径品は単価が「−」になってしまうことである (図 5-13 を参照)。

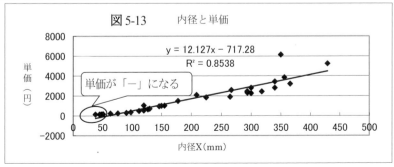

② 累乗モデルと両対数線形モデル

「内径と単価」の散布図をよく見ると，「**曲線**」に見える。そこで，**累乗モデル** $Y=aX^b$ を作成した。さらに，**両対数線形モデル** $\ln(Y)=a+b*\ln(X)$ を作成してみた。どちらも説明変数は内径 X である（**図 5-14**，**図 5-15** を参照）。

$Y\hat{} = 0.2946*X^{1.6033}$ $\ln(Y\hat{}) = -1.2223 + 1.6033*\ln(X)$

$R^2=0.9698$, $n=33$ t 値 (-4.694) (31.575)

$Y\hat{}$：購入価格（円），X：内径（mm） $R^2=0.9698$ （$\bar{R}^2=0.9689$），$n=33$

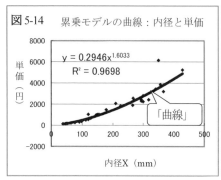
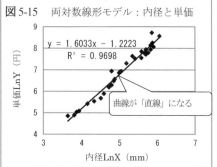

図 5-14 累乗モデルの曲線：内径と単価　　図 5-15 両対数線形モデル：内径と単価

（出所）山本秀幸（2014），215 頁

決定係数 $R^2=0.9698$ と①式より「あてはまり」は向上した。また①式のように内径 X が 59.147mm 以下の小径品単価が「－」になる欠点もない。従って，この**②式は両方ともコストモデル式に採用できる**。しかし，説明変数が内径 X だけの**単回帰式**なので活用目的が限定される。「**コストダウン余地の発掘**」や「**新規品の予測値**」などには活用できる。

③ 重回帰式

次に，小径品（φ127 未満）と中・大径品（φ127 以上）のデータに分けて回帰する。また，上述のデータ 33 品目には，価格を改定していない古いデータが含まれていた。そこで，データの質を向上させるために ABC 分析を行って，購入金額が多い順にデータを絞り込んだ。その結果，小径品は 6 品目（総購入金額の 97%）で，中・大径品は 15 品目（総購入金額の 99%）で回帰した。

(a) 小径品

$\hat{Y} = -93.700 + 5.217 * X_1 + 2.490 * X_2$ $R^2 = 0.9954$ ($\bar{R}^2 = 0.9922$)

t 値→ (−5.796) (24.283) (0.167)   n=6

　$\hat{Y}$：購入価格

　X_1：内径, X_2：ラップ有無 (韓国品ラップ有 1, 日本品ラップ無 0)

(b) 中・大径品

$\hat{Y} = -1524.3 + 13.057 * X_1 + 707.512 * X_2$ $R^2 = 0.9479$ ($\bar{R}^2 = 0.9392$)

t 値→(−5.119) (13.688)   (5.909)   n=15

　$\hat{Y}$：購入価格

　X_1：内径, X_2：生産国 (韓国品ラップ無 1, 日本品ラップ無 0)

小径品(a)式の変数 X_2 (ラップ[93]有無) の係数の t 値は極端に低いが, X_2 と X_1 (内径) の間に有意な相関は見られないので, これは多重共線性の症状ではない. 変数 X_2 (ラップ有無) の係数は+2.490 である. これはラップ費を加味すると韓国品は 2.49 円, 高いことを意味する. しかし, 日本品のラップ費は 2.49 円以上かかるので韓国品は割安である.

一方, 中・大径品(b)式の変数 X_2 (生産国) の係数は+707.512 である. t 値 5.909 は自由度 m=12 (n 数 15−K 数 3) の 0.1%水準 (4.318) で有意である. これは韓国品も日本品もラップが無いので韓国品は割高であることを意味する. 従って, 当面は小径品は韓国品を使い, 中・大径品は日本品を購入して社内でラップをすれば良い. これは「**最適生産地を決定する**」判断データとして使った事例である.

④ **2 次関数モデル**

前述のとおり「内径と単価」の散布図をよく見ると「**曲線**」に見える. そこで, 変数 X_1 (内径) を **2 次関数**とし, 「**線形変換**」して回帰した結果, 次のコストモデル式が得られた.

$\hat{Y} = 96.829 + 0.025 * X_1^2 + 461.007 * X_2$ $R^2 = 0.9725$ ($\bar{R}^2 = 0.9694$)

t 値→(1.014) (24.117)   (4.317)   n=21

　$\hat{Y}$：購入価格

　X_1：内径, X_2：ラップ有無 (韓国品ラップ有 1, 無 0, 日本品ラップ無 0)

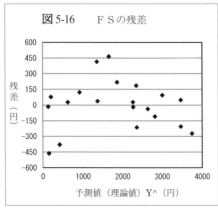
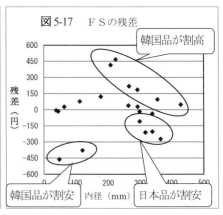

(出所) 山本秀幸（2014），218頁

この④式の符号は理論どおりである。決定係数 $R^2=0.9725$ と自由度修正済み決定係数 $\bar{R}^2=0.9694$ は共に高い。変数 X_2（生産国）の係数の t 値 4.317 は，自由度 m=18（n 数 21 − K 数 3）の 0.1％水準（3.922）で有意である。残差も問題ない（図 5-16 参照）。図 5-17 より小径品は韓国品が割安，中・大径品は日本品が割安である。従って，④式は小・中・大径品の統一式であると言える（③式と④式の理論値同士の相関係数は 0.988 より，0.01％水準で有意）。

3　製法を決めた事例

第 3 に内製化に最適な製法を選択した事例を 2 点紹介する。

（1）CTR モデル（プレス部品）

これは，日本国内で自社生産（内製）している自動車用ウォーターポンプ（Water pump）に使うプレス部品 CTR（Cartridge）である。

$Y^{\wedge} = -0.4872 + 11.898* X_1 + 0.300 \times X_2 + 57.723* X_3$
t 値→　（−0.165）　（2.198）　　（1.320）　　（35.819）

　　　$R^2=0.9935$　（$\bar{R}^2=0.9924$），n＝23

$Y^{\wedge}$：生産コスト（円）
X_1：板厚，X_2：全長，X_3：製造方法（単発 1，トランスファー 0）

変数 X_3（製造方法）の係数＋57.723 は,「単発方式」が「トランスファー方式」よりも 57.723 円高いことを意味している。これは製造方法の違いで「単発方式」は人手作業であり,「トランスファー方式」は自動化されているためにコスト差が生じるのである。図 5-18 を見ると「トランスファー方式」は 10 円以下なのに,「単発方式」は 65〜75 円であることがわかる。データ 23 個のうち「単発方式」は 4 部品である。この中の 2 部品（標本 No.3 と No.4）を「トランスファー方式」に変更することにした。残り 2 部品は金型の投資費用を回収できないため見送った。これは「**製法**」を見直すことによって,「**コストダウン余地を発掘した事例**」である（図 5-18, 図 5-19 参照）。

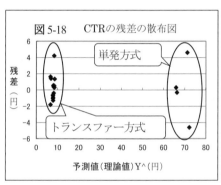
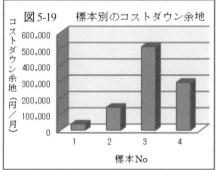

（出所）山本秀幸（2014）, 221 頁

このコストモデル式は, 重量の「代理変数」として変数 X_1（板厚）と変数 X_2（全長）を採用した。変数 X_1 の係数＋11.898 は, 板厚が 1mm 増減するとコストは 11.898 円, 増減することを意味している。今後は板厚を考慮して設計することにした。これは「**設計仕様を見直す**」ことによって,**コストダウン余地を発掘する事例**としても活用できる。

（2）CP モデル（切削部品）

これは, 日本国内で調達しているカーエアコン用コンプレッサーに使う切削部品 CP（Center post）である。今後, 海外で自社生産するために, その一部を内製化して社内に技術蓄積している部品である。

$$Y\hat{} = -14.966 + 2.318{*}X_1 + 0.671{*}X_2 - 0.0000034{*}X_3 + 5.704{*}X_4 - 0.664{*}X_5$$
t 値→(−4.022) (5.145) (3.621) (−2.745) (7.885) (−1.009)

$R^2 = 0.9817$ ($\bar{R}^2 = 0.9589$), $n = 10$

$Y\hat{}$：購入価格（円）
X_1：外径，X_2：完成重量，X_3：生産数量，X_4：テーパ有無（有1，無0），
X_5：企業（外製1，内製0）

変数 X_4（テーパ有無）の係数+5.704 は，背面側にテーパが有ると 5.704 円，高くなることを意味している。このテーパは微少洩れを防止するためにシール面として設けている訳である。これは魅力機能である。そこで，背面側の加工ができる切削設備を選定して，正面側と背面側の加工時間が等しくなるように，製法（工程設計）を変更した。その結果，背面側にテーパが無い部品と同じ時間で加工できるようになった。従って加工費は 5.704 円，安くなった。変数 X_5（企業）の係数−0.664 は，グループ企業の内製よりも外製の方が 0.664 円，安いことを意味している。従って，まずはグループ企業の価格競争力を向上させることにした。それが困難な場合には内外製比率を見直す。これは「**製法**」と「**内外製比率**」の見直しによって，**コストダウン余地を発掘した事例**である（図 5-20，図 5-21 参照）。

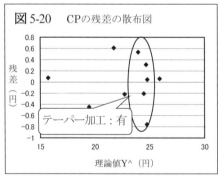

図 5-20　CPの残差の散布図

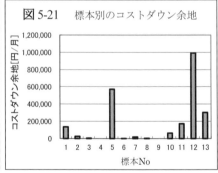

図 5-21　標本別のコストダウン余地

（出所）山本秀幸（2014），223 頁

4　内製化の目標コストを決めた事例（その２）

　第4に内製化の拡大を決めた事例を2点紹介する。日本で購入している部品は高いため，韓国や台湾での「**内製化の目標コスト**」は，コストモデル式の購入価格（理論値）よりも50％安く設定した。つまり，コストハーフに挑戦する。この目標を1年後に達成したい。

（1）**SHAFT**モデル（切削部品）

　これは，半導体製造装置に使われている磁性流体シール（MFシール）に使う切削部品のシャフト（SHAFT）である。「磁性流体（MF：Magnetic fluid）」とは液体でありながら，磁石に吸い付く性質を持つ液体のことである。このシャフトを日本で生産している。

　この部品は典型的な多品種少量生産である。データ数は過去1年間の購入実績の中から「ABC分析」により購入金額の上位90％を占める57品目に絞り込んで重回帰分析を行った。

①式 $\hat{Y} = -12628 - 1488*X_1 + 0.01339*X_2 + 720*X_3 + 1426*X_4 + 21749*X_5$
　t値→　$(-2.179)(-3.826)$　(7.427)　　(4.991)　(6.041)　(1.222)
　　　　$+22001*X_6 + 24849*X_7 + 15614*X_8 + 9.46935*X_9 + 5191*X_{10}$
　　　　(4.829)　(3.310)　(2.407)　(4.879)　(1.887)
　　　　$+64883*X_{11} + 54303*X_{12} + 38148*X_{13} + 14170*X_{14}$
　　　　(4.773)　(5.335)　(4.995)　(1.975)

　$\hat{Y}$：購入価格（円）
　X_1：購入ロット数，X_2：素材体積（mm³），X_3：流体溝数，X_4：ネジ穴数，
　X_5：偏芯穴数，X_6：横穴数，X_7：穴溝数，X_8：変形溝数，X_9：切欠き体積，
　X_{10}：長穴数，X_{11}：ケガキ溝数，X_{12}：購入先A社（A社1，内製0），
　X_{13}：購入先I社（I社1，内製0），X_{14}：購入先T社（T社1，内製0）

　決定係数 $R^2=0.9422$（自由度修正済み$R^2=0.9230$），データ数 $n=57$

　①式（統一式）から内製の価格が最も安いことが分かる。回帰係数より内製と購入先3社との価格差は次の通りである。
　　$+54303*X_{12}$：A社は内製よりも54303円，高い。
　　$+38148*X_{13}$：I社は内製よりも38148円，高い。
　　$+14170*X_{14}$：T社は内製よりも14170円，高い。

しかし，この①式（統一式）は「残差」が大きいため不採用にした（図5-22 参照）。

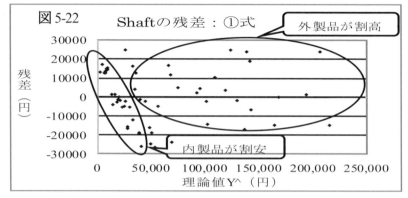

図5-22 Shaftの残差：①式

そこで次に，シャフトを「形状別」に分けてコストモデル式を作成した。①式（統一式）よりも形状別の②～⑥式の**決定係数** R^2 は向上した。**表5-4** に**形状別価格の決定係数** R^2 を示す。（　）内は自由度修正済み係数 $\overline{R^2}$ である。

表5-4　形状別価格の決定係数 R^2

①統一式	②標準形状	③パイプ形状	④細長形状	⑤T型形状：流体溝なし	⑥T型形状：流体溝あり
R=0.9422	R=0.9844	R=0.9999	R=0.9991	R=0.9956	R=0.9999
(0.9230)	(0.9621)	(0.9998)	(0.9954)	(0.9903)	(0.9997)
n=57	n=18	n=5	n=11	n=12	n=11

ここで，②式（標準形状）を考察してみよう。

②式 $\hat{Y} = -21616 - 1742 * X_1 + 0.02548 * X_2 + 11.400 * X_3 + 19346 * X_4 + 20087 * X_5$
　t値→　(−1.429) (−2.871)　　(12.796)　　(5.158)　　(5.640)　　(1.418)
　　　$+ 36054 * X_6 + 4022 * X_7 + 48661 * X_8 + 45032 * X_9 + 26435 * X_{10}$
　　　　(2.082)　　(1.160)　　(2.482)　　(2.994)　　(1.661)

$\hat{Y}$：購入価格（円）
X_1：購入ロット数，X_2：素材体積，X_3：切欠き体積，X_4：長穴数，X_5：ケガキ溝数，X_6：中ぐり端面溝，X_7：外径段数，X_8：購入先A社（A社1，内製0），X_9：購入先I社（I社1，内製0），X_{10}：購入先T社（T社1，内製0）

決定係数 R^2=0.9844（自由度修正済み $\overline{R^2}$=0.9621），データ数 n=18

②式（標準形状）から内製の価格が最も安いと言える。「回帰係数」より内製と購入先3社との価格差は次の通りである。

　　+48661*X_8：A社は内製よりも48661円，高い。
　　+45032*X_9：I社は内製よりも45032円，高い。
　　+26435*X_{10}：T社は内製よりも26435円，高い。

②式の「**残差の検討**」：線形性，均一分散性，独立性（異常値）は共に問題ない（**図** 5-23 参照）。同様に③式〜⑥式の残差も問題がない。その理由は②式よりも決定係数 R^2 が高いからである。これら形状別の②式〜⑥式を使って「コストダウン余地」を計算した結果を，図 5-24 に示す。これは「**内製化の拡大**」によって，韓国での**内製化の目標コスト決めた事例**である。

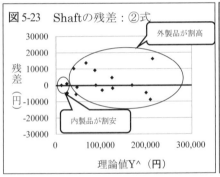

図 5-23　Shaftの残差：②式

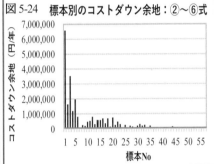

図 5-24　標本別のコストダウン余地：②〜⑥式

(2) HOUSING モデル（切削部品）

これも，半導体製造装置に使われている磁性流体シール（MFシール）に使う切削部品のハウジング（HOUSING）である。このハウジングを日本で生産している。この部品は典型的な多品種少量生産である。データ数は過去1年間の購入実績の中から「ABC分析」により購入金額の上位90%を占める59品目に絞り込んで重回帰分析を行った。

①式 $\hat{Y}$ = −78848−1469*X_1+1847.776*X_2+5155*X_3+8678*X_4+1551*X_5

t値→　(−2.867) (−3.485)　(20.791)　　(1.707)　　(1.114)　　(0.470)

　　+2201*X_6+12721*X_7+10209*X_8+11377*X_9+3715*X_{10}+12858*X_{11}

　　　(0.165)　　(1.227)　　(1.452)　　(1.228)　　(0.448)　　(1.363)

　　+51569*X_{12}+13107*X_{13}+56664*X_{14}+42792*X_{15}

　　　(2.600)　　(1.288)　　(7.702)　　(8.067)

$Y^\wedge$：購入価格（円）

X_1：購入ロット数, X_2：素材重量, X_3：切欠き数, X_4：ネジ穴数, X_5：キズ箇所数, X_6：材質a（SUS316=1, SUS304=0）, X_7：材質b（SUS316L=1, SUS304=0）, X_8：Sフランジ（Sフランジ有1, 無0）, X_9：Wフランジ（Wフランジ有1, 無0）, X_{10}：内径L/D（L/D=2以上1, 2未満0）, X_{11}：外径L/D（L/D=1以上1, 1未満0）, X_{12}：割安ダミー（内製より割高1, 割安0）, X_{13}：価格協定（価格協定無1, 有0）, X_{14}：購入先A社（A社1, 内製0）, X_{15}：購入先I社（I社1, 内製0）

決定係数 $R^2=0.9528$（自由度修正済み$\overline{R}^2=0.9364$），データ数 n=59

①式（統一式）から内製の価格が最も安いことが分かる。回帰係数より内製と購入先2社との価格差は次の通りである。

+56664*X_{14}：A社は内製よりも56664円，高い。
+42792*X_{15}：I社は内製よりも42792円，高い。

しかしながら，この①式（統一式）は「残差」が大きいため不採用にした（図5-25参照）。

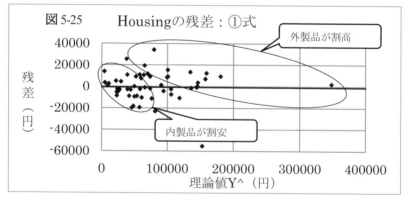

図5-25 Housingの残差：①式

そこで次に，ハウジングを「形状別」に分けてコストモデル式を作成した。①式（統一式）よりも形状別の②～④式の**決定係数 R^2は向上した。表5-5**に**形状別価格の決定係数 R^2を示す**。（　）内は自由度修正済み係数$\overline{R}^2$である。

表5-5 形状別価格の決定係数 R^2

①統一式	②フランジなし形状	③片フランジ形状	④両フランジ形状
$R^2=0.9528$	$R^2=0.9898$	$R^2=0.9534$	$R^2=0.9937$
(0.9364)	(0.9718)	(0.9435)	(0.9791)
n=59	n=12	n=41	n=11

ここで，③式（片フランジ形状＝標準形状）を考察してみよう。

③式 $\hat{Y} = -1869 - 1533 * X_1 + 1805.484 * X_2 + 21514 * X_3 + 9629 * X_4 + 10156 * X_5$

t値→　(-0.274)　(-3.325)　(18.732)　　(1.312)　　(1.205)　　(1.484)

$+ 61848 * X_6 + 44741 * X_7$

　　(6.615)　　(6.862)

$\hat{Y}$：購入価格（円）

X_1：購入ロット数，X_2：素材重量，X_3：ネジ穴数，X_4：角加工面積，

X_5：外径 L/D，X_6：購入先A社（A社1，内製0），

X_7：購入先I社（I社1，内製0）

決定係数 $R^2=0.9534$（自由度修正済み $R^2=0.9435$），データ数 n=41

③式（片フランジ形状＝標準形状）から内製の価格が最も安いと言える。「回帰係数」より内製と購入先2社との価格差は次の通りである。

$+61848*X_6$：A社は内製よりも 61848 円，高い。

$+44741*X_7$：I社は内製よりも 44741 円，高い。

③式の「残差の検討」：線形性，均一分散性は共に問題ない。異常値（割安品）が1個あるが理由は不明。(次頁の**図5-26参照**)。②式と④式の残差は問題がない。その理由は③式よりも決定係数 R^2 が高いからである。これら形状別の②式～④式を使って「コストダウン余地」を計算した結果を，次頁の**図5-27**に示す。

これは「**内製化の拡大**」によって，韓国での**内製化の目標コスト**決めた事例である。

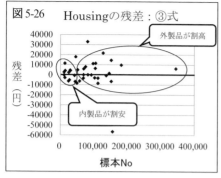

図5-26 Housingの残差：③式

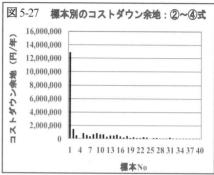

図5-27 標本別のコストダウン余地：②～④式

第4節　部品の見積基準
1　売価設定の方法 [94]

　見積基準とは「売価」を設定する方法である。「多品種少量生産」における中小企業では重回帰式を活用した「見積基準」すなわち「売価予測式」が有用である。本節で取り上げるのは重回帰式を活用した「見積基準（売価設定法）」である。従って，一般に企業が行っている売価＝原価＋利益，で求める「見積基準」とは異なる。なぜ重回帰式を活用した見積基準が必要かと言えば，一般の見積基準を大企業は整備しているが中小企業は整えていないためである。どのように見積をしているかと言えば，作業日報などの実際作業時間を基にして次の式で「加工費」を計算している。これが「多品種少量生産」における中小企業の実態である。

$$加工費＝実際作業時間×加工費率（マン・マシンチャージ）$$

これに「材料費」を加えて「原価」を見積り，更に「利益」を加算している（次式を参照）。

$$原価＝材料費＋加工費 \qquad 売価＝原価＋利益$$

このようにして売価が決められた場合の問題点は，作業者によって実際作業時間がバラツクと加工費が異なってしまうことである。この対策としては「標準時間（標準工数）」を作成することが重要である。これは後で詳述する。

　学問的な売価設定法に関しては，従来からミクロ経済学やマーケティング，更には管理会計の分野からさまざまな研究成果が発表されてきた。その対象は改良型の新製品もあれば，まったく新しい技術（革新的技術）による新製品もある。ここでは既存技術や改良技術によって，既存市場に参入する新製品を対象として，売価設定の根拠の面から**図5－28**のように分類する。

図5-28 売価設定の方法

(出所) 田中雅康 (2002), 37頁

このように売価設定の方法には, マークアップ・プライシング (コストプラス方式ともいう) とマーケット・プライシング (市場相場方式ともいう) とがある。マークアップ・プライシング (Mark up pricing) は新製品の原価に一定の利益を加算して売価設定する方法である。これは**売り手市場**での売価設定法であり, その一般式は次の通りである。

$$売価 = 製品原価 \times (1 + 利益率)$$

一方, マーケット・プライシング (Market pricing) は市価基準による売価設定法であり, 市場における競合製品の売価と比較して, その新製品の売価を設定する方法である。これは**買い手市場**での売価設定法である。この方法には, 需給関係が主たる決定要因となる需給基準の売価設定法, 機能基準の売価設定法などがある。今日のような買い手市場では, 市価基準の売価設定が主になるが, 原価企画における売価設定法には機能基準の売価設定法が適している。なぜならば, その製品の機能 (実用機能+魅力機能) レベルを顧客がいくらで買うかを予測して売価を決めるからである。つまり「売価は顧客が決定する」ことを想定しているのである。

機能基準の売価設定法には, 機能比較基準の売価設定法と顧客機能評価基準の売価設定法がある。機能比較基準の売価設定法は, 競合製品の機能レベルと新製品のそれとを総合的に比較・検討して売価を設定する方法である。また, 顧客機能評価基準の売価設定法は, 基本機能や付加機能に対して顧客の評価額を算出し, これを分析して売価を設定する方法である。

予測売価を決める具体的な方法としては, 前述の指数回帰式, 単回帰式の結合, 重回帰式, 重みづけ分析 (WADP : Weight Analysis by Design Parameters) などがある。これらの売価予測式は, 機能レベルによる標準的売価設定に役立つも

のであり，製品企画段階や構想設計段階における採算性の検討に有用である。しかしながら，これらの売価予測式は，統計的手法やそれを応用した手法を用いた**買い手市場**での工学的な売価設定法であり，既存市場に既存技術や改良技術で投入される新製品を対象としたものである。従って，まったく新しい技術（革新的技術）によって開発された新製品を対象とする売価設定法は必要であるが，現状では経験則によるしか適当な方法が見当たらないといえる。

（1）小型乗用車の売価予測式 [95]

ここでは一般的な「重回帰式」による予測売価の設定法について述べる。それは現存する競合製品群を選定し，それらの主要機能レベル等を表す主要な仕様（設計特性値）等と，その製品群の標準的売価との関係を作成し，これを「売価予測式」と呼ぶ。最初に，重回帰式を活用した「小型乗用車の売価予測式」を紹介する。これは排気量 1600cc の車である。

$$\hat{Y} = -3.080 + 3.45X_1 + 60.6X_2 - 94X_3 + 6.05X_4 + 101X_5 + 57.9X_6$$

$\hat{Y}$：標準売価の予測値（単位：千円）
X_1：車両重量（kg），X_2：燃費（10.15 モード），X_3：圧縮比，X_4：最高出力（ps/rpm） X_5：AT（有 1，無 0），X_6：操作性装備（パワーステ等）
決定係数 $R^2 = 0.752$

この算式は，説明変数として実用機能特性を 28 個，使用便宜上の機能特性を 10 個の計 38 個を用いた「変数増減法」による重回帰式である。

（2）製品の売価予測式 [96]

次に，重回帰式を活用した「製品の売価予測式」を紹介する。これは自動車用シール製品である。

$$\hat{Y} = -229.279 + 12.277*X_1 + 4.221*X_2 + 88.826*X_3 - 0.000041*X_4 + 28.383*X_5$$
t 値 （−4.693）　（4.711）　（1.499）　（4.391）　（−2.097）　（4.028）
$$+ 20.819*X_6 + 62.040*X_7$$
　　（2.712）　　（6.160）

$\hat{Y}$：標準売価の予測値（単位：円）
X_1：軸径（mm），X_2：幅（mm），X_3：シール材の厚み，X_4：数量（個/月）
X_5：材質（高級 1，標準 0），X_6：ネジ（有 1，無 0），X_7：仕様（特殊 1，標準 0）

決定係数 $R^2=0.9440$（自由度修正済み決定係数$\overline{R^2}=0.9178$），データ数 n=23

このモデル式は，**説明変数**として設計特性値を 15 個，販売量を 1 個の計 16 個を用いた「変数増減法」による**重回帰式**である。全ての変数の係数の符号は理論に合致している。X_4 の係数の符号が「－」になるのは販売数量（生産数量）が多いほど生産性が向上して売価が安くなるからである。自由度 m=15 の t 値の 5%水準は，t 分布表より $|2.131|$，10%水準は $|1.753|$，20%水準は $|1.341|$ である。従って，変数 X_1, X_3, X_5, X_6, X_7 の係数が 5%水準で「有意」，X_4 の係数は 10%水準で「有意」，X_2 の係数は 20%水準で「有意」である。

2 概算見積のコストモデル式 [97]

一般的には概算見積のコストモデル式が，「機能レベル」のコストテーブルの代表的なものである。これは自動車用サブ・アッセンブリー部品の内製・外製価格のコストモデル式である。このモデルでは，完成重量 X_0 の代理変数としてコイル重量 X_1 を使った。

$\hat{Y} = 44.373 + 1.355 * X_1 - 0.000076 * X_2 + 92.465 * X_3 + 33.041 * X_4$

t 値　(2.890)　(3.731)　(－2.261)　(9.577)　(3.522)

　　$\hat{Y}$：内製・外製価格の予測値（単位：円）
　　X_1：コイル重量 (g)，X_2：生産数量（個/月），
　　X_3：リードの有無（有 1，無 0），X_4：制御方式（標準品 1，VE 品 0）

決定係数 $R^2=0.9376$（自由度修正済み$\overline{R^2}=0.9168$），データ数 n=17

全ての変数の係数の符号は理論に合致する。自由度 m=12 の t 値の 5%水準は $|2.179|$ である。従って，全ての変数の係数が 5%水準で「有意」である。

3 準詳細見積のコストモデル式 [98]

ここで述べる「機能レベル」のコストテーブルは準詳細見積のコストモデル式である。ここでは，二輪車用バルブ（プレス部品）の購入価格＝売価のコストモデル式を示す。

$\hat{Y} = -1.180 + 1.154 * X_1 + 49.460 * X_2 + 5.281 * X_3 + 184.014 * X_4 + 17.847 * X_5$
t値 (-0.326) (2.132)　　(2.508)　　(5.189)　　(32.325)　　(2.618)
　　$+ 64.135 * X_6$
　　(8.754)

$\hat{Y}$：購入価格の予測値（単位：円）

X_1：重量 (g)，X_2：板厚 (mm)，X_3：羽根数，X_4：コーティングの有無（有1，無0），X_5：材質（高級1，標準0），X_6：羽根形状（特殊1，標準0）

決定係数 $R^2 = 0.9897$（自由度修正済み $R^2 = 0.9875$），データ数 n=35

全ての説明変数の係数の符号が「+」であり，理論どおりである。自由度 m=28 の t 値の 5％水準は |2.048| である。従って，全ての変数の係数が 5％水準で「有意」である。決定係数 $R^2 = 0.9897$ は「あてはまり」がよい。つまり全変動のうち 98.97％が，この重回帰式で説明できるのである。

4　多品種少量生産の見積基準

ここでは，多品種少量生産の『見積基準』を求める方法を紹介する。**少品種大量生産**の場合には1部品ごとに部品メーカーの見積を精査する時間（余裕）がある。一方，**多品種少量生産**の場合には，品目が多すぎるため部品メーカーの見積を精査する時間（余裕）が乏しい。そこで簡便で迅速な「準詳細見積基準」が必要不可欠である。これは重回帰分析の応用である。

（1）荒切削の見積基準（重回帰式）：SB モデル　＜事例38＞

E 社では攪拌機用メカニカルシールのスタッフィング・ボックス (staffing box) の荒切削部品を T 社から購入している。これまでは「見積基準」がなかったため T 社の見積価格で購入していた。しかし他社に比べて「割高」であった。そこで T 社と他社の「荒切削価格（実績データ）」を集めて，それを元にして重回帰分析により『荒切削の見積基準』を作成することにした。データ数は過去1年間の購入実績89品目の中から「ABC 分析」により購入金額の上位90％を占める55品目に絞り込んで重回帰分析を行った。

①式 $\hat{Y} = -116 - 474 * X_1 + 548 * X_2 + 46 * X_3 + 43 * X_4 + 8976 * X_5 + 21910 * X_6$
　t 値→ $(-2.417)(-0.437)$ (3.016)　(5.618)(3.555)(1.306)　　(1.556)

$$+115*X_7+34495*X_8+176*X_9+2618*X_{10}+290*X_{11}+8969*X_{12}$$
$$(1.314) \quad (4.916) \quad (1.269) \quad (0.895) \quad (1.406) \quad (1.101)$$

$Y\hat{}$：見積価格（円）
X_1：数量，X_2：素材重量，X_3：材質，X_4：製法，X_5：内径溝数，
X_6：外径堀込，X_7：外径切削距離，X_8：購買先（T社1，他社0），
X_9：外径，X_{10}：段数，X_{11}：全長，X_{12}：納入形状

決定係数 $R^2=0.9573$（自由度修正済み$\overline{R^2}=0.9451$），データ数 n=55

分析結果から，購買先X_8の係数+34495よりT社は他社よりも34495円(24%)「割高」であることが分かった。そこでT社と協議した結果，この『荒切削の見積基準』を採用することで合意した。なおT社見積との誤差が大きい場合には「個別に調整」することにした。

現在は，工程改善と作業改善により「**原価低減**」に取組んでいる。

①式の「**残差の検討**」：線形性，均一分散性，独立性は共に問題ない（図 5-29 参照）。

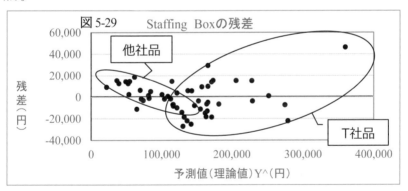

図 5-29 Staffing Boxの残差

（2）切削加工の見積基準（重回帰式）：FLモデル ＜事例39＞

E社ではダイヤフラム・カップリングのフランジ（flange）の切削部品をK社から購入している。これまでは「見積基準」がなかったためK社の見積価格で購入していた。そこでK社の「切削価格（実績データ）」を集めて，それを元にして重回帰分析により『切削加工の見積基準』を作成することにした。データ数は過去1年間の購入実績31品目である。

②式 $\hat{Y} = 73631 - 2301 * X_1 + 101787 * X_2 + 1335 * X_3 + 390 * X_4 + 1.155 * X_5$
　　t値→(2.343)　(−0.727)　　(5.110)　　　(15.421)　(0.785)　(2.869)
　　　　$+ 6424 * X_6 + 42031 * X_7 + 117207 * X_8 + 99807 * X_9 + 150889 * X_{10}$
　　　　　(2.919)　　　(2.131)　　　(6.938)　　　(2.778)　　　(4.500)

$\hat{Y}$：見積価格（円）
X_1：数量，X_2：材質，X_3：製品重量，X_4：リーマ穴数，X_5：キー溝体積，
X_6：外径横穴数，X_7：研磨箇所数，X_8：H形状，X_9：横穴大，X_{10}：皿形状

決定係数 $R^2 = 0.9862$（自由度修正済み$R^2 = 0.9794$），データ数 n=31

分析結果から，価格 Y の全変動の 98.62%が，この重回帰式で説明できることが分かった。そこで K 社と協議した結果，この『切削の見積基準』を採用することで合意した。なお K 社見積との誤差が大きい場合には「個別に調整」することにした。

現在は，工程改善と作業改善により「**原価低減**」に取組んでいる。

②式の「**残差の検討**」：線形性，均一分散性，独立性は共に問題ない（図 5-30 参照）。

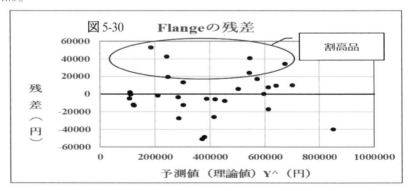

第5節　部品の標準時間（標準工数）と平準化生産計画

標準時間（工数）とは，「標準作業時間」（または「標準加工時間」）のことである。単位は「1 分間の仕事量＝1 工数」で表す。筆者達は，実際作業時間の生データを基にして重回帰分析によって「標準作業時間」（または「標準加工時間」）を求めている。この標準時間（工数）を使って「平準化生産計画」の負荷積み・

負荷調整を行っている。なぜならば、多品種少量生産では「量（個数）と種類」の平均化だけでは、正確な平準化計画ができないためである。

1 多品種少量生産の標準時間（標準工数）の作成と活用

ここでは、標準時間（標準工数）の作成と活用について述べる。これも回帰分析の応用である。つまり、多品種少量生産の**組立工程**や**切削工程**では実際作業時間（実際加工時間）の生データを基にして単回帰分析や重回帰分析によって「標準時間」を決める。ここでは、**組立工程**と**切削工程**の『標準時間』を作成する方法と活用方法を紹介する。なぜならば、多品種少量生産の**組立工程**や**切削工程**の平準化には「量と種類」に加えて「時間（工数）」による平均化が必要不可欠なためである。

（1）組立工程の標準時間（標準工数）の作成

＜事例40＞ 舶用メカニカルシールの単回帰式と重回帰式

これは、E社が国内で生産している舶用メカニカルシールの事例である。まず、「軸径」ごとの組立作業時間（分）を求めてみよう。③式は説明変数が1つ（軸径だけ）の**単回帰式**である。

③式 $Y\hat{} = 6.561 + 0.193 * X_1$

　　t値　（1.876）（5.690）

　　　$Y\hat{}$：組立の標準時間（分），X_1：サイズ（軸径）

決定係数 $R^2 = 0.6981$（自由度修正済み$\bar{R}^2 = 0.6766$），データ数 $n=16$

③式の「**残差の検討**」：均一分散性が不足している。（図5-31 参照）。

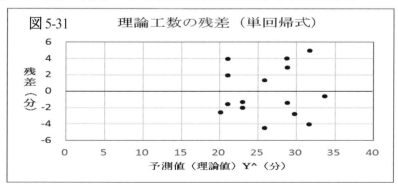

図5-31　理論工数の残差（単回帰式）

次に，重回帰式で求めてみよう。④式は説明変数が2つ（軸径と数量）の重回帰式である。

④式 $Y\hat{} = 9.571 + 0.193*X_1 - 0.108*X_2$

　　t値　(2.968)　(5.655)　(−2.484)

　　　$Y\hat{}$：組立の標準時間（分），X_1：サイズ（軸径），X_2：数量

　　決定係数 $R^2=0.7953$（自由度修正済み $\bar{R}^2=0.7638$），データ数 n=16

④式の「**残差の検討**」：均一分散性が不足している。（図5-32 参照）。

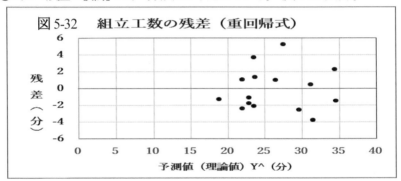

残差の均一性が不足しているが，これは次の理由で説明変数が増やせないためである。

一般的に組立作業時間の**重回帰式**では，この他に「製品重量」，「部品点数」，「特殊な工程の有無」（研磨やラップ工程の有無）などの説明変数を使うが，ここでは削除した。なぜならば，「製品重量」と「軸径」との間には強い相関があるため「多重共線性」の症状がでるので，どちらか片方しか使えない。また「部品点数」は同じ（全て7部品）で分布幅が「0」のため，説明変数には使えない。更に「研磨・ラップ」は組立ライン内で行っているためである。

分析の結果，数量 X_2 の係数 −0.108 より数量が1個増減すると，作業時間は 0.108 分増減することが分かった。従って，数量が作業時間に与える影響は少ないと言える（これは「段取り替え時間」が短いため）。そこで，この組立ラインでは「1個流し」を採用することにした。

上記の「単回帰③式」と「重回帰④式」の残差の散布図を見ると差が小さい。

参考までに，両式の標準作業時間（理論工数 $Y\hat{}$）を比較した結果を，**表5−6**に示す。

表5-6 「単回帰式」と「重回帰式」の組立作業時間

No	1	2	3	4	5	6	7	8	9	10	11	12
軸径(mm)	70	75	85	85	100	100	115	115	120	130	130	140
単回帰(分)	20	21	23	23	26	26	29	29	30	32	32	34
重回帰(分)	19	22	23	23	23	23	31	27	30	31	34	34
差(分)	1	-1	0	0	3	3	-2	2	0	1	-2	0

　上記の結果から，この組立ラインの「作業の標準時間」は単回帰③式を採用することにした。軸径別の標準時間（標準工数）を図5-33に示す。

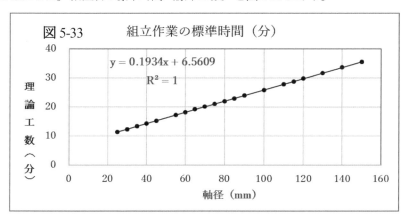

（2）組立工程の標準時間（標準工数）の活用

　平準化のためには「量（個数）と種類」の平均化が必要である。これは繰り返し述べている。しかし多品種少量生産では，更に「時間（工数）」が必要である。また組立部品メーカーが生産計画を平準化すると，次の2つの利点がある。

　① 自社の製品在庫を最小にすることができる。
　② 上流工程（前工程や部品企業）に対して，平均した負荷を与えることができる。これによって上流工程の仕掛りと製品在庫を最小にできる。

　次頁の図5-34は，E社の舶用メカニカルシールの組立ラインの「**平準化生産計画**」と「**生産実績**」である。組立計画には上の単回帰③式の標準工数を使った。

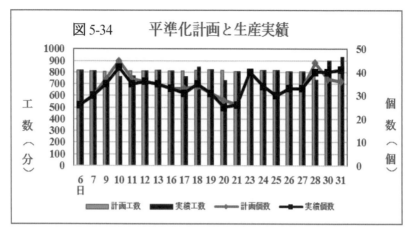

図5-34 平準化計画と生産実績

図5-34を見ると、「工数(分)」は計画と実績の誤差が小さいことが分かる。同様に「個数」も計画と実績の誤差が小さい。一方、日産個数が平均化されていない。これは「個数と種類」を平均化しているためである。以上のことから、「個数と種類」に加えて「標準工数(分)」による平均化が重要であることが確認できた。

この組立ラインの特徴は次の3点である。

① 生産計画を平準化した(これが大前提である)。すなわち、「量(個数)と種類」に加えて「時間(工数)」を平均化した。
② 40種類以上の製品が[注]、どれでも生産できる「共通のセルライン(縦流れライン)」である。そのために「多能工」による「多工程持ち」を行った。
　注) 厳密には222種類あるが、この中の46種類を生産する。
③ 前工程の部品加工と連結しているので、「部品の同期化」ができる。具体的には、組立ラインの前に主要2部品(メイティングリングとカラー)の切削工程を連結して「セット流し」にした。

この改善により、「リードタイムが大幅に短縮」され、40種類以上の製品を顧客の注文に合わせて「平準化したパターンで生産できる」ようになった。

これらの結果、数ヵ月後には実績工数が計画工数よりも20%低減(出来高は向上)した。これは「**工程と作業のムダを排除**」した事例である。

(3) 切削工程の標準時間(標準工数)の作成
<事例41> 船尾管用軸受の重回帰式

これは、H社が国内で生産している**船尾管用軸受け**(ブッシュ：bush)の事例

である。ブッシュの切削工程は沢山あるが，ネック工程は「内径切削工程」である。その中から内径の「オイルグルーブ（oil groove：油溝）」[99]の切削工程を紹介する。まず「溝切削体積」を中心にして変数選択してみよう。これは説明変数が3つの重回帰式である。

⑤式 $\hat{Y}=145.658+\underline{0.038}*X_1+44.262*X_2+452.045*X_3$

 t値 (5.892) (2.309) (1.433) (9.535)

 $\hat{Y}$：溝切削の標準時間（分）

 X_1：溝切削体積(cm^3)，X_2：溝の加工位置（非対称1，対称0），X_3：全長（1800mm以上1，1800未満0）

 決定係数 $R^2=0.9288$（自由度修正済み$\bar{R}^2=0.9175$），データ数 n=23

⑤式は，決定係数 $R^2=0.9288$（自由度修正済み$\bar{R}^2=0.9175$）より「あてはまり」が良い。すなわち，溝切削時間 $\hat{Y}$の全変動のうち92%が説明できるので，⑤式は優れた式である。

次に，切削機が2種類あるので，機種（号機）ごとの切削加工時間（分）を求めてみよう。これは説明変数が4つの重回帰式である。

⑥式 $\hat{Y}=184.392+\underline{0.0028}*X_1+51.499*X_2+345.779*X_3+175.370*X_4$

 t値 (8.679) (0.178) (2.191) (7.648) (3.877)

 $\hat{Y}$：溝切削の標準時間（分）

 X_1：溝切削体積（cm^3），X_2：溝の加工位置（非対称1，対称0），

 X_3：全長（1800mm以上1，1800未満0），X_4：機種（2号機1，1号機0）

 決定係数 $R^2=0.9612$（自由度修正済み$\bar{R}^2=0.9526$），データ数 n=23

分析の結果，溝切削体積X_1の係数が0.038から0.0028と大きく変わった。またt値が0.178と低い。これは「多重共線性」の悪影響である。原因は「溝切削体積」と「機種」の間に強い相関が見られるためである。このように「多重共線性」は個別係数の推定を難しくするという悪影響がある。
⑥式から，次のことが言える。

 ・決定係数 $R^2=0.9612$（自由度修正済み$\bar{R}^2=0.9526$）より「あてはまり」が向

上した。すなわち，⑥式は溝切削時間 $Y^{\wedge}$ の全変動のうち 95%が説明できる優れた式である。なお「回帰係数の意味」は次の通りである。
- 溝切削体積 X_1 が 1 cm³増減すると，切削時間は 0.0028 分増減する。
- 溝の加工位置 X_2 が非対称になると，切削時間は 51.499 分長くなる。
- 全長 X_3 が 1800 以上になると，切削時間は 345.779 分長くなる。
- 機種 X_4 が 2 号機になると 1 号機よりも，切削時間が 175.37 分長くなる。

⑥式の残差の散布図を図 5-35 に示す。

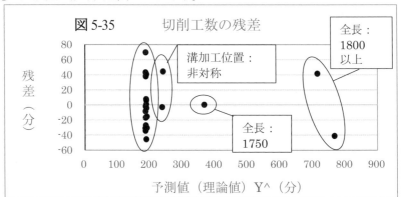

この散布図をよく見ると，切削工数の理論値 $Y^{\wedge}$ は，200 分付近に集中している。しかし 700 分～800 分のものもある。さらに 250 分近いものもある。これらの理由は何だろうか？　その理由は「全長 1750，1800mm 以上」と「溝加工位置の非対称」である。これらの影響を図 5-36，図 5-37 に示す。

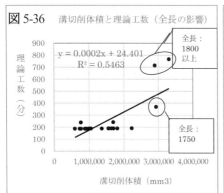
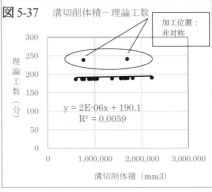

これらの影響を除いた「散布図」を図5-38に示す（一直線である）。

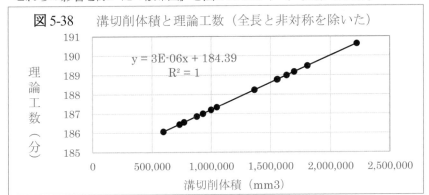
図5-38 溝切削体積と理論工数（全長と非対称を除いた）

以上の分析結果から、オイルグルーブ（油溝）の「切削標準時間」は重回帰⑥式を採用して、切削機の機種（号機）ごとに「生産計画を平準化」することにした。

● 小括　多品種少量生産での部品の原価低減と見積基準及び標準工数のまとめ

多品種少量生産における部品の「原価低減」と「見積基準」および「標準工数」は、いずれも重回帰式を活用したものである。

1　改善テーマの選び方

少品種大量生産では、改善の対象テーマを選ぶことは難しくない。ABC分析を行ってA群やB群の中から「代表品目」を選ぶ。一方、多品種少量生産では改善の対象テーマを選ぶことが難しいので工夫が必要である。「多品種少量」であるが故に品目を"絞り込む"必要がある。そこで、ABC分析を行ってA群やB群の中から代表的な品種ごとに"品目群"として絞り込む。

つまり、少品種大量生産では"代表品目"を選ぶ。一方、多品種少量生産では"代表品目群"を選ぶ。違いはそれだけである。次に、類似品目（群）に「横展開」することはどちらも同じである。

2　コストモデル式の作成方法

「コストモデル式」は次の3手順で作成する。

手順1. 類似品の情報を収集する。

手順2. 類似品の正常な原価実績を収集する。
手順3. 類似品のグループごとに設計特性値・加工特性・生産数量等を説明変数とし，正常な原価実績を被説明変数とした重回帰式を作成する。

重回帰式の作成では，「変数選択」が重要である。これには次の3つの方法がある。①変数減少法，②変数増加法，③変数増減法。一般的には，③が多く使われている。ただし，①〜③で求めた重回帰式は，必ずしも一致するとは限らない。

3　コストモデル式の活用目的

コストモデル式の活用目的は，コスト理論に基づいて作成したコストモデル式を統計的に推定・検定し**「政策手段・意思決定に活用すること」**である。

コストモデル式は，その活用目的に応じて「変数選択」をする。主な活用目的は次の通りである。①内製化の目標コストを決める。②最適生産地を決める。③製法を決める。④設計仕様を見直す，などである。これら4つがオーソドックスな活用方法である。

4　部品の見積基準の作成と活用目的

少品種大量生産の場合には1部品ごとに部品メーカーの見積を精査する時間（余裕）がある。一方，多品種少量生産の場合には，品目が多すぎるため部品メーカーの見積を精査する時間（余裕）が乏しい。そこで**簡便で迅速な「見積基準」**が必要不可欠である。これは重回帰分析の応用である。

部品の見積基準の作成方法は，基本的には「コストモデル式」と同じである。何が違うかと言えば，被説明変数$\hat{Y}$が違う。コストモデル式の$\hat{Y}$が「コスト」であるのに対して，見積基準の$\hat{Y}$は「売価」（または購入価格）である。違いはそれだけである（「コスト≒売価」と考えれば違いはない）。

主な活用目的は**「見積精度の向上」**と**「見積工期の短縮」**である。

5　部品の標準時間（標準工数）と平準化生産計画

標準時間（工数）とは，「標準作業時間（または標準加工時間）」のことである。実際作業時間の生データを基にして重回帰分析により「標準作業時間」を求める。

活用目的は**「平準化生産計画」**の負荷積み・負荷調整を行うことである。なぜならば，多品種少量生産では「量（個数）と種類」の平均化だけでは，正確な平準化計画ができないためである。

6 多品種少量生産の標準時間（標準工数）の作成と活用

これも回帰分析の応用である。つまり，多品種少量生産の**組立工程**や**切削工程**では実際作業時間（実際加工時間）の生データを基にして単回帰分析や重回帰分析によって「標準時間」を決める。なぜならば，多品種少量生産の**組立工程**や**切削工程**の平準化には「量と種類」に加えて「時間（工数）」による平準化が必要不可欠なためである。

以上，第5章では重回帰式を活用した『多品種少量生産における部品の原価低減と見積基準および標準工数』について述べた。第6章では第1章～第5章を受けて，「多品種少量生産の部品メーカーのモノづくり体質改善」について述べる。

■ 補足14：ABC分析

ABC分析は，管理すべき対象の数が多すぎて全部を一様に管理することが困難な場合に，重点的管理を採用するが，その重点を計数的に把握するための手法である。従って，一般的には，グループ（群）別管理や重点指向などで，管理効率を向上させるために利用される。

この手法には，適用範囲によって次の4つの呼び名が付けられている。

＜適用範囲と呼び名＞

① 在庫管理上の重点管理品目の把握（ABC分析）
② 生産上の重点管理品目の把握（P−Q分析：Products−Quantity分析）
③ 販売上の重点管理品目の把握（I−Q分析）
④ 品質上の重点問題の把握（パレート分析：Pareto−analysis）

ABC分析は，例えば①の在庫管理では「発注方式の決定」に有用である。具体的には，A群は定期・不定量発注，B群は定期・定量発注，C群は不定期・定量発注にすることで，「経済的発注」を行う。これを**表5−7**示す。この表は購入額が多い順に並べ替えてある。

表5-7 部品別の購入額　　　　　　　　（単位：千円）

部品名	購入額（千円）	構成比率（%）	累計比率（%）	区分
イ	400	40.0	40.0	
ハ	200	20.0	60.0	A品目群
ト	100	10.0	70.0	
ヘ	80	8.0	78.0	
ホ	70	7.0	85.0	B品目群
リ	60	6.0	91.0	
ニ	30	3.0	94.0	
チ	30	3.0	97.0	C品目群
ロ	20	2.0	99.0	
ヌ	10	1.0	100.0	
計	1,000	100.0		

図5-39にABC分析図表を示す。これは表5-7をグラフにしたものである。

図5-39　ABC分析図表

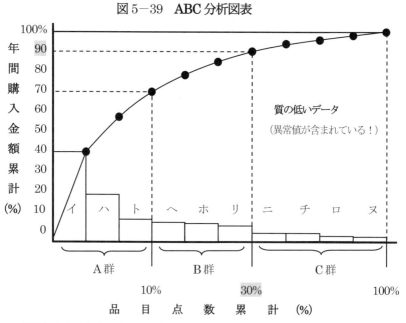

(出所) 山本秀幸 (2014), 133頁, 204頁

「コストモデル式」や「見積基準」および「標準時間」の回帰分析では，ABC分析を**質の低いデータを削除**するために活用する。つまり質の高いA群とB群のデータを使い，質の低いC群のデータを削除する（図5-39のC群には異常値が含まれていることが多いため！）。

　なおABC分析図表は，エクセルの「ピボットテーブル」機能を使えば簡単に作成できる。

● 注

〔85〕山本秀幸（2014, 102−107頁）を要約し加筆した。
〔86〕山本秀幸（2014, 128−141頁）より引用した。
〔87〕山本　拓（2001, 2−4頁）を要約した。
〔88〕−〔91〕専門用語の注記を参照下さい。
〔92〕山本秀幸（2014, 212−223頁）より引用。
〔93〕専門用語の注記を参照。
〔94〕田中雅康（1995, 207−231頁）を要約。
〔95〕田中雅康（2002, 38−39頁）より引用。
〔96〕山本秀幸（2014, 129−130頁）より引用。
〔97〕山本秀幸（2014, 130頁）より引用。
〔98〕山本秀幸（2014, 130−131頁）より引用。
〔99〕専門用語の注記を参照。

● 注　　　　　　　　　専門用語の説明

〔88〕「ヒストグラム」：ヒストグラム（度数分布図）とは，データの分布状態を棒グラフで表したものである。縦軸に度数分布表の頻度（度数）をとり，横軸にデータ区間（階級）をとる。まず，度数分布表を作ってからヒストグラムを作成する（図5-40参照）。
ヒストグラムの作成方法はここでは省略するが，エクセルの「分析ツール」を使えば簡単に作成できる。その結果から，次のような判断をする。

- 「外れ値」の原因が明確でコントロール可能であれば，データを削除して回帰分析を行う。
- コントロールが困難な場合は，そのまま回帰分析を行う。
- 「外れ値」の原因が不明の場合は，「外れ値」を含めた場合と「外れ値」を含めない場合の両方で回帰分析を行う。
- 「外れ値」（＝異常値）の理由が明確である場合には，「ダミー変数」（質的ダミー）を使う。

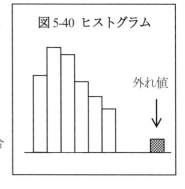

図5-40 ヒストグラム

〔89〕**ダミー変数**：ダミー変数は0か1の変数である。ダミー変数は回帰分析における特殊な変数である。ダミーとは「余分な」とか「やっかいな」という意味である。ダミー変数の用法としては，①質的ダミー，②一時的ダミー，③定数項ダミー（季節ダミーを含む），④係数ダミー（構造変化を表す）などがある。ここでは，①の**質的ダミー**を紹介する。**① 質的ダミー**とは，学歴，性別，人種，都市と農村，持ち家と借家，製造業と非製造業などの「**質的な差異**」を扱うときに用いる**ダミー変数**のことをいう。次に性別の例を示す。

性別ダミーを使って回帰分析すると，Wage は男女間で定数項に差が見られる（図 5-41 を参照）。

(例) Wage＝a＋b*age＋c*Dsex
　　　(給料)　　(年齢)　(性別)
　　　　　　　　　　　　↑
　　　　　　　　　　質的ダミー

男性：Dsex＝1　Wage＝**a＋c**＋b*age
女性：Dsex＝0　Wage＝**a**＋b*age

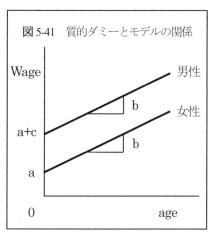

図 5-41　質的ダミーとモデルの関係

〔90〕**トレンド付き**：データを時系列で見たときに，上昇や下降トレンドがある場合，トレンド変数を使う。次頁の**表** 5-8 は，「アメリカの投資関数に関するデータ」である。

投資（INV：Investment）は，GNP（国民総生産 Y）と利子率（IR：Interest rete）に依存するというのが古典（理論）である。これを検証してみよう。

表5-8 アメリカの投資(INV)に関するデータ

年度	名目総投資(INV) billion$	名目GNP(Y) billion$	利子率(IR) %	消費者物価指数(CPI) index
1968	133.3	873.4	5.16	82.54
1969	149.3	944.0	5.87	86.79
1970	144.2	992.7	5.65	91.45
1971	166.4	1077.6	4.88	96.01
1972	195.0	1185.9	4.50	100.00
1973	229.8	1326.4	6.44	105.75
1974	228.7	1434.2	7.83	115.75
1975	206.1	1549.2	6.25	125.79
1976	257.9	1718.0	5.50	132.34
1977	324.1	1918.3	5.46	140.05
1978	386.6	2163.9	7.46	150.42
1979	423.0	2417.8	10.28	163.42
1980	402.3	2633.1	11.77	178.64
1981	471.5	2937.7	13.42	195.51
1982	421.9	3057.5	11.02	207.23

(出所) Economic Report of the President 1983

まず,名目値を物価指数(CPI)で割ることで,実質投資(INV)と実質GNP(Y)を求め,実質投資(INV)と実質GNP(Y)の散布図,ならびに実質投資(INV)と利子率(IR)の散布図を描く。

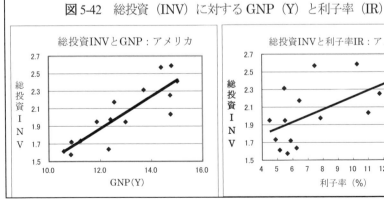

図5-42 総投資(INV)に対するGNP(Y)と利子率(IR)

前頁の図5-42の散布図を一見して分かるように，左の実質投資 (INV) と GNP (Y) とは強い相関がある。一方，右の利子率 IR (%) とは「負の相関」が見られず，むしろ弱い「正の相関」である。そこで，投資関数 INV=a+b*Y+c*IR を推定してみよう（これはトレンドなしの場合である）。

$$INV = -0.729 + 0.236*Y - 0.0368*IR \quad R^2=0.7767 \; (\bar{R}^2=0.7394), \; n=15$$

t 値→　　　　　(4.782)　(−1.313)　（自由度 12 の 10%水準の t 値は|1.782|）

利子率 IR の「符号はマイナス」となり理論と合致する。ただし，t 値は−1.313と低く，10%水準でも有意ではない。すなわち，利子率 IR は投資 INV に有意に影響を与えているとは言えず，理論を支持する結果ではない。

そこで，タイムトレンド変数を追加し TIME と名づける。この変数を使って次の回帰式を推定してみよう。どういう変化が生じるだろうか。

$$INV = a + b*Y + c*IR + d*TIME$$

時間トレンド変数 TIME を追加して回帰すると，以下の式を得る。

$$INV = -5.033 + 0.665*Y - 0.0234*IR - 0.164*TIME$$

t 値→　　　　　(12.181)　(−2.146)　(−8.380)

$R^2=0.9698 \; (\bar{R}^2=0.9615), \; n=15$　　（自由度 11 の 5%水準の t 値は|2.201|）

利子率 IR の係数の「符号は負」で，かつ t 値は 5%有意水準にやや足りないぐらいにまで改善される。時間トレンドの係数も 5%水準で有意である。何よりも自由度修正済み決定係数 $\bar{R}^2$ が 0.9615 と極めて高い。理論にも合致し 95%以上の変動を説明しているという点で，これは優れた回帰式である（比較：トレンドなしの場合は $\bar{R}^2=0.7394$ であった。トレンド付きの場合は $\bar{R}^2=0.9615$ に向上した）。

時間トレンドの t 値が有意で決定係数 R^2 が上昇したことは，投資には時間にそって増えていく「トレンド成分」が含まれていることを示す。またトレンド変数を加えると，利子率の t 値が上昇し有意になったことは，トレンド変数が利子率の影響に撹乱を与え，利子率の影響を見えにくくしていたことを意味する。

＜参考＞：トレンド変数 TIME は，上昇・下降トレンドがあるとき，それを制御するために用いる（次頁の図 5-43 参照）。データを時系列グラフで見ると，投資 INV と利子率 IR には上昇トレンドがあるように見える。このようなときに，

「トレンド変数 TIME」を使って回帰すると決定係数 R^2 は向上する。なぜだろうか。投資 INV に影響する他の有力な説明変数（トレンド成分＝タイムラグ（時間遅れ），貨幣供給量，為替レート，等々）の「代理変数」としてトレンド変数を使ったので R^2 が向上したと理解してよい。

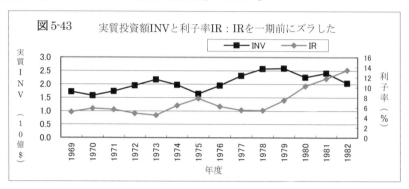

図5-43　実質投資額INVと利子率IR：IRを一期前にズラした

[91] **残差**：回帰式の理論値（予測値）と実績値（観測値）の「ズレ量」を示す。記号は Ui で表す。従って，残差が小さい方が「あてはまり」が良いと言える。しかし，残差の和（合計）は必ず「0」になる。そこで「あてはまり」の良し悪しの尺度には，残差を2乗した和（合計），つまり残差平方和（残差2乗和）：$\sum U_i^2$ を使うのである。

・**残差**（Ui：residual）＝**実績値－理論値**，　Ui＝yi－yi＾（図5-44参照）。

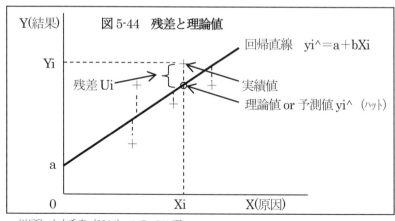

図5-44　残差と理論値

（出所）山本秀幸（2014），147, 211頁

〔93〕**ラップ**：ラップ加工（鏡面研磨）のこと。ラップ盤の上に加工物を置き，その間にラップ剤を挟み，加工物に上から圧力を加えて滑り合わせて加工物を鏡面に研磨する。

〔99〕**オイルグルーブ**（oil groove：油溝）：船尾管の軸と軸受との間の摺動面に，潤滑油を供給するために軸受の内径に加工された油溝のこと。一般的には弓形の形状をしており，左右対称で2カ所に加工する。

第6章　多品種少量生産の部品メーカーの「モノづくり体質改善」

第1章では「製品のVEと部品のVE」，第2章では「平準化生産」，第3章では「工程の改善」，第4章では「作業の改善」，第5章では「多品種少量生産の原価低減と見積基準および標準工数」，について詳述した。これを受けて，本章では多品種少量生産の部品メーカーを指導・支援するときの「**モノづくり体質改善**」のステップを簡潔に述べる。

第1節では「モノづくり体質改善の進め方」について述べる。ポイントは，工程改善では"運搬・停滞の削減"による「リードタイム短縮」と「原価低減」である。具体的には「工程を繋いでライン化」し「工程間を"1個流し（セット流し）"にする。一方，**作業改善**では"多工程持ち・多能工化"による「原価低減」である。これらの土台となるのが「平準化生産」で"量と種類"に加えて"時間（工数）"を平均化してモノを作ることが大切である。**第2節**では「平準化計画と平準化生産」について述べる。**第3節**では「**鋳物部品メーカーのモノづくり体質改善**」の事例を紹介する。**第4節**では「協力企業を含めた総合的発展の重要性」に触れる。

第1節　多品種少量生産の部品メーカーの「モノづくり体質改善」

多品種少量生産の部品メーカーのモノづくり体質改善は，次の**7ステップ**で"**工程改善と作業改善**"を進めることが望ましい。

> ステップ1．「ネック工程」（リードタイムと加工時間の「ネック工程」）を見つける
> ステップ2．「ネック工程」（遅い加工時間の工程）の能力をフル活用する
> ステップ3．「ネック工程」の生産数に合わせて「非ネック工程」（速い加工時間の工程）は生産する…ここで「モデルライン」をつくり，各工程を同期化させる
> ステップ4．「ネック工程」の生産能力を上げる
> ステップ5．「モデルライン」の完成度を向上させる
> ステップ6．横展開する
> ステップ7．成果を埋没させない
> ＊これらの大前提が「平準化計画と平準化生産」で，モノを平均して造る
> ＊「工程改善」と「作業改善」の前に，VE的な改善を行う

> ＊「ネック工程」は次々に変わる
> ＊「ゴールは次のスタート」になるので，改善に終わりはない

1-1　ステップ1：「ネック工程」（リードタイムと加工時間の「ネック工程」）を見つける

（1）『製品工程分析』と『流れ分析』を行う

　　この目的は，**加工・検査・運搬・停滞**の「リードタイムと加工時間」を明確にするためである（これは原材料でも同じ）。改善の着眼点は"運搬・停滞の削減"による「**リードタイムの短縮**」と「**原価の低減**」である。そのために「工程を繋いでライン化」し，「工程間を"1個流し（セット流し）"」にする。そのとき「**レイアウト改善**」は次の2つを考える。

① 「**制約条件なし**」で，全工程のレイアウト改善を考える（新建屋の建造を含む）。

② 「**制約条件あり**」で，一部の工程のレイアウト改善を考える（現状の建屋のままで）。まず，やりやすい工程を繋いで「**仮のモデルライン**」にする（やりにくい工程は後回しにする）。次に，**加工・検査**の中で「**残業や休日出勤**」している工程や「**人が多い**」工程（例：最終検査工程）および「**中間仕掛りが多い**」工程を探す。これらが「ネック工程」の候補である。「**真のネック工程**」を見つけるためには『**工程別能力表**』[注]を作成することが望ましい。注）第4章補足10の表1『部品別能力表』参照。

（2）『段取り替え時間を短縮』する。加工ロットが大きい場合には，段取り回数を増やす

　　例：段取り替え時間を1/2にして，段取り回数を2倍にする。これを一般化すると，段取り時間を1/nにして，段取り回数をn倍にする。その結果，「小ロット生産・小ロット流し」が可能になる。

1-2　ステップ2：「ネック工程」（遅い加工時間の工程）の能力をフル活用する

　　ネック工程の"**稼働時間を増やして**"，必要量に"**等量化**"する。例えば，「残業や休日出勤」で稼働時間を増やす。一方，「部品のVE」の結果から不要な工程を削除する。

1-3 ステップ3:「ネック工程」の生産数に合わせて「非ネック工程」(速い加工時間の工程)は生産する…ここで「モデルライン」をつくり,各工程を同期化させる

　各工程を"同じ**稼働時間**"で必要量に"等量化"し"同期化"させる。例えば,加工工程を「1日2交替」の同じ勤務時間にする。これが「**真のモデルライン**」である。まず『**標準作業組合せ表**』[注1]を作成する。次に『**標準作業票**』[注2]を作成する。これが「**ジャスト・イン・タイム**」(必要なモノを必要なときに必要なだけ作る・運ぶ)である。つまり各工程は自工程の生産量を向上させる「部分最適化」よりも,ネック工程に生産量を合わせて同期化する「**全体最適化**」を優先する。なぜならば,**ネック工程以上にはアウトプットは出ない**。非ネック工程がネック工程以上に生産すれば"つくり過ぎのムダ"になるからである。

　　注1) この代わりに最初は第4章第4節の『人・機械分析図表』を活用してもよい。
　　注2) 第4章補足10図2の『標準作業票』参照。
　そのためには次の2つが重要である。
　　① 「セル生産ライン」(縦流れ生産ライン)を造る。基本は類似品を生産する「共通ライン」[注]である。
　　　注) 多品種少量生産では"多品種"であるが故に「専用ライン」の採用は難しい。
　　② ライン化が難しくて分断工程でのバッチ(まとめ)生産が残る場合は,バッチを小さくして「小ロット生産」にする。

(1) モデルラインづくり:「セル生産ライン」(縦流れ生産ライン)を造る

　ここで「仮のモデルライン」を「真のモデルライン」にする。つまり「各工程をつないで共通ライン化」し「1個流し」にする。基本は"1個流し"だが,セット部品は"セット流し"の方がよい。つまりセット流しにより「部品を同期化」する。この大前提が「**平準化生産**」である。
　改善の狙いは次の5つである。なお④⑤は工程をつなげない場合に採用する。
　　① 「運搬・停滞の削減」による「リードタイムの短縮」。
　　② 「多工程持ち・多能工化・立作業」による「原価低減」(最初は「多台持ち・単能工」でもよい)。
　　③ 「検査は工程内」で作業者が行う。つまり「自工程完結(4M+1M)」で後工程には良品しか流さない。
　　④ 各工程間には「ストア」(部品置き場)を設置して,どこに何を置くか「所

番地」(定番地) を決める。これは欠品を「見える化」するためである。
⑤「後引き同期生産方式」(後工程が引き取り同期化する方式) を採用する。ライン内では「カンバンは不要」だが，④⑤では必要に応じて「カンバン」を使う。なお，やりやすい工程をつないで「共通ライン化」すると，カンバンの運用枚数 (発行枚数) を大幅に減らすことができる。その理由は，工程間の仕掛り在庫が不要になるからである。

【カンバン】：カンバンには主に次の2種類がある。
① **引き取りカンバン**：後工程が前工程に引き取りに行く際に，数量や品番などを間違えないで引き取るためのカンバン。これは「工程間」で使う。
② **加工カンバン（仕掛けカンバン）** 注)：後工程から部品を引き取られたら，その部品の生産指示をするカンバン。これは「工程内」で使う。
　　注)「**工程内カンバン**」や「**着工カンバン**」とも呼ぶ。

従って，カンバン方式は仕掛り在庫を「ゼロ」にする訳ではない。カンバンに書かれた「収容数」と「運用枚数」で仕掛り在庫をコントロール (微調整) する。

【ストア】：ストア (部品の置場) にも主に次の2種類がある。
① **製品ストア**：その工程で完成させたものを置く。
② **部品ストア**：後工程が前工程に引き取るものを置く。

後工程から見れば，前工程の「製品」は自工程の「部品」になる。この概念図を図6-1に示す。

図6-1　引き取りカンバンと仕掛けカンバン

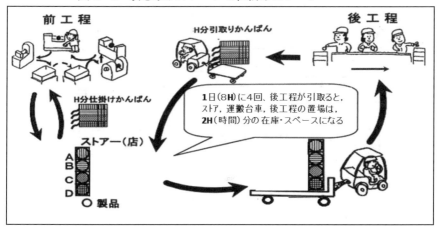

この概念図は（一つの）「工場内での流れ」を示したものだが，前工程を協力部品メーカー，後工程を組立メーカーと考えることもできる。カンバン方式で重要なことは「引き取りカンバン」と「工程内カンバン」（加工カンバン）を併用することである。「引き取りカンバン」は工程間同士，または企業間同士の「情報」のやり取りである。その情報に基づいて，各工程（各企業）は引き取られたモノだけを造るために「工程内カンバン」を活用するのである（図6-2参照）。

図6-2 工程内カンバンと外注カンバン

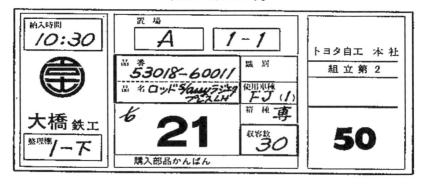

この部品の前工程は鍛造で，そこのA-3に取りに行く。1箱に15個入りで，部品箱の形状はC。このかんばんは8枚発行されているうちの3枚目である。YAは焼入れ工程を示す。

大橋鉄工からトヨタ自工本社工場への納入に使われる外注かんばん。50は本社工場の受入れゲートの番号。納められたロッドはAに運ばれる。21は部品名を背番号化したもの。

(出所) 日本能率協会（1978），125頁

（2）ライン化が難しくて「分断工程」でのバッチ（まとめ）生産が残る場合
　【生産の基本】：バッチを小さくして「小ロット生産」にする。つまり「最小生産ロット数」を決める。
　【運搬の基本】：「最小ロットで後引き」にする。「後引き方式」には次の3つの方法①～③がある。なお、④は「押し出し方式」である。
　　① ABC分析のA群は「定期・不定量引き」⎤
　　② B群は「定期・定量引き」　　　　　　　⎬（必要に応じて）
　　③ C群は「不定期・定量引き」　　　　　　⎦「引き取りカンバン」を使う。
　　④ D群は「前工程からの押し出し方式」…例：新製品の試作や単発品・修理品など1回限りの生産の場合には「個数」を限定する。必要なら1枚の「通しカンバン」（限定カンバン）を使って各工程を動かす。

1-4　ステップ4：「ネック工程」の生産能力を上げる
（1）「ネック工程」を無くす（例：製品VEや部品VEなどで）
（2）「タクトタイムTTに合わせて，サイクルタイムCTを短縮」する
　　つまり，タクトタイムTT≧サイクルタイムCT にする。
（3）「ネック工程」の生産能力を上げる方法
　　①「人の生産性」を向上させる。まず"人の作業・動作を改善"する。次に"手離れ化（自動化）"を考える。
　　②ある程度まで自動化が進んだら，「機械の生産性」を向上させる。まず"アイドル時間"を短縮する。次に"正味加工時間"を短縮する。
　　①と②の改善により「残業や休日出勤」を無くす。

1-5　ステップ5：モデルラインの完成度を向上させる
　最初の「ネック工程」を改善したら，「新たなネック工程」が発生する。これを見つけて，更に「ラインの完成度を向上」させる。なぜならば「ゴールは次のスタート」になるので，改善に終わりはない！　最高品質(Q)・最小コスト(C)・最短工期(D)・最も安全(S)・最高のモチベーション(M)が「真のゴール」である。

1-6　ステップ6：横展開する
　モデルラインの完成度を向上したら，「次の製品群のラインづくり」を行う。これが「横展開」である。「モデルライン」だけで終わらせないことが大切である。

つまり上記の「ステップ1～5」を繰り返す。この時『工程経路分析』を行って類似品の「共通ライン」を造る。

1-7　ステップ7：成果を埋没させない

「改善の成果」→「付加価値生産性の向上」[注]→「原価の低減」→「競争力の向上」→「売上の増大」→「利益の増加」。このように結果に繋がっているか確認することが重要である。例えば、改善により人と機械の余力を生み出したら、従来、"外製"していた物を"内製"にして付加価値を取り込むことである。

　　注）付加価値生産性とは、従業員1人当たりの付加価値のこと。労働生産性と同義語。
　　　　計算式は次の通り。

　　　　付加価値生産性＝（売上高－外部購入価値）÷従業員数

第2節　「平準化計画と平準化生産」でモノを平均して造る

平準化計画と平準化生産は、ステップ3と同時期に実施する方がよい。

1　生産計画の平準化：メイン・ライン（メイン工程）の計画に、各サブライン（各サブ工程）の計画を連結させ「同期化」する

　　　…これは組立メーカーの重要な役割！！

これを「後引き平準化生産計画」と呼ぶことにする（「押し出し」はダメ）。

① その製品の「メイン・ライン」の平準化生産計画を立てる。

　　メイン・ラインとは、組立製品なら「組立ライン」、成形製品なら「成形ライン」である。「平準化」には"量の平均化"と"種類の平均化"が必要である。メイン・ラインの生産計画を平準化すると「前工程の生産計画を平準化」することができる。従って、「協力部品メーカーも生産計画を平準化」できることになる。さらに部品メーカーには、「翌月～翌々月の生産予定数」を予告する。これを「フォーキャスト」（購入予測情報）と呼ぶことにする。

② メイン・ラインの「月間計画」は、1ヵ月の生産個数を4週間に分ける。

　　メイン・ラインでは、製品毎に1ヵ月の生産個数を「1日単位（または1直単位）」に4等分して、これを1週目～4週目に分けて計画する。

　　「週間計画」も同様に1週間の生産個数を「1日単位（または1直単位）」に5等分して、これを月曜日～金曜日に分けて計画する。

③ 各サブライン（サブ工程）では、「メイン・ライン」（メイン工程）に合わせて計画を立てる。

各サブラインでは，生産計画を「メイン・ラインの計画」に連結（リンク）させる。これは「計画からの同期化」が目的である。

④ **各サブライン（サブ工程）の「生産能力」はメイン・ライン（メイン工程）の生産能力より少し多くする。**
　各サブラインが「仮の非ネックライン」に，メイン・ラインが「仮のネックライン」になるように生産能力を決める。つまり，各サブラインの能力はメイン・ラインより少し多くする。これは各ラインの「統計的な変動」（標準時間に対する実績時間の変動：バラツキ）を吸収するために有効である。

2　生産ライン（工程）の平準化

① この典型が前述の「**セル生産ライン**」（**縦流れ生産ライン**：多工程持ち・多能工）である。ラインは必要数から決めた「サイクルタイム CT」により，製品群別に**2本以上**つくる。1本目は（急流の川のような）「**細くて速い流れ**」のラインで，2本目は「**細くて遅い流れ**」のラインにする。具体的には，
・1本目は，ABC分析のA品目群を生産する「**指定席ライン**」（共通ライン）にする。例えば，A製品は3分に1個，B製品は6分に1個，組立てる。
・2本目は，B品目群とC品目群を生産する「**指定席ライン**」（共通ライン）にする。C製品は8分に1個，D製品とE製品は16分に1個，組立てる。
組立ラインのイメージを図6-3に（自動車で）例示する。部品ラインも同じ。

図6-3　生産ライン（工程）の平準化

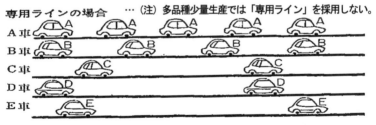

（出所）日本能率協会（1978，84頁）より一部修正

② ライン化が難しい「**分断工程**」や平準化ができない「**非量産品**」(試作品,単発品,修理品など) はどうすれば良いか?

・ライン化が難しい「**分断工程**」(例えば熱処理) の場合でも上述の【ステップ 1〜7】の基本は同じである。特に重要なことは,ステップ 3 の「**ネック工程**」に合わせて「**非ネック工程**」(例えば熱処理) が生産することである。更にステップ 3-(2) の【生産の基本】:バッチを小さくして「**小ロット生産**」にする,を着実に実行することである。

・平準化ができない「**非量産品**」(ABC 分析の D 群) は,**共通工程**だけを繋いで他の工程は「**分断工程**」のまま生産する「**自由席ライン**」にする。この場合も,"量と種類"の平均化に加えて"時間 (工数)"の平均化による「**平準化生産計画**」(標準工数による負荷積み・負荷調整) 注) が望ましい。
  注) 部品の生産計画に必要な「部品の標準工数」の求め方は,第 3 節で後述する。

以上のように,多品種少量生産では①と②の「**2 つの生産方式 (生産管理)**」を併用した方が良い。①の比率を高めることは言うまでもない。

3　段取り替え時間短縮の目的の明確化

少品種大量生産と多品種少量生産では,段取り替え時間短縮の目的が異なる。少品種大量生産では,小ロット化による「**リードタイムの短縮,仕掛り在庫の削減**」が目的である。一方,多品種少量生産の場合には元々が小ロットなので,「**生産数量 (出来高) の向上**」や「**多工程持ち・多台持ち**」を目的にした方が良い。ただし"必要量こそが生産量"であることを忘れてはならない。また短納期の注文を獲得するためには,段取り替え時間の短縮による「リードタイムの短縮」が不可欠である。

筆者の経験では,段取り替え時間を短縮しないで,元々は小ロットなのに逆に大ロットにして「バッチ (まとめ) 生産」をしている企業が非常に多い。これは本末転倒であり「仕掛り在庫」を増やすことになるので絶対に避けなければならない。つまり,小ロットのままで生産できるように「**段取り替え時間を短縮**」することが大切である。

4　リードタイム短縮の効果

「リードタイムの短縮」は,次のような大きな効果がある。
① 短い納期の受注に対応できるので,「受注」が増える。

② 納期の調整業務が少なくなるので，間接部門（営業・生産管理・購買などのホワイトカラー）の「少人化」ができる。
③ リードタイムに比例して「仕掛り在庫」が削減できる。
これらの効果によって，企業は「利益を増やす」ことができる。

第3節　鋳物部品メーカーの「モノづくり体質改善」

第1節では「モノづくり体質改善」の7ステップについて，第2節では「平準化計画と平準化生産」について述べた。そこで本節では，これらの実践編として鋳物部品メーカーH社の事例を7ステップに沿って紹介する。

1　平準化生産計画

H社では船の船尾管シール用ライナーを，1日5個（960分／日・2交替で）生産している。5個の内訳は大別すると，大型品1個，中型品2個，小型品2個，である。更にタイプ別に分類すると全部で47種類になる。「量と種類」による平準化生産計画は，**図6−4**の通りである。この計画は**顧客K社**の「**組立計画**」と**連動・同期化**している（これが重要である）。

図6−4　平準化生産計画（量と種類）

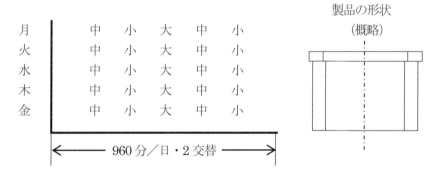

2　VE的な改善

「工程改善と作業改善」の前に「VE的な改善」を行わなければならない。なぜならば，製品の方式・構造・材料や部品の形状・材質が変わると「加工方法」が全く変わってしまうためである。船尾管シール用ライナーには，外径部にオイルシールの摺動面がある。ここを従来は，NC旋盤で切削した後に研磨機で「ペーパー研磨」していた。そこで，研磨から「ローラー・バニッシング」（先端が丸

い回転工具をNC旋盤に取り付けて加工する方法)に変えるVE案を検討している。その検討内容を**表6-1**に示す。

表6-1 ローラー・バニッシングとペーパー研磨

	表面粗さ	加工時間（分）	送り量（mm/回転）	試験結果
①ローラー・バニッシング品	Rz1.5	30分	0.1mm	OK
②ローラー・バニッシング品	Rz0.7	52分	0.05mm	OK
③ペーパー研磨品	Rz0.64	45分	—	OK

回転試験を行った結果は全てOKだった。今後は「実船での試験」も含めて総合的に判断する。ペーパー研磨工程を削減すれば「原価低減」と「リードタイム短縮」が可能になる。(注) ローラー・バニッシングとペーパー研磨の併用案も検討中。

3-1 ステップ1：「ネック工程」（リードタイムと加工時間の「ネック工程」）を見つける

(1) リードタイムのネック工程

a．製品工程分析

最初に，リードタイムのネック工程を見つけるために，舶用ライナーの「製品工程分析」を行って，工程別に時間（リードタイム）を調査した。その結果を**図6-5**に示す。

図6-5 単一製品の「工程分析」（n個のロット作業）とリードタイム

No	工程	詳細工程	改善前				改善案（目標）			
			加工	運搬	停滞	検査	加工	運搬	停滞	検査
1	注文書	注文書受領			71.8	0.2			0.0	0.2
2	出図	出図			71.8	0.2			0.0	0.2
3	鋳込み	鋳込み	1		23.0		1.0		23.0	
		脱型	1		23.0		1.0		23.0	
4	冷却	冷却	12		12.0		12.0		12.0	
5	ショット	ショット待ち			23.3				23.3	
		ショット	0.7				0.7		0.0	
6	熱処理移送	出荷ヤード移動待ち			39.9				0.0	
		出荷ヤード移動		0.1				0.0		
		出荷待ち			39.9				0.0	

No	工程	詳細	加工	移動	停滞	検査	加工	移動	停滞	検査
		積込時間		0.1				0.0		
		出荷		0.2				0.0		
		移動（社内→外製先）		4				0.2		
		熱処理待ち			39.9				0.5	
7	熱処理	加熱（常温）	5				5.0			
		熱処理（925℃）	6.5		151.5		6.5			
		冷却	5				24.0			
8	熱処理移送	出荷待ち			39.9				0.0	
		移動（外製先→社内）		4				0.2		
		荷受		0.1				0.0		
9	荒加工	荒加工待ち			37.2				37.2	
		荒加工	10.9				10.9			
10	穴加工	穴加工待ち			22.2				22.2	
		穴加工	1.8				1.8			
11	仕上	第二工場移動待ち			18.1				18.1	
		積込		0.1				0.1		
		第二工場移動		0.5				0.5		
		仕上加工	5.3				5.3			
12	検査	検査待ち			23.5				23.5	
		検査				0.5				0.5
13	入荷	梱包待ち			23.0				23.0	
		入庫	1.0				1.0			
14	出荷	出荷待ち			23.5				23.5	
		出荷（積込）		0.5				0.5		
		小計	50.1	9.6	683.4	0.9	69.2	1.5	229.3	0.9
		合計	744.1 （時間）				300.9 （時間）			

一見して分かるように,「停滞時間」が非常に長い。特に外製先に出している「熱処理工程」の停滞 311.1 時間（約 19 日）が長い。改善前の合計は 744.1 時間（約 47 日）かかっていた。熱処理工程を内製化すれば, 改善案の合計は 300.9 時間（約 19 日）になり 60％短縮できる。その中で停滞は 683.4 時間（約 43 日）から 229.3

時間（約14日）になり67%短縮できる。

しかしながら，熱処理工程を内製化するためには熱処理炉の「小型化」が必要であり「熱処理条件の変更」が必要である。そこで熱処理工程の内製化は「1年後」に延ばした。

上の分析結果から，従来は1ヵ月分の「**鋳物素材の在庫**」を持っていたが，「**鋳物素材の在庫**」を持たなくても，顧客要求工期45日を達成できると考えた。そこで第1段階では，社内の各工程の「**停滞時間の削減**」に取り組んだ。その結果，6ヵ月後には『リードタイムが35日以下』になった。また改善前は「**鋳物素材の在庫**」が1ヵ月分あったが，改善後は不要になった。これはリードタイム短縮の効果である。図6-6に在庫の「削減数量」を，図6-7に在庫の「削減金額」の推移を示す。いずれも「半減目標」を達成した。

図6-6　在庫の「削減数量」　　図6-7　在庫の「削減金額」

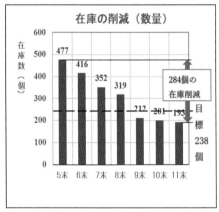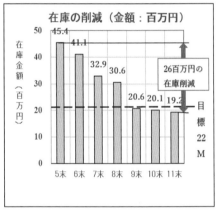

b．設計業務の工程分析

これは，H社の顧客であるK社が「設計業務のリードタイムを短縮」した事例である。この時に「設計業務の工程分析」を行った結果を次頁の図6-8に示す。

設計業務でも「停滞時間」が非常に長いことが分かる。特に「K社内」の停滞19日が長い。改善前の合計は41.3日かかっていた。改善案の合計は18.3日になり56%短縮できる。その中で「K社内」の停滞は19日から2日になり89%短縮できる。一方，「顧客」の停滞が7日＋αである。この短縮は営業部が顧客と協議することにした。

また，設計者全員の「停滞以外の設計業務」を調査したところ，「付加価値を生

む業務」が36%,「付加価値を生まない業務」が64%だった。そこで「付加価値を生まない業務」64%を優先して「無くす(N),減らす(H)」で削減することにした。この事例のように「工程分析」は間接部門にも応用できる。

図6-8 設計業務の工程分析(製品の工程分析の応用)

No.	工程	作図	資料作成	システム入力	検図	停滞(KEMEL)	停滞(顧客)	現状作業時間(日・時)	実作業時間(日・時)	作業部署
1	図面作成依頼受領				●			3時間	0.5時間	技管課
2	品質製造仕様書作成待					●		7日	-	技術課
3	品質製造仕様書作成			●				1日	3時間	技術課
4	納入図作成待				●			3日	-	技管課
5	納入図作成	●						4時間	3時間	技管課
6	仕管システム入力			●				1時間	1時間	技管課
7	検図(設計担当者)				●			4時間	1.5時間	技術課
8	検図(検図者)				●			2時間	0.5時間	技術課
9	検図(承認者)				●			2時間	0.5時間	技術課
10	SAPマスター申請手続			●				2時間	0.3時間	技管課
11	SAPマスター申請完了待					●		1日	1日	IT
12	承認区分1付与				●			0.5時間	0.5時間	技管課
13	納入図送付準備		●					2.5日	-	社外
14	納入図送付	●						4時間	0.5時間	技管課
15	顧客承認返却待						●	注)	注)	顧客
16	承認返却コメント対応	●						*7日	*4時間	技術課
17	顧客最終承認待						●	*7日	*7日	顧客
18	加工図作成待					●		7日	-	技管課
19	加工図作成	●						4時間	4時間	技管課
20	仕管システム修正			●				1時間	1時間	技管課
21	検図(設計担当者)				●			4時間	1.5時間	技術課
22	検図(検図者)				●			2時間	0.5時間	技術課
23	検図(承認者)				●			2時間	0.5時間	技術課
24	SAPマスター申請手続			●				2時間	0.3時間	技管課
25	SAPマスター申請完了待					●		1日	1日	IT
26	K-file登録				●			0.5時間	0.5時間	技管課
27	承認区分2付与				●			0.5時間	0.5時間	技管課
	合計(日・時) 8時間/日	8日	4日	6.5時間	2日	(19日) 2日	(7日+α)	41.3時間 18.3時間 3日	12時間 2日	

（2）切削加工時間のネック工程

舶用ライナーの製造工程は次の5工程である。①鋳造～②熱処理～③荒切削～④キリ穴切削・ネジ穴切削～⑤仕上げ切削。各工程の1日あたりの稼働時間を表6-2に示す。

表6-2　各工程の稼働時間と能力

工程	設備台数（台）	稼働時間（分/日）	能力（分/日）
鋳造	4	480	1,920
熱処理（外製）	1	1,440	1,440
荒切削	4	960	3,840
キリ穴・ネジ穴切削	1	960	960
仕上げ切削	2	480	960

このうちネック工程（切削加工時間が遅い工程）は「**荒切削工程**」である。その加工設備は，大型用1台，中型用2台，小型用1台，合計4台である。切削加工能力は必要数に合わせて1日当たり「大型1個，中型2個，小型2個」とする。これを1日2交替あたりの時間で表すと，表6-3のようになる。

表6-3　必要数と荒切削能力

必要数（個/日）	設備台数（台）	荒切削能力（分/日）
大型品 1	大型用 1	960
中型品 2	中型用 2	1,920
小型品 2	小型用 1	960

3-2　ステップ2：「ネック工程」（荒切削工程）の能力をフル活用する

上の表6-3の条件の下で，「ネック工程（荒切削工程）」の能力をフル活用するために，平準化生産計画を立てたい。つまり各曜日の「**量（個数）と種類（サイズ）**」に「**工数（分）**」を加えた平準化生産計画にしたい。そのためには数量別・種類別に標準工数を定める必要がある。そこで「実績データ」を集めて重回帰分析により『**標準工数**』を求めることにした。この『標準工数』を使って設備ごとに「負荷積み・負荷調整」を行い，平準化生産計画を立てる訳である。

（1）切削工程の標準時間（標準工数）の作成

ここでは，「切削工程の標準時間」の作成方法について詳述することにする。

a．荒切削の平準工数（重回帰式による）

・FタイプとAタイプ
　①式　Y^=2.854+0.343*X_1+1.333*X_2+542.481*X_3
　　t値　　(0.050)　(3.307)　　(9.092)　　(11.369)
　Y^：標準時間（分）
　X_1：サイズ（軸径），X_2：素材長さ，X_3：大型品（φ800以上1，φ800未満0）

　決定係数 R^2=0.6822（自由度修正済み$\bar{R}^2$=0.6788），データ数 n=285

回帰係数の意味：X_3の係数+542.481より大型品（φ800以上）は中小型品（φ800未満）よりも，加工時間が約543分長い。

・DSタイプ
　②式　Y^=-103.159+0.183*X_1+1.914*X_2+717.873*X_3
　　t値　　(-0.538)　(0.630)　　(1.869)　　(10.586)
　Y^：標準時間（分）
　X_1：サイズ（軸径），X_2：素材長さ，X_3：大型品（φ800以上1，φ800未満0）

　決定係数 R^2=0.7291（自由度修正済み$\bar{R}^2$=0.7247），データ数 n=186

回帰係数の意味：X_3の係数+717.873より大型品（φ800以上）は中小型品（φ800未満）よりも，加工時間が約718分長い。

両式とも決定係数 R^2 が低い。標準時間 Y^ の全変動の68.22%，72.91%しか，①②の重回帰式では説明できない。この原因は「残差」（実績値-理論値）が**不均一分散**（heteroscedasticity）のためである。これらを図6-9と図6-12の散布図に示す。これらを標準時間として「平準化生産計画」を立てても良いだろうか？答えはYesである。まずFタイプ①式の「散布図」を順番に見て欲しい。

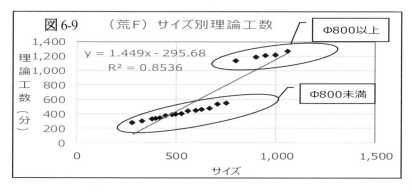

一見して分かるように，図6-9の散布図には「φ800未満とφ800以上」の理論工数が含まれている。これらを層別すると図6-10(1)と図6-10(2)のようになる。

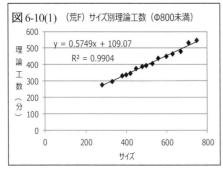
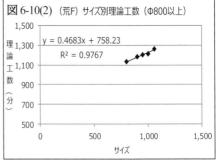

φ800未満の決定係数$R^2=0.9904$，φ800以上の決定係数$R^2=0.9767$で共に高い。

同様にAタイプ①式の標準時間$Y^{\wedge}$を図6-11の「散布図」で確認すると，決定係数$R^2=0.9736$で高い。従って，これらを標準時間として「平準化生産計画」を立てて良いことが確認できた。

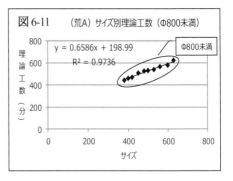

次に，DSタイプ②式についても同様に図6-12で確認してみよう。

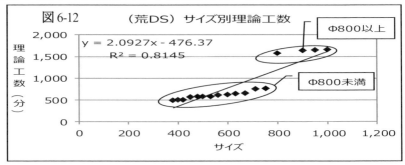

339

一見して分かるように，上の図6-12の散布図には「φ800未満とφ800以上」の理論工数が含まれている。これらを層別すると図6-13(1)と図6-13(2)になる。φ800未満の決定係数R^2=0.9401，φ800以上の決定係数R^2=0.9165で共に高い。従って，これらを標準時間として「平準化生産計画」を立てて良いことを確認した。

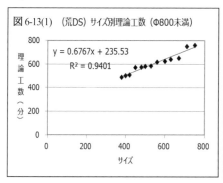

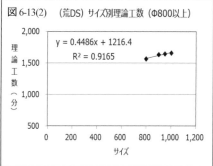

<補足>：上のF，A，DSタイプの大型品（φ800以上）はφ800未満よりも加工時間が長い。この原因は5号機の「剛性不足」である。この対策は後述する。

（2）計画工数と実績工数の「差異」

ここで計画工数と実績工数の「差異」を確認してみよう。まず図6-14(1)と図6-14(2)に，2号機の計画と実績の「差異」を示す。左が改善前（4月），右が改善後（8月）である。

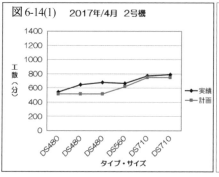

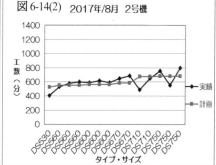

次に図 6-15(1)と図 6-15(2)に，3 号機の計画と実績の「差異」を示す。左が改善前（4月），右が改善後（8月）である。

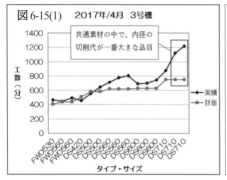
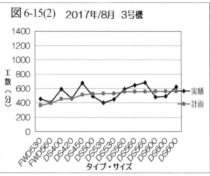

更に図 6-16(1)と図 6-16(2)に，5 号機の計画と実績の「差異」を示す。左が改善前（4月），右が改善後（8月）である。

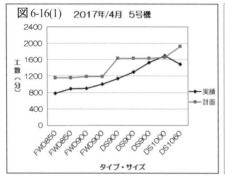
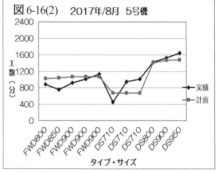

全体としては計画工数と実績工数の「差異」は小さい。設備ごとに見ると，2号機は計画工数と実績工数の「差異」は小さい。3 号機は実績工数が計画工数よりも大きい品目が 2 つある。原因は「**共通素材**」を使っているためである。共通素材は内径の切削代がバラバラで，この 2 品目は「内径の切削代」が一番大きい。対策は「**共通素材を廃止**」して「内径の切削代を統一」（一品一葉に）した。その結果，計画工数と実績工数の差はほぼなくなった。これはVE的な改善である。素材を「一品一様」にすれば，鋳造型が多く必要になると思うかも知れないが，この素材は「遠心鋳造」で製作するので，湯量を変えるだけで鋳造型は共通素材と同じである。5 号機は実績工数が計画工数を下回っている。これは「**噴霧状の**

切削油」を活用した効果である。

　上の各図は左が2017年4月，右が8月である。従って4ヵ月後には，どの設備も計画工数と実績工数が共に約10%～20%低減した。これは「**共通素材の廃止**」と「**噴霧状切削油の活用**」に加えて「**工程と作業のムダ**」を排除した改善効果である。

（3）次のネック工程

　「ネック工程」は次々に変わる。最初の「ネック工程」を改善すると別の工程が「ネック工程」になる。この舶用ラーナーの事例では，改善によりネック工程は次の順番で変わった。
③荒切削→④キリ穴切削・ネジ穴切削→③荒切削である。⑤仕上げ切削は「非ネック工程」だがネック工程に合わせて生産するため，全工程の「標準工数（分）」を作成して平準化生産計画を立てている。「標準工数」は重回帰式により作成した。次の**表6-4**に「工程別標準工数の決定係数 R^2」を示す。

表6-4　工程別標準工数の決定係数 R^2

工程	主な説明変数		タイプ（種類）		
	サイズ	サイズ以外	Fタイプ	DSタイプ	Aタイプ
荒切削	φ800未満 φ800以上 φ800未満	省略	0.9904 0.9767 —	0.9401 0.9165 —	— — 0.9736
キリ穴切削	任意	穴径別の穴数	0.8368	0.9269	0.9076
ネジ穴切削	φ400～φ1000 φ300～φ900 φ300～φ1100	ネジ径別の 穴数4～10 穴数8～14 穴数8～14	0.9461 0.9622 —	0.9455 — 0.9274	0.9345 0.9176 —
仕上げ切削	任意	NC機 汎用機 長さ400mm未満 長さ400mm以上	0.9685 0.9656 — —	— — 0.8316 0.9211	— — — 0.6659

（4）段取り替え時間の短縮

　見込み生産をやめて完全な受注生産に対応するために，標準工数による平準化生産をして"1個流し"にする。そのためには，段取り替え時間を1/2にする必要がある。そこで5号機の段取り時間を調査した結果，**表6-5**のようであった。

表6-5 段取り替え時間の調査（5号機）

No	作業内容	時間(秒)	構成比率(%)	分類			
				準備	交換	調整	後始末
1	センター出し	760	28%	760			
2	クレーン操作	752	28%		752		
3	クランプ小取付け	484	18%		484		
4	スライダー位置調整	202	7%			202	
5	清掃	126	5%				126
6	工具取り出し	84	3%	84			
7	プロセスシート記入	82	3%				82
8	0点合わせ	82	3%			82	
9	プロセスシート準備	53	2%	53			
10	工具探し	53	2%	53			
11	主軸回転数調整	22	1%			22	
	合計（秒）	2700	100%	950	1236	306	208
	合計（分）	45		16	21	5	3

目標時間は2700秒（45分）の1/2＝1350秒（22分）である。上表をパレート図にしたものが図6-17の左である。これらの上位①〜④を中心に全ての項目について「段取り替え時間の短縮」に取り組んだ。③クランプ小取付けは廃止した。⑦と⑨のプロセスシートは「外段取り化」した。⑩の工具探しは「2S」を徹底した。その改善結果を図6-17の右に示す。第3ステップで1035秒（17分）となり目標を達成した。

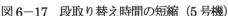

図6-17 段取り替え時間の短縮（5号機）

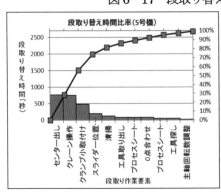
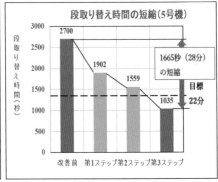

この改善内容を,他の設備(2号機,3号機,4号機)にも「横展開」した。

3-3 ステップ3:「ネック工程」の生産数に合わせて「非ネック工程」は生産する

これまでは,③の荒切削が「ネック工程」だったが,上で述べたような改善をした結果,荒加工の生産性は約15%向上した。そこで「モデルライン」をつくり,工程を同期化させることにした。

(1) モデルラインづくり

まず,やり易い③荒切削〜④キリ穴切削・ネジ穴切削を連結した「モデルライン」を造る。そして2工程を"**同じ稼働時間**"(2交替)で必要量に"等量化"し"同期化"させる。すなわち「③荒切削(ネック工程)」の生産個数に合わせて,「④キリ穴切削・ネジ切削(非ネック工程)」は生産する。つまり「量(個数)」と「種類(サイズ)」を同じにして"1個流し"にする。ステップ2での改善の結果,次は④のキリ穴切削・ネジ穴切削が「ネック工程」になった。なぜならば,穴加工ができるM/C(マシニングセンター)は「小型」で,かつ「1台」だからである。そこで穴加工の『標準工数』を作成して平準化生産計画を立てたい。そこで,次のように重回帰式による『標準工数』を作成した。

(2) ネジ穴切削の標準時間(標準工数)の作成

ここでは,「ネジ穴切削の標準工数」について述べる。「キリ穴切削」の標準工数の求め方は,ネジ穴切削と同じなので省略する。結果は前の表6-4を参照。

a. ネジ穴切削の平準工数(重回帰式による)

・Fタイプと DSタイプおよび Aタイプ(統一式)

①式　$\hat{Y} = -33.975 + 0.018^{**}X_1 + 7.527^{*}X_2 + 4.985^{*}X_3 + 5.362^{*}X_4$
t値　　(−3.193)　(0.467)　(3.976)　(4.943)　(7.988)
　　　　$+ 7.304^{*}X_5 + 1.597^{*}X_6$
　　　　(10.678)　(1.786)

$\hat{Y}$:標準時間(分)
X_1:サイズ(軸径),X_2:ネジ穴数(M10),X_3:ネジ穴数(M12),
X_4:ネジ穴数(M16),X_5:ネジ穴数(M20),X_6:フランジ厚さ

決定係数 $R^2 = 0.6833$(自由度修正済み $R^2 = 0.6734$),データ数 n=198

【回帰係数の意味】：X_2 の係数＋7.527 よりネジ穴数（M10）が 1 個増減すると，加工時間は 7.527 分増減する。X_3～X_5 の係数についても同じことが言える。また，X_6 の係数＋1.597 よりフランジ厚さ（ネジ穴の長さ）が 1mm 増減すると，加工時間は 1.597 分増減する。

①式は決定係数 R^2 が低い。標準時間 $Y^{\wedge}$ の全変動の 68.33％しか説明できない。これらを標準時間として「平準化生産計画」を立てても良いだろうか？ 答えは Yes である。

まず F タイプの「散布図」図 6－18 を確認してみよう。

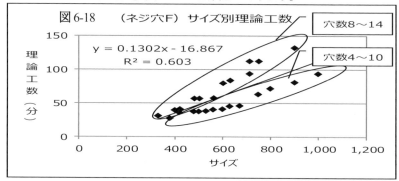

一見して分かるように，上の図 6－18 の散布図には「穴数 4～10 と穴数 8～14」の理論工数が含まれている。これらを層別すると次の図 6－19(1) と図 6－19(2) のようになる。

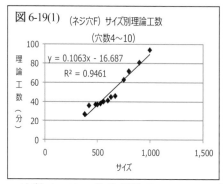 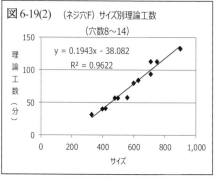

穴数 4～10 の決定係数 R^2=0.9461，穴数 8～14 の決定係数 R^2=0.9622 で共に高い。

次にAタイプについても図6-20で確認した。

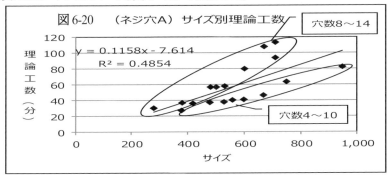

図6-20の散布図には「穴数4～10と穴数8～14」の理論工数が含まれている。これらを層別すると図6-21(1)と図6-21(2)になる。穴数4～10の決定係数$R^2=0.9345$，穴数8～14の決定係数$R^2=0.9176$で共に高い。

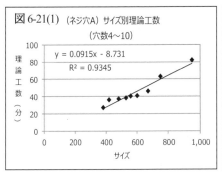 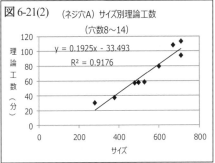

更にDSタイプについても同様に図6-22で確認した。

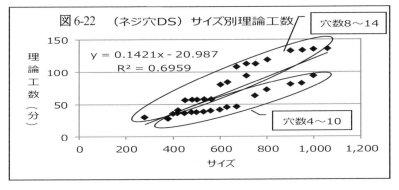

図6-22の散布図には「穴数4～10と穴数8～14」の理論工数が含まれている。これらを層別すると図6-23(1)と図6-23(2)になる。穴数4～10の決定係数 $R^2=0.9455$，穴数8～14の決定係数 $R^2=0.9274$ で共に高い。従って，これらを標準時間として「平準化生産計画」を立てて良いことを確認した。

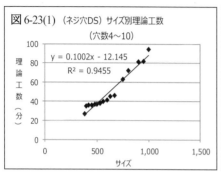
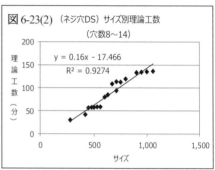

以上のように，「量（個数）」と「種類（サイズ）」および「工数」の平均化が可能になったため，「平準化生産計画」が可能になった。そこで，③荒切削～④キリ穴切削・ネジ穴切削を連結した「モデルライン」を造ったのである。

<補足>：上のF, A, DSタイプの穴数が「4～10と8～14」の2種類に層別できるのは，サイズ（軸径）によって「穴数が標準化」されているためである。このように「多品種少量生産」の場合には，設計仕様の「標準化」が重要である。

3-4 ステップ4：「ネック工程」の生産能力を上げる

（1）「ネック工程」を無くす

先に，キリ穴・ネジ穴切削ができるM/C（マシニングセンター）は「小型」だと述べた。そのために軸径が大きくなると，ライナーを「180度反転」して芯出しをして加工しなけらばならない。この作業を「手離れ化」するために，グループ会社から「大型M/C」を譲渡してもらうことにした。その結果，「反転作業」が不要になり生産能力を向上できた。

このようにして「キリ穴切削・ネジ穴切削」は，「ネック工程」ではなくなった。

（2）荒切削が（再び）ネック工程

「ネック工程」は次々に変わる。次は，再び「荒切削」がネック工程になった。

そこで，一時的に他の部品を加工していた「4号機」（NC機）をライナーの荒切削に戻した。

（3）「タクトタイムＴＴに合わせて，サイクルタイムＣＴを短縮」する

原則は「タクトタイム TT ≧ サイクルタイム CT」にすることである。TT に合わせて CT を短縮するために，上述のように「モデルライン」を造り「ネック工程の標準工数」を作成して平準化生産を行った。その結果，「ネック工程（荒切削）」は4ヵ月後には実績工数が平均 15% 低減したので計画工数を見直している。これは「**共通素材の廃止**」や「**工程と作業のムダ**」を排除した改善効果である。しかし旋盤3台が「汎用機」で，かつ「多品種少量生産」のために「標準作業組合せ票」の作成が難しい。これは今後の課題である。

（4）「ネック工程」の生産能力を上げる方法

図6-24 作業者の時間観測

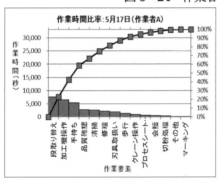
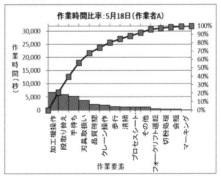
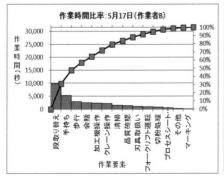
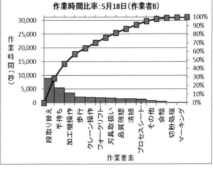

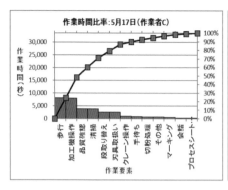 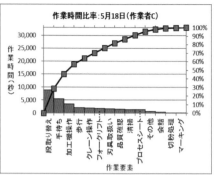

①「**人の生産性**」を向上させる。まず"人の作業・動作を改善"する。次に"手離れ化（自動化）"を考える。

「ネック工程」の「荒切削」については，作業者3人の「時間観測」（通称：張付き調査）を2日間行った。その結果を上の**図6−24**に示した。左が1日目，右が2日目である。

<参考> 一般的な「改善の狙い」を表6−6に示す。

表6−6 改善のマトリックス

対象＼狙い	無くす （排除）	減らす （簡素化）	兼ねる （結合）	変える （交換）
(a) 製品	①	②	③	④
(b) 原材料・部品	⑤	⑥	⑦	⑧
(c) 工程	⑨	⑩	⑪	⑫
(d) 単位作業	⑬	⑭	⑮	⑯
(e) 要素作業	⑰	⑱	⑲	⑳
(f) 動作	㉑	㉒	㉓	㉔

VE：不必要機能は「無くす (N)」，「減らす (H)」，必要機能は「兼ねる (K)」,「変える (K)」
作業：不必要作業は「無くす (N)」，「減らす (H)」，必要作業は「兼ねる (K)」，「変える(K)」
IE：排除する (Eliminate)，結合する (Combine)，交換する (Rearrange)，簡素化する (Simplify)

(出所) 山本秀幸（2014, 105頁）より一部修正

まず"**人の作業・動作を改善**"するために，次のような改善を行った。
- **段取り替え時間の短縮**：前述の通り
- **刃具取扱時間の短縮**：刃物の破損対策，刃物寿命の向上，工具棚の整備
- **品質確認時間の短縮**：計測機器の充実，置き場の整備
- **歩行時間の短縮**：ステージのフラット化（これは安全化でもある）

次に"**手離れ化（自動化）**"のために，次のような改善を行った。
- **手待ちの削減**：自動切込み・自動停止機能の追加，リミットセンサーの活用
- **切粉処理の自動化**：エアー吹き出し・滑り台・溝カバーの設置，切粉の飛散防止

② 「**機械の生産性**」を向上させる。まず"アイドル時間"を短縮する。次に"正味加工時間"を短縮する。

「ネック工程」の「荒切削と穴・ネジ切削」については，機械も5台すべての「時間観測」（通称：張付き調査）を2日間行った。その結果を**図6-25**に示す。左が1日目，右が2日目である。

図6-25　切削機械の時間観測

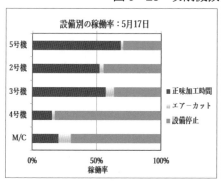
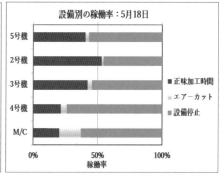

図6-25から機械の「正味加工時間」は20%～70%であることが分かる。5号機は大型品を加工している。2号機と3号機は中型品を加工，4号機は小型品を加工している。そしてM/C機はキリ穴・ネジ穴を加工している。なお「エアーカット」とは，（自動送りしているが）切粉が出ていない時間である。これらネック工程の改善はすでに述べている。

③「標準作業組合せ票」の作成

上のような一連の改善を行ってから「標準作業組合せ票」を作成した結果，荒切削（汎用機）ではフランジ下（外径切削）の手離れ化が難しい。そこで6ヵ月後にNC機を1台導入（グループ会社から譲渡）して，フランジ下の加工に特化して手離れ化することにした。

3-5　ステップ5：モデルラインの完成度を向上させる

この舶用ライナーの製造工程は次の5工程である。①鋳造〜②熱処理〜③荒切削〜④キリ穴切削・ネジ穴切削〜⑤仕上げ切削。まず，やり易い③荒切削〜④キリ穴切削・ネジ穴切削を連結して「モデルライン」を造った。最初の「ネック工程（荒切削）」を改善したら，「新たなネック工程（キリ穴切削・ネジ穴切削）」が発生した。これを改善して**ラインの完成度を向上**させた。不良=0である。

次は，全5工程全てを連結した「**一気通貫の共通ライン**」（1個流し）を造りたい。そのために，外製先に出している「熱処理工程」を1年以内に内製化する予定である。その「セル生産ライン（縦流れライン）構想」を図6-26に示す。

図6-26　全5工程を連結したセル生産ライン（一気通貫の1個流し）

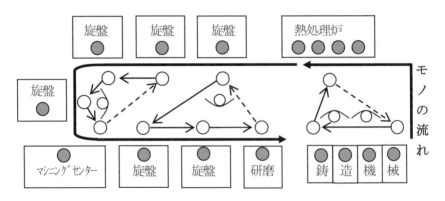

図6-26は全5工程を連結したレイアウト図である。設備は製品が変化するモノの流れ（製品変化）に沿って配置している。作業者は7名から4名に3名省人する。もちろん「検査はインライン化」する。このライン内では●印の「標準手持ち」で仕掛り在庫を管理するので，「カンバンは不要」である。

「ゴールは次のスタート」になるので，改善に終わりはない！
最高品質(Q)・最小コスト(C)・最短工期(D)・最も安全(S)・最高のモチベーション(M)が「真のゴール」である。

3-6 ステップ6：横展開する

モデルラインの完成度を向上したら，「次の製品群のラインづくり」を行う。これが「**横展開**」である。「モデルライン」だけで終わらせない事が大切である。

次の製品は「**船尾管用軸受け（ブッシュ：bush）**」である。ここでは『**工程経路分析**』を行って類似品の「**共通ライン構想**」を考えた。その結果を次頁の図6-27に示す。これは鋳造後の「切削工程」の経路分析である。

ライナーと同じステップで改善した結果，6ヵ月後には，ネック工程の「内径切削」の実績工数が計画工数よりも約11％低減した。前述のオイルグルーブ（油溝）の切削工数は約11％低減した。

3-7 ステップ7：成果を埋没させない

舶用ライナーでは，一連の改善によって「荒切削（ネック工程）に余力」が生じたので，"外製"していた小型品を"内製"に取り込み原価を下げた。

このように，改善により「人と機械の余力」を生み出したら，"外製"していた物を"内製"にして付加価値を取り込む。また営業部門は，拡販により売上を伸ばすことが大切である。つまり「改善の成果」→「付加価値生産性の向上」→「原価の低減」→「競争力の向上」→「売上の増大」→「利益の増加」。このように，結果に繋がっているか確認することが重要である。

図6-27 工程経路分析（鋳造後の切削工程）

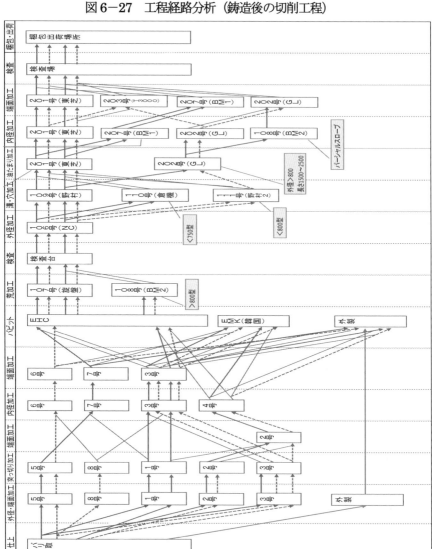

第4節　協力企業を含めた総合的発展の重要性 [100]

　自動車工業は「総合技術の結集」なので，組立企業の合理化だけでは限界がある。従って，協力企業の指導を強化して**体質改善**をはかり，企業集団全体で「トヨタ生産方式」の浸透に努力して，組立企業と協力部品企業の**総合的発展**に努力することが重要である。これは自動車工業に限ったことではなく，一般産業機械工業などの業界でも全く同じことが言える。

　かつては「トヨタ生産方式は悪い方式である」と批判されたことがある。それはトヨタ生産方式を表面的に捉えて，「トヨタ生産方式"の考え方は"ジャスト・イン・タイム"であり，在庫（ストック）を最小限にするために"欲しいものを，欲しいときに，欲しい量だけ引き取る"という考え方である」と誤解されていた。
　仮に協力部品企業に対して，「自社の都合のよいように，欲しいものを，欲しいときに，欲しい量だけ引き取る」ということであれば，協力部品企業は「いつ，何が，どれだけ要求されるか分からないので，やむを得ず多くの在庫（ストック）を抱えざるを得ない」ことになってしまう。これなら「悪い方式」だろう。
　しかし，実際のトヨタのやり方は「月次生産計画」が予告されるし，「平準化」された部品を引き取るのである。ただし，「小ロットで多回納入」を行うと共に「やむを得ぬ変更」を行うのである。従って，それに対応できるように，協力企業は生産方式を改善しなければならない。トヨタでは長い歳月をかけてまず社内で実践し，その後，協力企業の人に実態を見てもらい，またトヨタから人を派遣して教育を行って生産方式の改善を行い，正式に「トヨタと協力企業の全体システムとして採用している」のである。その結果，協力部品企業自身も体質改善を行い，大きな利益を上げている。
　いずれにしても，批判は「トヨタ生産方式自体の問題ではなく，トヨタ生産方式を外部に展開しようとする姿勢の問題に過ぎない」のである。

　トヨタ生産方式は完璧なノン・ストックではなく，プル（引き取り）システムで補充される「資材や部品のストア（棚）」を使っている。これは1個流し生産とプッシュ（押し出し）システムの妥協点として，工程間に「部品の小さなストア」をつくって在庫を管理しているのである。後工程が特定の品目を持ち去ると，その品目を補充する。ストアにあるわずかの在庫以外の"つくり過ぎのムダ"がなく，企業の生産量と顧客の需要の間には直接的な因果関係がある。

トヨタは工場が広大で遠くから部品調達する場合もあるため、組立ラインがある部品を使い切って補充が必要になっていることを知らせる手段を必要としていた。そこでトヨタは、"カンバン"と呼ばれる「カードや空箱や空台車」による簡単な補充シグナルを利用した。トヨタのジャスト・イン・タイム（JIT）システムでは、「カンバンを使って部品の生産と流れを管理している」。この仕組みが"カンバン方式"である。

このようにプルシステムでは「部品ストア」と呼ばれる小さな在庫バッファーを使用しているが、在庫はいつでも妥協である。そこで可能な限り「部品ストア」を取り除き、「真の1個（セット）流し」を実現することが大切である。これを可能にしたのが前述のセル生産ライン（縦流れ生産ライン）である。このライン内では「標準手持ち」により仕掛在庫を管理するので、「カンバンは不要」である。

以上、本章では「多品種少量生産における部品メーカーのモノづくり体質改革」を進めるために、"工程改善と作業改善"の7ステップを簡潔に述べ、その事例を紹介した。さらに"協力企業を含めた総合的発展の重要性"にも触れた。しかし、これを協力部品企業に押しつけてはいけない。

部品企業自身が"工程分析と作業分析"を行うことによって「多くのムダ」に気づいて「改善に取り組む」ことが大切である。

我々は次の2つの言葉を肝に銘じて指導・援助する必要がある。

―――― ＜名言・至言＞ ――――

① 馬を水辺に連れて行くことはできても、水を飲ませることはできない。
　（イギリスの諺）
② 真の理解を得るには時間がかかる。辛抱強く事に当たらなければならない。
　（大野耐一氏）

■ 補足15：カンバンの回し方[101]

　前述のように，各工程をつないで「ライン化」すれば，カンバン枚数を大幅に減らせるし，部品ストアも不要になる。しかし「ライン化」が難しい工程もある。
　そこで具体的なカンバンの回し方，すなわち「引き取りカンバン」と「工程内カンバン」の使い方に触れておく。これを図6－28に示す。
　今，組付ラインでⒶⒷⒸⒹという製品を作っているとする。それに必要な部品がⓘ，㋺，㋩，㋥だとする。組立ラインと部品加工ラインは離れていて，加工ラインは3つあり，その中の1つのラインで部品ⓘと㋺を作っているとする。
　加工ライン(1)で作られた部品ⓘと㋺は，加工ラインの後ろの部品置場（ストア）に，「工程内カンバン」をつけて置いてある。
　一方，組付ラインではⒶを組付けていて，それに必要な部品ⓘを加工ライン(1)へ「引き取りカンバン」を持って引き取りに行く。そしてストアⓘから部品箱を必要量引き取り，付いていた「工程内カンバン」を外す。引き取った部品ⓘの箱には，持って行った「引き取りカンバン」を付けて持って帰る。
　すると加工ライン(1)のストアⓘでは，引き取られた「工程内カンバン」が外されて置いてあるので，加工ライン(1)では外された「工程内カンバン」の枚数だけの部品ⓘを作って，ストアⓘに補充する。
　このように，全ての工程（ライン）が"鎖"のようにカンバンで繋がっている。

図6－28　カンバンの回し方

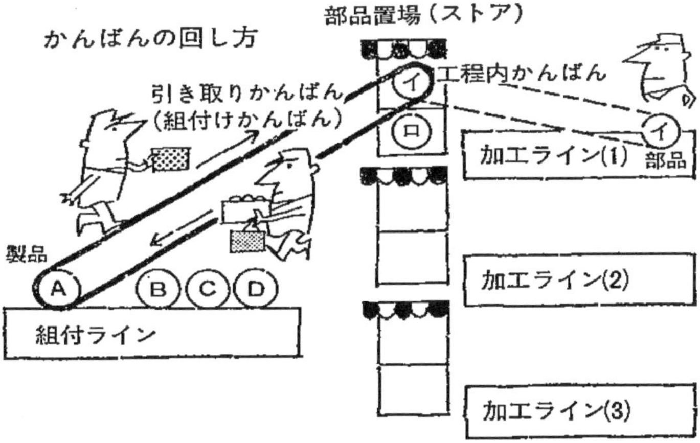

（出所）日本能率協会（1978），136頁

● 注

〔100〕新郷重夫（1980，280－281 頁），J.K.Liker（2004，(上) 203－210）を要約し加筆した。
〔101〕日本能率協会（1978，136－137 頁）を要約した。

終章

1 要約と結論

本書の冒頭で,日本企業は「人手不足」にどのように対応するのだろうか。という問題を提起した。そして,その解決策は「労働生産性の向上」以外にはないと述べた。そのためには「VE,工程の改善,作業の改善」を順番に進めることが重要である。その大前提となるのが「平準化生産」であるが,多品種少量生産では「量と種類」の平均化に加えて「工数」の平均化が必要であることを確認した。

第1章では,田中(1995, 2002)とジェムコ日本経営(1981, 1982)等の文献サーベイを通して「製品のVEと部品のVE」の要点と違いを記述した。

VEは「工程の改善」の前に行わなければならない。その理由は製品の方式・構造・材料や部品の形状・材質が変わると「加工方法」が全く変わってしまうためである。

部品のVEの進め方は,基本的には製品のVEと同じである。製品のVEでは「機能・構造図」を使い,部品のVEでは「機能・工程図」を使う。主な違いはそれだけであることを例示した。更にVEには利点だけではなく弱点があることを指摘した。この解決策として,VEとVRPを併用して標準化・共用化することを提案した。

第2章では,新郷(1980)とLiker(2004)等の文献サーベイを通して「平準化生産」の要点を記述した。

トヨタ生産方式の2本柱は「ジャスト・イン・タイム」と「ニンベンのついた自働化」である。その大前提が「平準化生産」である。平準化とは,物を平均して造ることである。そのために,少品種大量生産では「量と種類」の平均化が不可欠であり,その究極の姿が「製品ミックス生産方式」である。一方,多品種少量生産では「量と種類」に加えて「工数」の平均化が必要であることを確認した。いずれも「計画からの平準化」でなければならない。

平準化生産には次の2つの利点がある。①製品在庫を最小にすることができる。②上流工程(前工程や部品メーカー)に対して平均した負荷を与えることができる。これによって上流工程の仕掛在庫と製品在庫を最小にできることを確認した。

第3章では，新郷（1980）と大野（1978），日本能率協会（1978）およびLiker（2004）等の文献サーベイを通して「工程の改善」の要点を記述した。生産の成り立ちから考えて，「工程の改善」は「作業の改善」の前に行うべきである。工程とは"材料から製品に至るまでの流れ"である。工程には「加工・検査・運搬・停滞」の4つの現象がある。この中で付加価値を高める現象は「加工」だけであり，他の3つの現象は原価を高める仕事にすぎない。

「加工の改善」は，まずVEを行う。次に"固有技術（生産技術）的な改善"と，分業を利用した"IE的（製造技術的）な改善"を行う。

「停滞の排除（ノン・ストック）」は，リードタイムの圧倒的短縮のために重要である。そのためには，「工程待ちの改善」と「ロット待ちの改善」および「小ロット化」の3つを行う。まず「工程待ち」は必要量に等量化して"同期化"して排除する。次に「ロット待ち」は"1個流し"にして排除する。更に「小ロット化」のために"段取り替え時間を短縮"する。

「運搬」は"レイアウトを改善してライン化する"ことによって排除する。

「品質」を高めるためには，「工程内検査」（自工程完結）を行い，後工程には良品しか流さないように"発生防止"を行う。また異常（不良や設備故障など）が発生したらラインを止める「ニンベンのついた自働化」により"目で見る管理"（異常管理）に徹する。これらの重要性を再確認した。

第4章では，新郷（1980）と大野（1978），日本能率協会（1978）およびLiker（2004）等の文献サーベイを通して「作業の改善」の要点を記述した。

トヨタ生産方式では"工数の低減"が大きな目標である。そのために「作業の改善」を極めて重視している。その考え方にはいくつかの特徴がある。

まず準備・後始末作業に関しては「段取り替え時間の圧倒的な短縮」すなわち"シングル段取りの採用"が決定的な意味を持っている。次に主作業に関しては「人と機械」が連合して作業を行っているのを"機械を人から独立させた"いわゆる「人と機械の分離」に大きな特徴がある。この「セル生産ライン」の下で人は"多工程持ち・多能工"によって「少人化」を行い"原価低減"する。ここでは"機械の稼働率"よりも"人の稼働率"を優先する。例えば，機械が自動加工しているときに，人がそばで監視していることは"手待ち"と考えて排除する。このように「徹底したムダの排除」を行う。その究極の姿が「ニンベンのついた自働化」である。これらの重要性を再確認した。

第5章では，筆者の実務経験を基にして，多品種少量生産における部品の「原価低減」と「見積基準」および「標準工数」について述べた。

まず「部品の原価低減」では，コストモデル式の作成方法と活用方法について詳述した。これは重回帰式を活用して"割高・割安品目"を発見し，内製化の目標コストや最適生産地および製法などを決める方法である。

次に「部品の見積基準」については，重回帰式を活用した簡便で迅速な見積方法を提案した。更に「部品の標準工数」では，平準化生産（負荷積み・負荷調整）に必要な標準時間（工数）の求め方を重回帰式で例示した。

第6章では，筆者の実務経験を基にして，多品種少量生産の部品メーカーの「モノづくり体質改善」の進め方について述べた。具体的には，次の7ステップで"工程改善と作業改善"を進めることが望ましい。

ステップ1．「ネック工程」（リードタイムと加工時間の「ネック工程」）を見つける
ステップ2．「ネック工程」（遅い加工時間の工程）の能力をフル活用する
ステップ3．「ネック工程」の生産数に合わせて「非ネック工程」（速い加工時間の工程）は生産する…ここで「モデルライン」をつくり，各工程を同期化させる
ステップ4．「ネック工程」の生産能力を上げる
ステップ5．「モデルライン」の完成度を向上させる
ステップ6．横展開する
ステップ7．成果を埋没させない
＊これらの大前提が「平準化計画と平準化生産」で，モノを平均して造る

その一例として"鋳物部品メーカーの事例"を紹介した。更に"協力企業を含めた総合的発展の重要性"にも触れた。

2 むすび

日本経済は，戦後復興から高度成長，バブル崩壊，そして「失われた20年」を経て今日に至っている。その間，日本の労働生産性の伸び率は，高度成長期（1955～1973年）には平均5％台だったが，1990年代半ば以降の20年間は平均0.9％で1／5にとどまっている。これは先進7ヵ国の中で最下位である。この日本経済に影を落とす「人手不足」を克服するためには，長期にわたり低迷する

「労働生産性の向上」が大きな課題である。

　日本企業は，今後の「国内総生産（GDP）の成長率」と 2025 年を境に急速に進む「労働人口の減少」に対応するために，どれ位の「労働生産性の伸び率」が必要だろうか。
　今後の GDP の成長率が足元の 0.8% と仮定した場合は，女性や高齢者および外国人の労働参加率が現状のままでは，2025 年には 600 万人弱の労働力が不足すると予測されている。これを克服するためには，労働生産性の伸び率を 3 倍の 3%（8 年間で 24%）にする必要がある。女性らの労働参加率を最大限に高めても，労働生産性の伸び率を 3 割増の 1.2%（8 年間で 9.6%）にする必要がある。
　また GDP の成長率が 2.0% の場合には，労働生産性の伸び率を 6 倍強の 6% 超（8 年間で 48% 超）に，女性らの労働参加率を最大限に高めても，労働生産性の伸び率を 7 割増の 2.8%（8 年間で 22.4%）にする必要がある。

　多品種少量生産における「モノづくり体質改善」に苦労している某企業では，将来の人員不足を危惧している。四国のある工場では従業員が 283 人いるが，10 年後には 65 歳定年を超える人が 88 名（31%）もいる。しかし，人員補充の目途が立っていないため工場の存続が危うい。他方，これまで経営者は設備投資を抑制してきたため，設備の老朽化が著しく進んでいる。この企業は幸いにも現状を正しく理解して体質改善に取り組んでいる。
　これは日本企業に共通した課題である。日本の労働人口減少が避けられない中，国内で生産を維持するためには「労働生産性の向上」が不可欠である。すなわち「人手不足を飛躍のバネ」にする必要がある。そのための手段はいろいろ考えられるが順序が大切である。まず「製品の VE と部品の VE」で設計改善を行う。次に「工程の改善と作業の改善」で製造改善を行う。この順序を間違えないことが重要である。

　企業が持続的に成長するためには『原価企画と原価改善能力』を高めることにより，組織的・体系的な活動を通して目標原価を達成する必要がある。前著『勝ち組部品メーカーのコストダウン』(2014) では「原価企画」について述べた。すなわち製品仕様を決定する開発設計段階の原価低減について詳述した。そこで本書では，製品仕様が決定された後の製造段階での Q（品質）・C（コスト）・D

（工期）に関する6つの課題に焦点をあてた。

　もちろん取り組むべき課題はこれだけではないので，本書はその一部に応えたに過ぎない。ただ，筆者は30年近く自動車部品企業と一般産業機械企業および協力外製先と一緒にコストダウンに取り組んできた。その経験から得た理論的・実践的活動の「8つの原則」を提案して本書を結ぶことにする。

　本書が，多品種少量生産の体質改善に真摯に取り組んでいる経営者の方々や改善スタッフの皆さんにとって，一つの道しるべになることを心より願っている。

原則1：製品VEと部品VEで，設計仕様を最適化する

　わが国の先進企業では，製品仕様が決定し製造準備活動が完了すると，製造原価の約95％が確定的になり，製造活動に入ってからコントロールできる原価は5％未満であるという時代に入ってきた。従って，まず「原価企画」により製品仕様を決定するまでに原価のつくり込みを行う必要がある。

　一方，製造段階においても設計改善は重要である。その理由は，機能（F）を重視して製品仕様を厳しくすると，コスト（C）が高くなり価値（V）が低下するためである。そこで「製品VEと部品VE」により，不必要機能（特に過剰機能）を無くす（N），減らす（H）ことにより「設計仕様を最適化」する必要がある。

原則2：生産を平準化する

　平準化とは，物を平均して造ることである。そのためには「量と種類」の平均化が不可欠であり，その究極の姿が「製品ミックス生産方式」である。更に多品種少量生産では「量と種類」に加えて「工数」の平均化が必要である。それは「計画からの平準化」でなければならない。平準化生産には次の2つの利点がある。
　① 自社の製品在庫を最小にすることができる。
　② 上流工程（前工程や部品企業）に対して，平均した負荷を与えることができる。これによって上流工程の仕掛在庫と製品在庫を最小にできる。

原則3：リードタイムを短縮して，納期を守る

　顧客の要求納期よりもリードタイムが長ければ納期遅延になるので，「在庫」を持って対応せざるを得ない。在庫を持たずに納期に間に合わせるためには，「リードタイムの短縮」が不可欠である。また「能力の弾力性の向上」も重要である。

原則4：工程改善と作業改善で，原価を低減する

製造改善による原価低減のためには「工程の改善」と「作業の改善」が重要である。具体的には，「トヨタ生産方式」を自社流に工夫して導入することである。

トヨタ生産方式の非原価主義では，「売価はマーケットすなわち消費者の選択によって決められる」と考える。そこで次の式を採用する。

$$\boxed{売り値 - 原価 = 利益}$$

このように「利益の増大は原価低減によってのみ得られる」と考えると，「企業が利益を確保するためには，原価低減こそが至上命令である」ということになる。それなら何としても"徹底的なムダの排除"を行わなければならない。

原則5：工程内検査で，不良を作らない

「お客様は2人いる」。1人は社外の顧客で，もう1人は社内の後工程である。自分の工程内でセルフチェックして，後工程には良品しか流さないように「発生防止」をする。この「自工程完結」（5M）のために，「ポカヨケ等による全数検査」と「ニンベンのついた自働化」（異常検知）を採用して，不良を「0」にする。

原則6：購入部品の見積基準を作る

多品種少量生産では見積件数が多い。さらに短納期で生産する必要があるため見積る時間が限られる。そこで重回帰式などを活用した簡便で迅速な「見積基準」を作成して，購入部品の見積精度を向上させ見積工期を短縮する。

原則7：企業集団全体で，モノづくり体質改善を進める

自動車工業や一般産業機械工業は「総合技術の結集」なので，組立企業の合理化だけでは限界がある。従って，協力部品企業を指導・援助して企業集団全体で「モノづくり体質改善」をはかり，組立企業と協力部品企業の総合的発展に努力することが重要である。

原則8：人財を育成する

「モノづくりは人づくり」だと言われている。上の原則1～7を行うのは「人」である。従って，「人財の育成」が最も重要である。その理想は自分たちで観察し考えて改善する「学習する組織」になることである。

あとがき（トヨタ生産方式との出会い）

　私が31歳のとき（1977年）に，「トヨタ生産方式」に出会った。最初の印象は強烈だった。当時，私が勤務していたN社の静岡工場（御前崎市）にトヨタの人が来て，30分ほど工場を視察された。その後すぐに幹部を集めて，"御前崎の海にはクジラがいる。それが見えるか？　見えないだろう。この工場も同じだ！"と話された。そして"クジラが見えるようになったら，また呼んでくれ！"と言い残して帰られた。

　一方，福島工場には，トヨタ生産方式の生みの親である大野耐一氏の片腕といわれた鈴村喜久男氏が来られて，部品の自動倉庫を見たとたん"ハンマーを持ってこい！　この倉庫を叩き壊してやる！"と怒鳴られた，と先輩から聞いた。

　お二人の話から，「仕掛り在庫」は多くのムダを隠してしまう。更に「在庫」が二次的なムダを生んで悪循環になるので，絶対に避けなければならない。つまり"つくり過ぎのムダの排除"を学んだ。あらためて感謝を申し上げる。

　私がトヨタ生産方式の中で疑問を抱いたことがある。それは"1個流し"である。自動車用の大きなタイヤなら"1個取り"で成型してもよいが，N社の小さなオイルシールやOリングを"1個取り"で成型すれば「加硫の生産性」が低下してしまうという疑問である。従来は成型機の四角い熱盤を一杯に使って「多数個取り」にして加硫の生産性を向上するのが常識であった。一方で致命的な問題があった。それは熱盤を大きくすると，四隅の温度が低下して不良が発生することである。そのために「検査工程」が必要だった。

　この疑問は，先輩たちが解決してくれた。それが"小ロット流し"である。この特徴は次の3点である。①金型を小さくして「少数個取り」にする。②「成型機と熱盤」を小さくする。③「仕上げと検査」をライン内で行う。これらは従来とは全く逆の発想だった。しかし，「少数個取り」にすれば加硫の生産性が低下する。「金型と成型機」をすべて作り直せば巨額の投資が必要になる。この方式が成功するだろうか？

　しかし先輩たちは諦めなかった。これらの問題を次の方法で解決した。①加硫の生産性を向上させるために"高温短時間加硫"を採用する。②投資費用を確保するために"多工程持ち・多能工"を採用して原価を下げる。合言葉は「細くて速いラインを造ろう！」だった。

このようにして先輩たちは，トヨタ生産方式の"1個流し"の精神を守りながら"小ロット流し"を実現した。これが「N社流のトヨタ生産方式」である。この生産方式を「縦流れ生産ライン」と名付けた。これがその後の"ニンベンのついた自働化"につながった。

このとき私は静岡工場の購買部門で，"平準化生産"と"部品の同期化"に取り組んだ。社内の「加硫計画」を"平準化"することが"部品の同期化"の大前提であることを，製造部の日程計画者に説明した。最初は理解してもらえなかったが，「加硫計画」を"平準化"すれば，欠品によるラインストップを無くすと約束して了解を得た。そこで協力外製先に"段取り替え時間の短縮(シングル段取り)"による"小ロット化"を教えてから，"カンバン納入"に踏み切った。その効果はすぐに現われた。欠品によるラインストップがほぼゼロになったのである。
　ここでのポイントは次の4点である。①「見える化」：受入れ検査に「ストア」(部品置き場)を設置して，どこに何を置くか「所番地」を決める。これは欠品を「見える化」するためである。②「異常管理」：ストアに赤い「欠品ポスト」を設置して，「欠品カード」(欠品したカンバン)を入れる。③「欠品の暫定補充」：1日数回，「欠品ポスト」を見て，欠品カードが入っていたら協力外製先に即，納入指示をする。④「再発防止」：欠品の真の原因を調べて恒久対策をする。これは貴重な体験だった。

　私は今，E社の新潟工場に来ているが，30年前にタイムスリップしているように感じている。ここでは産業用のメカニカルシールを生産しているがトヨタ生産方式を導入していない。その最大の理由は「多品種少量生産」である。トヨタ生産方式が「多品種少量生産」を志向して誕生したことを知らない訳ではないが，長年続けてきた従来の生産方式を否定できないでいる。そのためにQ(品質)・C(コスト)・D(納期)の改善が遅れている。
　どうすれば良いか。解決策の一つは「部品のVE」である。つまり部品の機能を明確に示して，協力外製先と一緒に機能を満足させ原価を下げること。もう一つは「E社流のトヨタ生産方式」を工夫することである。後者は社内の「組立計画」を"平準化"することから始めている。それが"部品の同期化"の大前提だからである。これと並行して部品の「セル生産ライン(縦流れライン)」を造っている。この基本は「共通ライン」(セット流し)である。更に協力外製先にも出来

る部品から工程をつないで「共通ライン化」してもらっている。以上が私たちの進めている「モノづくり体質改善」の概要である。そのポイントは次の3つである。Q（最高品質）：「工程内検査」で不良を作らない。C（最小コスト）：「部品のVE」と「多工程持ち・多能工」で原価を低減する。D（最短工期）：工程をつなぎ「リードタイムを短縮」して納期を守る。若い後輩たちと一緒に，この体質改善をやり遂げたい。その先には世界一のQ・C・Dが見えている。

[参考文献]

Edwin Mansfield（エドウィン・マンスフィールド）著　蓑谷千凰彦・高木康順・大津武訳（2006年）『統計学入門』―ビジネスと経済学のために―（下）多賀出版。

Edward.de.Bono（エドワード・デボノ）著　白井實訳（1971）『水平思考の世界』講談社。

Eliyahu, M.Goldratt（エリヤフ・ゴールドラット）著　三本木 亮訳（2001）『The Goal』ダイヤモンド社。

Jeffrey.K. Liker（2003）, *The Toyota Way: 14 Management Principles from the World's Greatest Manufacturer*, McGraw-Hill, New York, NY. （稲垣公夫訳（2004）『ザ・トヨタウエイ』（上下）日経BP社。

Lawrence D.Miles（ローレンス・D・マイルズ）著　産業能率短期大学価値分析研究会訳（1976）『価値分析の進め方』日刊工業新聞社。

W.J.J.Gordon（ゴードン）著　大鹿 譲・金野 正訳（1964）『シネクティクス―才能を組織しアイディアを開発する』ラテイス刊。

Womack, J. P. & Jones, D. T.（1996）, *Lean Thinking: Banish Waste and Create Wealth in Your Corporation*, Free Press, New York, NY. （稲垣公夫訳（2003）『リーン・シンキング』日経BP社）。

大野耐一（1978）『トヨタ生産方式：脱規模の経営をめざして』ダイヤモンド社。
落合三雄（1968）『独創力開発のすすめ』産業能率短期大学出版部。
川喜田二郎（1967）『発想法』中公新書。
川喜田二郎（1970）『問題解決学（KJ法ワークブック）』講談社。
産業能率大学編（1995）『IE基本研修』。
新郷重夫（1980）『トヨタ生産方式のIE的考察』日刊工業新聞社。
新郷重夫（1985）『工場改善の原点的志向』日刊工業新聞社。
ジェムコ日本経営編（1981）『製造改善とコストダウンのための Value Engineering』。
ジェムコ日本経営バリューデザイン専門部編（1982）『Value Engineering』。
鈴村尚久（2015）『トヨタ生産方式の逆襲』文春新書。
関根憲一・山本俊雄（1980）『トヨタ生産方式応用マニアル』新技術開発センター。

高達秋良・鈴江歳夫（1984）『VRP：部品半減化計画－製品多様化時代の生産戦略』日本能率協会。

田中雅康（1995）『原価企画の理論と実践』中央経済社。

田中雅康（2000）『VE（価値分析）－考え方と具体的な進め方』マネジメント伸社。

田中雅康（2002）『利益戦略とVE－実践原価企画の進め方』産能大学出版部。

トヨタ自動車編　『原価低減のためのトヨタ生産システム』。

中山正和（1968）『カンの構造』中公新書。

日本能率協会編（1978）『トヨタの現場管理』日本能率協会。

堀切俊雄（2016）『トヨタの原価』かんき出版。

門田安弘（1989）『トヨタシステム』講談社。

山本　拓（2001）『計量経済学』新世社。

山本秀幸（2014）『勝ち組部品メーカーのコストダウン』東京図書出版。

吉田栄介（2003）『持続的競争優位をもたらす原価企画能力』中央経済社。

吉田栄介（2012）『原価企画能力のダイナミズム』中央経済社。

索 引

欧 文

ABC 分析.................33,271,276,285, 313
CP モデル（切削部品）......................291
CTR モデル（プレス部品）................290
CVP 図表..268
DFMEA..63
FMEA..63
FS モデル（鋳物部品）......................287
HOUSING モデル（切削部品）..........295
IE 手法...256
IE 的（製造技術的）な改善..........141,142
KJ 法..73
NM 法..75
OBS 法（Objective Brain Storming）...66
PFMEA..63
QFD..15
ROD モデル（プレス＋切削部品）.......285
RS 法...68
SHAFT モデル（切削部品）...............293
TCD 活動と損益分岐点分析の関係......269
TPS（トヨタ生産方式）...............106,157
TPM の 8 本柱..................................242
TPM の定義......................................242
TPS(トヨタ生産方式)と TPM の関係...241
TPS と TPM の共通理念...................243
TT－STORM 法..................................66
t 検定..279
VA (Value Analysis)：価値分析..........26
VA と VE の違い.................................26
VE (Value Engineering) 15, 17, 26
VE アプローチによる開発設計.............23
VE ジョブ・プラン(Job Plan) 19
VE に必要なコスト評価......................90
VE の 4 つのコース...........................27
VE の概念...27
VE の概要...18
VE の考え方......................................26
VE の進め方......................................19
VE の定義...19
VE の特徴...22
VE の目的...26
VE の役割...17
VE の思想式......................................27
VE の弱点（デメリット）.....................63
VE 発想の 4 原則..............................42
VE 案のチェック方法.......................... 63
VE 的な改善...............................141, 331
VRP...15,64

あ 行

アイディアの体系化............................43
アイディアの発想................................41
アイディアの発想過程.........................40
アイディアの連想発展.........................42
アイディア発想法................................66
アイディア発想と連想のステップ........42
アイディア発想のための「独創力手法」
....70
アイディア評価..................................45

"アイドル時間"を短縮する................327
圧倒的なリードタイムの短縮.......149,153
後工程はお客様......................173
荒切削が（再び）ネック工程............346
(荒切削工程)の能力をフル活用する.....336
荒切削の見積基準.....................302
安全第一工程..................209,217,229
アンドン............................181
アンドンとは........................182
一気通貫........................164,350
一気通貫の1個流し..................350
1個(セット)流しのセル生産ライン......156
1個流し...................142, 152, 154
鋳物部品メーカーの「モノづくり体質改善」
..................................331
入出法（Input Output System）..........86
内段取りと外段取り.................166,194
運搬作業（方法）の改善................142
運搬の改善..........................142
運搬の基本..........................327
運搬のムダ..........................222
老いる企業の設備....................205
多くつくり過ぎ...................145, 191

か 行

概算見積のコストモデル式.............301
改善が生まれる過程...................32
改善対象と改善活動(技法)の関係........270
改善の着手順位......................270
改善のまとめ........................240
開発設計者別細分割付法...............14

カウボーイは異常管理.................181
各機能の定義.........................28
各サブライン(各サブ工程)の計画........328
学習する組織........................234
加工カンバン........................325
加工時間と工程待ち時間の割合.........150
加工条件を変更する..................239
加工そのもののムダ..................222
加工の改善..........................141
加工費の決まるプロセス..............101
加工費率の計算......................102
加算法...............................8
価値の分類..........................18
活用目的に合った変数選択.............282
仮置きのムダの排除..................231
監視作業は手待ち....................209
完成品メーカーの生産計画の平準化......120
カンバン導入の前提条件..............235
カンバンの回し方....................355
カンバンのルール....................235
カンバン方式の採用..................148
管理のムダ..........................225
管理の要諦..........................181
ギアの平準化生産ライン..............131
機械の動きの改善....................206
機械の稼働率の向上..................204
機械の稼働率は低くても良い！........226
「機械の生産性」を向上させる..........327
機械別の組み合ったレイアウト........155
機能系統図............11,19,34,35,49,54,60
機能系統図での機能とは...............29
機能系統図とは.......................34

機能系統図の機能分野	11
機能系統図の作成	34
機能構造図(または機能工程図)とは	36
機能構造図(または機能工程図)の作り方	37
機能構造図の作成	36
機能設計法	52
機能置換法	67
機能の定義と整理	34
機能の評価	36
機能の分類	27
機能分析法	52
機能別・構造別細分割付法	12
機能別細分割付法	10
希望点列挙法	81
逆順流れ多工程持ち	229
共通工程系列配置	157
協力企業を含めた総合的発展	353
9つのムダ	225
組立工程の標準時間(標準工数)の活用	307
組立工程の標準時間(標準工数)の作成	305
組立部品の機能系統図	54
計画工数と実績工数の「差異」	339
計画を連結させ「同期化」する	328
形態分析法(Morphological Analysis)	82
決定係数 R^2 のあてはまり	279
欠点列挙法	80
原価企画と原価低減のツール	15
原価低減の改善テーマの選び方	268
原価要素別細分割付法	14
原価を高める作業	209
検査の改善(不良の排除)	171
現状を否定せよ!	218
限定カンバン	327
源流管理方式	175
控除法	7
工数低減	231
工数低減の進め方	220
工数の低減	204
構造別・細分割付法	12
工程改善の切り口	135
工程間の物流	164
工程経路分析(鋳造後の切削工程)	352
工程経路分析とは	144
工程設計を変更する	238
工程で発生するムダ	223
工程内カンバン	325
工程能力指数(Cpk)	197
工程の内容	137
工程待ち	138, 150, 152
工程待ちとロット待ち	149
工程待ちの改善	150
ゴードン法(Attribute Listing)	71
小型乗用車の売価予測式	300
故障の排除	180
「コストダウン余地」の発見・発掘	273
コストテーブル(Cost Table)	16
コストモデル式の活用方法	283
コストモデル式の作成手順	274
コストモデル式の作成方法	274
コスト理論のまとめ(理解度テスト)	104
固定費と変動費の分解	269
個別作業(1台持ち)と多工程持ち	228
固有技術的(生産技術的)な改善	141,142

コンカレント融合型のVE.....................25
混流生産方式(製品ミックス生産方式)....130

さ 行

在庫の排除（ノン・ストック）.............231
在庫のムダ........................145, 222
最適生産地を決めた事例...................285
再発防止こそが重要である..................184
催眠技法................................85
採用されるVEのタイプ.....................24
材料費の決まるプロセス....................92
作業改善の切り口........................136
作業指導書.............................202
作業者工程分析.........................258
作業順序...............................201
作業で発生するムダ......................224
作業の改善.............................199
作業の内容.............................199
作業のムダとは..........................221
作業分析...............................257
作業分析とは...........................257
作業方法の改善.........................206
作業要領書.............................202
作業を再配分する........................221
残差（Ui：residual）....................320
残差の検討............................280
仕掛り在庫の削減........................330
仕掛けカンバン.........................325
時間研究..............................261
時間は動作の影.........................201
自工程完結............................173

自主検査方式...........................173
自動化後の改善.........................237
自動化設備の稼働率と可動率...............244
シネクティクス法（Synectics）.............76
従業員の創意工夫を利用しないムダ........225
自由席ライン.......................158,330
主作業................................200
需要が減少する場合......................186
需要が増加する場合......................185
順次点検方式...........................171
準詳細見積のコストモデル式...............301
準備・後始末作業........................199
消極的な改善...........................209
焦点法.................................88
正味切削時間の計算式....................90
上流の前工程や部品メーカーの平準化生産
計画...............................128
指定席ライン......................158,329
省力化と省人化と少人化..................207
「少品種大量生産」の改善テーマの選び方
...................................271
「少品種大量生産」の非平準化と平準化
...................................109
"正味加工時間"を短縮する.................327
小ロット生産.......................154, 165
シングル段取り.........................149
シングル段取りの採用................165, 233
シングル段取りの重点項目.................166
シングル段取りの重要ステップ.............166
シングル段取りの波及効果.................170
シングル段取りは思想革命.................165
水平思考法.............................78

スーパー・マーケット方式..................148
スクラップに潤滑油を塗るのはムダ！..218
ステップを設ける必要性....................32
頭脳の働きの機械化.......................232
寸法検査の自動化.........................180
セグメント................................183
成果を埋没させない...................328, 351
"正規のオートメーション"
　（Normal-Automation）...............204
生産管理とジャスト・イン・タイム......147
生産管理とノン・ストック...............148
生産計画の立て方........................147
生産計画の平準化........................328
生産数量（出来高）の向上...............330
生産の基本...............................327
生産ライン（工程）の平準化.............329
製造改善の切り口：「ムダ取り」..........135
製造段階におけるVEの進め方と問題点
　..25
製品VEの機能・構造図....................38
製品工程分析.............................332
『製品工程分析』と『流れ分析』を行う
　...323
製品在庫の削減...........................117
製品ストア...............................325
製品のVEと部品のVE......................51
製品のVEと部品のVEの考え方.............26
製品のVEと部品のVEの進め方.............33
製品の機能・構造マトリックス表.....13, 26
製品の機能系統図..........................52
製品の売価予測式.........................300
製法を決めた事例.........................290

積極的な改善.............................209
設計業務の工程分析......................334
切削加工時間のネック工程................336
切削加工の見積基準......................303
切削加工費の計算式.......................90
切削工程の標準時間（標準工数）の作成
　...................................308, 336
切削作業での手待ちの活用................210
製品ミックス生産の利点と欠点............124
設備費率（マシンチャージ）......90,102,231
セル生産ライン......................156,329
全数検査の採用...........................176
全体構想案の作成..........................46
全体最適................................150
専用ライン........................115,157,329
「専用ライン」と「平準化混流生産ライン」
　..115
相互助け合い方式........................162

た　行

対象の選定................................33
代替案の作成..............................40
タクトタイム..............154,163,201,202
タクトタイム TT≧サイクルタイム CT
　...................................327, 347
タクトタイムの設定......................163
多工程持ち・多台持ちを目的にする......330
多工程持ち作業...........................230
多工程持ちと多台持ち....................226
「多台持ちと多工程持ち」の利点と欠点
　..231

他社品研究..................15, 16, 56
多重共線性............................283
多数台持ち作業の採用..............226
多数台持ちの原則...................213
多台持ち作業.........................230
多台持ち作業と多工程持ち作業の比較..230
縦流れ生産ライン..............324,329
タバコ用ライターの例................30
「多品種少量生産」の改善テーマの選び方
....273
多品種少量生産の標準時間(標準工数)..305
多品種少量生産の平準化生産計画......126
多品種少量生産の見積基準............302
ダミー変数（質的ダミー）...........317
ダミー変数（Dummy variable）.......282
単一工程系列配置....................157
単一部品の機能・工程図................61
単一部品の機能系統図................60
段取り替え作業......................199
段取り替え時間短縮の目的の明確化....330
段取り替え時間の短縮..........153, 341
段取り替え時間短縮の９つの定石......192
段取り替え時間を短縮（小ロット化）...330
『段取り替え時間を短縮』する........323
段取り替えの自働化..................233
段取り替えのステップ...............166
チェックリスト法(Checklist method)....84
着・着ライン........................214
中品種中量生産の非平準化と平準化.....120
調整の改善のための「最小公倍数システム」
....169
調整の排除..................168, 169

チョコ停.............................244
次のネック工程......................341
つくり過ぎのムダ..............145,154,222
つくり過ぎのムダとは..........144, 191
つくり過ぎのムダの排除........144,149
テア・ダウン（Tear Down）......15,56
提案とフォローアップ................47
定期的に行うVE......................24
停滞の改善...........................149
データの質を上げる工夫..............276
デザイン・インデックスの抽象化......42
デザイン・レビュー（Design Review）
....16, 63
手作業時間と自動送り時間の比率
..................................211,212
手作業の自動化（手離れ化）.........213
手作業の自動化には順序がある.......213
"手離れ化（自動化）"を考える......327
手待ちと余裕の統合.................209
手待ちの活用........................210
手待ちのムダ..................210, 222
同期化..........................150, 154
同期化と"バラツキ"の吸収.........161
統合法...................................9
動作のムダ..........................223
等量化..........................150, 154
通しカンバン........................327
特性列挙法（Attribute Listing）......79
トヨタ生産方式とMRP－II............132
トヨタ生産方式と標準作業...........200
トヨタ生産方式の家.................106
トレンド付き........................317

な行

内製化の目標コストを決めた事例
　......................................284, 293
「流れ線図」と「工程経路図」............189
流れ分析（流れ線図）........................143
流れ分析とは...................................143
流れをつくるのがなぜ難しいか？........156
7つのムダが発生する工程・作業.........225
7つのムダの排除..............................222
二次的なムダ...................................145
日程管理...147
ニンベンのついた自働化......182, 204, 231
抜取検査...176
ネジ穴切削の標準時間（標準工数）の作成
　..343
ネジの改善......................................167
ネジからの解放（機能的締め付け具の改善）
　..167
ネック工程.........................154, 323, 332
「ネック工程」の生産能力を上げる
　...327, 346
「ネック工程」の生産能力を上げる方法
　...327, 347
「ネック工程」を無くす............327, 346
能力の弾力性...........................128, 185
ノン・ストックとジャスト・イン・タイム
　..148

は行

売価設定の方法................................298
バカヨケ（ポカヨケ）........................201
バッチ(まとめ)生産が残る場合............327
離れ小島を作ってはならない！...........218
早くつくり過ぎ.........................145, 191
引き取りカンバン..............................327
引き取り方式...................................149
非原価主義......................................190
ヒストグラム（度数分布図）.........179, 316
必要量こそが生産量..........................149
人・機械分析...................................214
人と機械の仕事の分離（人より機械への転化）
　..203
人と機械を分離する..........................209
人の作業・動作の改善......................207
人の生産性の向上......................204, 231
「人の生産性」を向上させる...............327
人の動作の改善................................206
人の動作の機械化（手離れ化）...........207
人の費用と機械の費用......................254
人を減らす......................................222
標準作業組合せ票.......................202, 252
「標準作業組合せ票」の作成...............350
標準作業とは？................................200
『標準作業の作成要領』（基本）...........247
標準作業の3要素..............................201
標準作業の作り方.............................202
標準作業票..............................202, 253
標準時間...264
標準手持ち...................201, 247, 253
標準的売価..7
標本数（データ数）...........................275

標本数（データ数）が多すぎる場合......275
標本数（データ数）が少ない場合..........275
非量産品..330
品質管理と管理図..................................179
付加価値を生まない仕事(工程・作業)...135
付加価値を生む仕事(工程・作業)......135
付加価値を高める作業............................209
符号条件...278
2つの生産方式（生産管理）...............330
部品VEの機能・工程図........................38
部品VEの進め方...................................59
部品ストア...325
部品の機能・工程マトリックス表......13, 26
部品の標準時間（標準工数）..............312
部品の見積基準......................................298
部品別能力表..................................202, 249
部品メーカーが持つ在庫の役割..........124
部品メーカーの生産計画の平準化........124
部分構想案の作成....................................45
不良を激減させた「4M＋1M」(5M)...173
不良を作らない検査....................171, 177
不良を作るムダ......................................223
プリンター芯金モデル..........................284
フルワーク制御.............................159, 160
フルワーク制御方式(電子カンバン)......158
プレ・オートメーション(Pre-Automation)
....204
プレ・オートメーションへの展開........232
ブレーンストーミング法(Brain Storming)
....70
プレス作業での手待ちの活用...............217
プレス作業の多工程持ち......................229

分割生産とミックス生産.......................116
分割生産方式と計画単位.......................117
分割生産方式と小ロット生産方式.......119
「分割生産方式」と「製品ミックス生産
方式」の比較 125
分析法...83
分断工程...330
平準化計画と平準化生産.......................328
平準化混流生産ライン..........................131
平準化生産...106
平準化生産計画.............................304, 331
平準化生産計画の利点..........................123
平準化とは？...108
可動率（べきどうりつ）......................244
変数減少法.....................................275, 281
変数選択...275, 281
変数増加法.....................................275, 281
変数増減法.....................................275, 281
ベンチマーキング(Bench Marking)...16, 56
ベンチマークコスト..................................8
ポカヨケの規制機能..............................178
ポカヨケの設定機能..............................178
ポカヨケの目的を決める......................178
ポカヨケは手段に過ぎない..................177
"ポカヨケ"＝Fool Proof............174, 175
「細くて遅い流れ」のライン...............329
「細くて速い流れ」のライン...............329

ま 行

見える化...181
水すまし方式...164

ミノムシ退治..........................29
ムダがムダを生んでいく悪循環..........146
ムダ取り..............................213
ムダの悪を問う........................145
ムダを省く......................220, 237
メイン・ライン(メイン工程)の計画.....328
目で見る管理(異常管理)................180
盲腸は切ってしまう!..................184
「目的研究」と「働き研究」..............31
目的研究と働き研究の重要性.............29
目標管理可能製造原価...................8
目標原価の設定........................6
目標製造原価の細分化..................10
目標全部製造原価......................7
モデルの定式化......................274
モデルラインづくり..............324, 343
モデルラインの完成度を向上させる
..............................327, 350
問題解決型のVE.......................24

や 行

融合型VE............................24
良いコストモデル式とは...............278
要因別の方策系統図(チェックリスト)...62
横展開する....................327, 351
予定計画と確定計画..................118
余裕................................200
余力管理............................147
余力管理と平準化....................107
余力計画の性格......................116
余力の平均化........................108

ら 行

ライン化............................154
ライン化とフルワーク制御方式.........154
ラインの出来高向上とTPM.............240
ラインの出来高向上の優先順位.........240
ラインバランス分析..............221, 260
リードタイム短縮の効果...............330
リードタイムの更なる短縮.............152
リードタイムの短縮..........149, 153, 330
リードタイムのネック工程.........323, 332
陸上式リレー..................163, 219
類似工程系列配置....................158
レイアウト改善の着眼点...............144
レイアウトは工程系列配置に...........157
レイアウトの改善..............142, 154
労務費率(マンチャージ).......90, 102, 231
ロット待ち..............138, 149, 151, 152
ロット待ちの改善....................151

わ 行

ワークサンプリング..................262
ワン・タッチ段取り..............170, 234

山本　秀幸（やまもと　ひでゆき）
1946年　新潟県に生まれる
1964年　日本オイルシール工業㈱（現：NOK株式会社）入社
2001年　NOK株式会社　事業推進本部　コストダウン統括部門　部長
2004年　慶應義塾大学経済学部（通信教育課程）卒業
2007年　シンジーテック株式会社出向　改善プロジェクト　リーダー
2009年　イーグル工業株式会社入社　事業部コストダウン統括部門　顧問

【著書紹介】
『勝ち組部品メーカーのコストダウン』（東京図書出版 2014年）

自社流にカスタマイズする部品VEとトヨタ生産方式
― 多品種少量生産のVEと工程・作業改善 ―

2018年4月18日　初版第1刷発行

著　者　山本秀幸
発行者　中田典昭
発行所　東京図書出版
発売元　株式会社 リフレ出版
　　　　〒113-0021　東京都文京区本駒込3-10-4
　　　　電話 (03)3823-9171　FAX 0120-41-8080
印　刷　株式会社 ブレイン

© Hideyuki Yamamoto
ISBN978-4-86641-144-6 C3034
Printed in Japan 2018
落丁・乱丁はお取替えいたします。

ご意見、ご感想をお寄せ下さい。

［宛先］〒113-0021　東京都文京区本駒込3-10-4
　　　　東京図書出版

■ 山本秀幸著書紹介 ■

勝ち組
部品メーカーのコストダウン

コストテーブルの活用法と実践的原価管理

山本 秀幸【著】

グローバル化に対応するためのコストマネジメント。コストテーブルの基本と応用がわかる原価企画スタッフの必読書。　　　　　　　　　　　　（A5版・290頁）

東京図書出版